누구나
인생을
알지만

누구도
인생을
모른다

누구나 인생을 알지만
누구도 인생을 모른다

초판 1쇄 인쇄 2021년 5월 30일
초판 1쇄 발행 2021년 6월 5일

지은이 이석연
펴낸이 전익균, 송창연

펴낸곳 새빛컴즈
유 통 새빛북스
전 화 (02) 2203-1996, 031)427-4399 **팩스** (050) 4328-4393
출판문의 및 원고투고 이메일 saevitcomms@naver.com
등록번호 제296-87-02162호 **등록일자** 2010. 7. 12

값 17,000원
ISBN 979-11-974717-0-4(03190)
* 잘못 만들어진 책은 구입하신 곳에서 바꾸어 드립니다.

이념을 넘어 옳음과 곧음을 몸소 실천해온
헌법주의자 이석연 전 법제처장의 삶의 여정!

누구나 인생을 알지만 누구도 인생을 모른다

이석연 지음

SAEVIT COMMS

서문

샐러드 같은 나날, 온 세상이 무대

작년 늦가을 금산사 심원암(深源庵)에 다녀왔다. 김제 금산사에서 40여 분 거리의 모악산 중턱에 자리하고 있는 암자다. 지금은 암자 바로 밑까지 차로도 갈 수 있게 길이 다져있었다. 나는 일부러 금산사 주차장에서 내려 낙엽과 단풍이 어우러진 숲길을 걸었다. 50여 년 전 바로 그 길의 풍광을 기억의 저편에서 끌어올리기 위해. 때로는 한밤중 소나기에 흠뻑 젖으면서, 때로는 꼭두새벽 눈 속을 헤치면서 기어가다시피 절에 당도했던 그때의 추억들이 흐르는 물의 낙화 송이처럼 뇌리를 스쳐 갔다. 암자는 그대로였으나 내가 거처했던 암자 뒤편의 딸린 집은 밭으로 변해 있었다. 그 뒤쪽에 서 있는 화강암 3층 석탑(보물 제29호)의 자태가 석양에 고독했다.

나는 10대 후반 2년간을 이 암자에서 보냈다. 오로지 책만을 읽으면서. 중학교를 졸업하던 해 고졸 학력 검정고시 합격으로 고교과정을 대체하고 그 공백을 이 암자에서 메웠던 것이다. 그때 읽었던 수백 권의 책들, 그 지식과 지혜가 그 후 내 삶의 자양분이 되고 있다. 십대 후반 그 감수성 많던 시절 내 스스로 택한 길이었다. '남이 가지 않는 길을 간다'는 지금도 내 삶의 모토다.

새가 알을 깨고 나오듯이 태어나려는 자는 하나의 세계를 파괴하여야 한다(『데미안』). 그 무렵 알을 깨고 나올 때가 되었다고 판단했다. 그리하여 저 Abraxas를 향하여 날아가는 새처럼 내 20대는 시작되었다. 대학 1년부터 군 복무를 마칠 때까지의 그 10여 년은 집념과 방황, 도전과 좌절, 고뇌와 번민으로 점철된 극복의 과정이자 질풍노도의 시기였다. 그 샐러드 같은 나날, 비록 판단력이 미숙했던 때도 있었으나 사유의 폭은 호탕무애 하였으며 젊음의 집념 속에 온 세상이 나의 무대였다. 나는 그 과정을 거의 매일 이다시피 기록(일기)으로 남겼다.

만약 그때의 심정을 글로 기록했던 그 순간순간이 없었더라면 나는 이미 좌초되거나 난파되었을 것이다.

제1부는 바로 일기체로 된 내 삶의 20대 모습이다. 짧은 시간에 의식의 흐름을 따라 쓴 글이어서 그 표현이 때론 격정적이고 때론 상식을 초월하는 파격적 행보를 보이고 있다. 그중 일부를 사실상 무작위로 골라 그대로 공개(전재)한다.

제2부는 최근의 내 삶의 단면 단면을 보여주는 글들이다. 가벼운 읽을거리로부터 시사적인 내용까지, 때로는 다소 딱딱한 내용

도 들어있다. 적어도 이 정도 글은 기록으로 남기고 싶어 가려 뽑았다. 특히 김우중 전 대우그룹 회장과의 인연과 대우그룹 해체에 관한 사법부 판결의 졸속성과 문제점을 지적한 재심청구 요지, 역사논쟁에 형벌의 잣대를 들이대는 것은 헌법위반이라는 역사학자 이덕일 사건에 대한 공익변론 요지, 교육의 정치화 현상을 경계하면서 교육정책은 여론이나 다수결에 의해서 결정되는 것이 아니라는 내용의 헌법소원 사건의 마무리 변론의 요지 등은 기업인, 젊은이들은 물론 일반 국민에게 공개하여 논의의 광장에 올리고 싶은 글들이다. 그중 언론을 통해 내 소신의 일단을 표출한 글 들은 발표 시기와 매체를 표기했다.

괴테의 「파우스트」와 사마천의 「사기」는 젊은 시절부터 나에게 동양과 서양 고전의 세계를 연결해준 양 어깨의 날개였다. 두 거작의 일화를 원용하면서 서문을 마친다.

괴테는 「파우스트」를 23세에 쓰기 시작하여 82세에 완성했다. 60년에 걸쳐 쓴 대작이다. 파우스트 집필을 마치고 그는 튜빙겐 숲속의 키켈한에 있는 산장을 찾아간다. 그 산장 벽에는 그가 50년 전에 썼던 한 편의 시(「나그네의 밤 노래」)가 걸려있었다

괴테는 그 시를 읽으면서 눈물짓는다. 그리고 반년 남짓 지난 83세를 일기로 생을 마감한다.

모든 산봉우리마다 휴식이 있고

모든 나뭇가지에서 그대는 느끼지 못하네.

한 줄기 숨결조차도,

작은 새들도 숲속에서 잠잠하네.

기다리게나. 머지않아 그대 또한 쉬게 되리니.

– 나그네의 밤노래(Wandrers Nachtlied)

사마천의 「사기」는 역사서이기에 앞서 위대한 문학서다. 사마천은 「사기」 〈이장군 열전〉에서 이광 장군의 삶을 기록하면서 도리불언 하자성혜란 표현으로 그의 인품을 흠모하고 있다.

도리불언 하자성혜(桃李不言 下自成蹊)

복숭아나무와 오얏나무는 말이 없지만, 그 아래엔 절로 길이 생긴다. 덕성과 지혜를 갖춘 사람 밑에는 그를 따르는 사람들이 모여든다는 의미이며, 「사기」 전편을 통하여 큰 울림을 주는 명구이자 내가 꿈꾸는 길이기도 하다.

끝으로 본서의 출간을 흔쾌히 맡아주신 도서출판 새빛 전익균 대표님과 편집진 여러분의 노고에 감사드린다.

2021. 4.

저자 **이석연** 쓰다

숲속 오두막집에서 맡는 커피향 같은 책

김형오 (전 국회의장, '술탄과 황제' 저자)

저자로부터 추천사 요청을 받고 말이 채 끝나기도 전에 즉각 하겠다고 했다. 마음의 빚도 있었고 그의 삶에 대한 자세가 경이로웠기 때문이다. 보내준 원고 파일을 '그야말로' 단숨에 다 읽었다. 저자는 머리말과 목차만 봐주셔도 된다 했지만 나는 그럴 수 없었다. 그의 젊은 시절이 궁금했다. 제1부가 바로 그것이다. "질풍노도의 시대"를 살아야 하는 20대의 고뇌와 방황이 고스란히 드러난다. 고시 준비생으로 오직 학교와 도서관에서만 맴도는 그의 닫힌 육체는 마음껏 펼치고 날아야 하는 청춘기에 대한 분노와 좌절을 아낌없이 쏟아낸다. 두 차례에 걸친 삭발도 해보고 스스로 다짐하는 '어록'을 수없이 쏟아낸다. 책(일기장)에서도 적잖은 '어록'이 나오는 데 실제는 이보다 훨씬 많았을 것이다. 그만큼 고민이 깊다는 뜻이다. 20대라면 누구나 다 겪는 각자의 개별적 · 사회적 고통이 따르지만, 그는 이를 솔직히 기록해두었고, 그것을 정리하여, 책으로 발표한다는 점에서 범상치 않다. 중학

졸업 후 곧장 고등학교에 가는 대신 산사(山寺)에 들어가 수백 권의 고전을 독파한 그가 아니던가. 그가 나와 다르고 남과도 구별되는 점이다.

평생을 수불석권(手不釋卷)하며 책을 끼고 산 사람에게서 느끼는 숲속 오두막집에서 맞는 커피 향 같은 냄새를 이 책에서 맡는다. 수많은 명언과 주옥같은 구절들을 쉽게 접할 수 있다. "청춘의 투쟁을 유보한 기간", "우울한 마음을 배출할 데가 없을 때 과거를 기록하고 미래를 꿈꾼다."(p.164), "격렬하게 고뇌한(빈센트 반 고흐)"(p.124), "'시민단체의 권력화 · 관료화를 경계'하며(이들의) '정치 참여는 바람직하지 않다'"(p.221), "내 힘으로 남이 안 한 거 해보고 싶다"(p.248), "나는 헌법적 자유주의자"(p.265), "한국 대통령은 왜 실패를 거듭하는가?"(p.274), "과거로부터 배우지 않는 한국 현대정치사"(p.284), "세계제국 로마 강성의 비결은 '관용과 포용성이다'"(p.310), "세속이 나와 어긋나는데 다시 나가 무엇을 얻으리오(도연명의 귀거래사)", "그만둘 줄 알면 위태롭지 않다(知止不殆: 老子)" 이 중에서도 그가 수차례 언급하고 내가 공감하는 말 두 마디를 마지막으로 강조한다. "나는 아무것도 두려워하지 않는다, 나는 자유다"(니코스 카잔차키스의 묘비명), "복숭아와 자두나무는 말하지 않아도 그 아래 저절로 길이 생긴다(桃李不言 下自成蹊)."

'그리스인 조르바'를 쓴 카잔차키스는 바라지 않고 두려워하지 않는 자유를 노래하였지만, 이석연은 자유로운 심성의 소유자이기에 바라지도 두려워하지도 않는 것이 아닐까. 그런 그의 은은한 향기에, 또는 가득한 열매에 취해 돌연못(石淵) 가에는 사람이 모여드는 게 아닐까. 책을 접하는 모든 이들이 도리향(桃李香)에 취하길 바란다.

세 동사로 완성한 세 명사의 삶

이미도 (외화번역가, 작가)

첫 철자가 'c'인 세 명사(名詞)를 소개합니다. 'chain-reader, cinephile 그리고 changemaker. 「누구나 인생을 알지만 누구도 인생을 모른다」의 저자 이석연 변호사를 가장 잘 설명하는 단어입니다.

1. chain-reader. 소설 「연을 쫓는 아이 The Kite Runner」의 작가 할레드 호세이니가 만든 조어(造語)입니다. 그 뜻은 '손에서 책을 놓지 않는 다독가(多讀家)'. 저자는 10대 중반 금산사(金山寺)에 들어가 22개월간 무려 400여 권을 정독했을 만치 박람강기(博覽强記)한 법조인입니다. 그가 술회합니다. "그때 읽은 사마천의 「사기史記」와 괴테의 「파우스트」는 젊은 시절부터 나에게 동양과 서양 고전의 세계를 연결해준 양어깨 날개로, 내게 평생 영향을 미치고 있다"

이런 명구가 있지요. '당신이 읽는 것이 당신이다(You are what you

read).' '당신이 쓰는 것이 당신이다(You are what you write).' 자전적 글을 다수 실은 이번 책을 대표하는 명구라고 생각합니다. 방황, 고뇌, 성찰로 점철된 질풍노도의 청춘기 독서가 그를 어떤 이석연으로 키웠는지에 대한 기록이 1부입니다. 한편 저자가 책에서 '내 궁극의 독서 목적은 행동하는 지식인으로 살기 위함이다', 하고 에둘러 밝히고 있듯이 2부는 이를 실천해온 이석연의 활동 기록입니다.

2. cinephile. 저자는 '영화광'입니다. 12년 전 저는 당시 법제처장이던 저자와 첫 인연을 맺었는데, 이는 영화를 소재로 해 요청받은 법제처 강연이 큰 계기가 됐습니다. 저자가 영화 보기를 즐기는 이유는 '모든(all)' 영화에 공통으로 들어있는 '위대한 세 동사'와 무관하지 않다고 저는 확신합니다.

'all'의 각 철자로 시작하는 세 동사는 'ask, listen, lead'입니다. '묻다'는 호기심과 창의(創意)의 행위, '듣다'는 경청과 소통의 행위, '이끌다'는 '리더십'의 행위이지요. 영웅이든 장삼이사(張三李四)이든 영화 주인공은 이 세 동사를 무기로 해 변화(change)를 일으킵니다. '변화'는 영화를 포함, 모든 예술이 추구하는 가장 위대한 주제이니까요. 제가 아는 저자는 이 세 동사를 누구보다 잘 실천해온 법조인입니다.

3. changemaker. 전(前) 미국 대통령 빌 클린턴이 민주당 대통령 후보 힐러리 클린턴을 가리켜 처음 쓴 표현입니다. 이 표현대로 이석연 변호사는 '변화를 일으키는 사람'입니다.

영화 〈브루스 올마이티 Bruce Almighty〉에서 TV 방송국 리포터 브루스가 하늘을 향해 외칩니다. "왜 제겐 기적을 안 내려줍니까?" 창조주가 내려와 충고합니다. "Be the miracle(자네가 기적이 되게)." '누구든 노력해 스스로 변화하거나, 남과 세상에 작든 크든 변화를 일으키면 그 멋진 결과가 곧 기적'이라는 뜻입니다.

사회와 세상에 변화를 일으키는 일에 앞장서온 이석연 변호사의 서재에 사자성어 '사기창성(史奇創成, 역사와 기적은 창조된다)'이 걸려있는 이유이기도 할 것입니다.

요즘 저자가 유독 더 애정(愛情)하는 글귀는 「논어」 '안연' 편에 있는 '이문회우(以文會友, 글로써 벗을 모은다)'라고 합니다. 그의 술회대로 '정치적 용어 대신 책과 문학의 세계를 통해 생각을 표현하고 싶다'는 의지가 더 강해진 것 같아서, '글로 벗을 모으고, 모인 벗들과 함께 우리 사회가 더 정의롭고 어질어지도록 힘쓰는 일'에 더 매진하려는 것 같아서 기쁩니다.

'행복이란 무엇을 하더라도 그걸 재미있게 즐기는 것(Happiness is loving what you do)'이지요. 저자는 책 읽을 때 제일 행복하다고 합니다. 독서를 즐기는 분이라면 '이석연의 삶의 여정'을 따라가는 새 독서 여정에서도 무척 행복해하지 않을까, 하고 상상해 봅니다. 이 책을 알리고 싶어 추천의 글을 쓰는 지금 저도 무척 행복하답니다.

파란만장한 삶이 인생의 파란을 일으키는 문장을 낳는다

유영만 (지식생태학자, 한양대학교 교수)

과거는 흘러간 지난 시간을 의미하지 않는다. 과거는 현재로 자주 소환되며 과거의 경험과 추억을 기반으로 미래를 상상하는 기반으로 작용하기도 한다. 똑같은 경험을 했어도 경험에 대한 반추와 반성을 기반으로 어떻게 해석해서 의미를 부여하느냐에 따라 전혀 의미를 지닌 추억으로 과거는 아름답게 재생된다. 파란만장한 삶이 인생의 파란을 일으키는 인두 같은 한 문장을 낳고, 시행착오로 겪었던 삶이 판단착오를 줄일 수 있는 의사결정의 지혜를 낳는다. 저자는 청춘시절을 뭔가 성취하는 시기가 아니라 실험하고 모색하며 넘어지는 가운데 인생의 지혜를 축적하는 소중한 시기로 생각했다. 도전하다 실패해도 고생했던 경험 속에서 그 누구도 가질 수 없는 색다른 실력을 쌓을 수 있다고 생각했다. 얼마나 성취했느냐보다는 얼마나 다양한 우여곡절과 시행착오를 경험했는지의 여부가 청춘시절의 의미와 가치를 판단해보는 기준이라고 판단한 셈이다.

곡선의 물음표를 품고 방황을 거듭하다 우연히 만나는 직선의 느낌표가 순간적인 감동을 준다. 하지만 그것도 잠시뿐 또다시 물음표를 품고 미지의 세계로 몸을 던진다. 20대의 짧은 연대기를 일기로 만나볼 수 있는 1부의 글에는 집념과 극복의 처절한 사투가 한 편의 파노라마처럼 펼쳐진다. 불안하고 초조했던 시절이지만 그것이 미래 창조의 씨앗을 품고 있음을 저자는 나중에라도 알았을 것이다. 불안감이 피워낸 꽃을 의미하는 앙스트블뤼테(angstblute)의 전형이다. 고난과 역경을 뒤집어 찬란한 경력으로 만드는 예술적 창작의 비결을 어린 시절부터 몸에 배게 만들었다. 일기 곳곳에 비장한 다짐과 각오를 차가운 머리로 써 내려간 자신과 결연한 약속이 곳곳에 보인다. 하지만 그 문장 속에서는 현실적 어려움을 감내하는 고단한 삶을 어떻게든 극복하려는 결연한 의지와 미래로 향하는 뜨거운 심장이 꿈틀거린다.

한 사람의 인간적 면모는 그가 과거 어떤 공간에서 무슨 일을 하며 시간을 보냈는지에 따라 결정된다. 즉 '인간'과 '공간'과 '시간'의 합작품이 한 사람의 작품을 만들어가는 삼요소다. 중학교를 졸업한 지 반년 만에 검정고시를 합격하고 24개월 동안 절에 들어가 약 500권의 책을 읽는 결행도 쉽지 않은 결정이었다. 하지만 당시 절이라는 고독한 '공간'에서 보낸 책 읽었던 '시간'이 오늘의 '인간' 이석연을 만드는 인생의 든든한 밑천이 된 셈이다. 어리석은 노인이 산을 움직인다는 우공이산(愚公移山)의 기적도 분명한 목적의식을 갖고 작은 흔적을 축적해서 생긴 집념과 끈기의 산물이다. 책을 읽으면서 어떻게 한 사람의 인생 여정이 이렇게 파란만장할 수 있을지, 그리고 인생의 중요한 시기마다 강인한 의지를 실험이라도 하듯, 굳은 결심으로 중대 사안을 결정하면 변치 않는 초심의 마음으로 한결같이 열심히 노력하는 꾸준함의 미덕을 보여줄 수 있을지 그저 놀랍기만 하다.

그 누구도 걸어가지 않은 길을 마다하지 않고 결단과 결행을 반복한다. 과감한 의사결정과 용기 있는 행동으로 언제나 의사결정과 실천 사이에는 간격이 거의 없다. 장고(長考)하지만 그것이 악수(惡手)를 두지 않고 결연한 각오로 올바른 길을 위해서는 올바른 방법으로 올바르게 행동하는 올곧음의 전형을 보여준다. 아리스토텔레스가 말하는 프로네시스(phronesis), 즉 실천적 지혜(practical wisdom)를 지닌 대표적인 법조인이다. 올바르지 않는 현실 문제를 만나면 정권의 눈치를 보지 않고 언제나 소신 있게 말하면서도 한편으로는 뜨거운 감성과 냉철한 이성을 조화시켜 숙고하지만 곧바로 윤리적 판단을 통해 올바른 방법으로 올바른 실천을 감행한다.

괴테의 「파우스트」와 사마천의 「사기」를 비롯해 수많은 책을 읽어내는 저자는 다독가로서 늘 책과 함께 하루를 보낸다. 치열한 독서와 처절한 삶의 경험이 녹아든 문장 속에서는 저자의 절제된 감정과 통제된 이성의 칼날이 자기 자리를 지키며 올곧은 시선으로 세상이 어둔 면을 들여다보고 있다. 나보다 힘들고 어려운 사람을 향한 측은지심은 언제나 헌법 정신과 흔들리지 않는 원칙으로 더욱 빛을 발한다. '법'이라는 횡포로 힘든 세상을 살아가는 사람들의 한 끼 '밥'을 지배하지 않도록 오늘도 법조문의 좁은 문에 갇히지 않고 냉철한 이성과 뜨거운 감성으로 현실 문제를 파고든다. 저자의 인문학적 감수성과 사회과학적 통찰력은 수불석권(手不釋卷)이 독서가 아니었다면 불가능했을 것이다. 남이 걸어가지 않은 미지의 길을 걸어가면서 그 길 위에서 남다른 이정표를 여전히 만들어가는 저자의 우직한 마음에 저절로 감동하게 되고 존경하는 마음을 품게 된다.

법제처장 시절 영광스럽게 강사로 초대받아 강의를 하면서 맺었던 인연이 주제넘은 추천사를 쓰게 만든 동인이 되었다. 저자의 길을 곁에서 지켜보면서 느낀 점이 책의 곳곳에 역사적 기록으로 숨어 있다. 그 문장 속에 담긴 깊은 뜻은 현실로 나타나 미래로 향하는 등대로 작용한다. 모두가 힘든 시기에 그럼에도 불구하고 살아가는 분명한 이유와 미래를 향한 결단의 칼을 찾고 싶은 사람들에게 이 책은 필독서이자 인생독본으로 삼아도 모자람이 없을 정도다. 책을 잡고 읽어 내려가는 순간, 당신의 미래도 그리 어둡지만은 않을 것이다. 이 책을 읽는 모든 독자들에게 따듯한 위로와 함께 위기도 극복할 수 있는 혜안을 줄 수 있을 것으로 믿어 의심치 않는다.

목차

누구나
인생을
알지만
누구도
인생을
모른다

1

나의 20대,
그 질풍노도의 시기

프롤로그

방황과 방랑, 희미할수록 또렷해지는 삶에 대한 집념

대학 1학년부터 군 복무를 마칠 때까지(1974년~1983년), 그 10년간. 나의 20대는 집념과 극복의 드라마였다. 그 과정은 방황과 갈등, 좌절과 회한, 고독과 고뇌를 반추하는 질풍노도(Sturm und Drang)의 소용돌이 시기였다. 그것은 '시대의 추상적인 짧은 연대기'가 아닌 구체적이고 생동하는 굵직한 관문이었다. '샐러드 같은 나날, 비록 판단력이 초록이었던' 순간도 있었지만, 사유의 세계에서는 온 세상이 나의 무대였다. 그리고 잠자기 전에 가야 할 수마일이 있었다.

나는 거의 매일이다시피 당시 그 극복의 과정을 기록(일기)으로 남겼다. 만약 그러한 토로의 장(場)이 없었더라면 지금의 나는 존재하지 않았을지도 모른다. 그 일기 중에서 일부를 추려서 내 20대 삶의 모습으로 공개한다. 발췌된 일기문은 몇몇을 제외하고는 무작위로 골랐으며 한자를 한글로 바꾼 것 외에는(꼭 필요한 한자는 한글 병기) 원문 그대로 실었다. 짧은 시간에 의식의 흐름을 따라 쓴 글들이어서 표현이 때론 격정적이고 때론 상식을 뛰어넘는 파격적이었음을 엿볼 수 있다.

20대의 짧은 연대기

집념과 극복의 파노라마

누구나 인생을 알지만 누구도 인생을 모른다

1974년 5월 31일 Fri. 흐리고 비가 옴.

오랫동안의 끈질긴 방황 끝에 나의 心靈(심령)은 冷靜(냉정)의 상태로 정착했다. 내일부터 고독과 소외감을 인격도야와 내적인 충실을 기하는 주춧돌로 삼기 위한 노력을 경주하고자 한다. 내가 처해 있는 환경과 상황을 냉철히 분석, 평가해서 비판함으로써 이에 대처해 나갈 수 있는 유비무환의 태세를 갖추고자 한다. 앞으로 계속해서 내 양심에서 우러나오는 피맺힌 行言을 여기에 고백, 공개하고자 한다.

어디까지나 오늘은 내일을 위한(여기서 내일이라 함은 추상적, 상투적인 의미가 아니다) 전초전의 역할에 불과했던 것이다. 계속 피상적 노력만을 했다는 것을 솔직히 밝혀둔다. 더 이상 이 수치스러운 書가 다시는 없을 것이라는 것을 父의 영령 앞에 엄숙히 맹서하는 바이다.

3, 4교시 문리대 과학관에서 한단석(철학) 교수의 박사학위 논문(Kant의 物自体 개념) 발표를 듣다가 참여의식이 결여된 탓인지 졸음이 자꾸 와 무례하게 도중 하차하였다. 즉각 하숙집에 와서 점심을 들고 장장 3시간 반에 걸쳐 낮잠을 자고 일어나니 어느덧 석

양이었다. 깊은 반성이 요구되었다. 묵직하고 대담하면서도 인내할 줄 아는 自我를 형성해야겠다. 더불어 냉정하고 침착하며 때에 따라서는 다양성 있는 모습을 보여주는 자아를 만들겠다.

밤에는 법대도서실에서 칼릴 지브란의 「예언자(함석헌 번역)」를 새벽녘까지 읽었다. 작년 여름밤 절에서 대충 읽었던 기억 때문에 이번에는 밑줄을 치고 메모를 해가면서 정독했다. 칼릴 지브란은 예리하게 쓰고 있다. 법학도들이 평생 새겨두어야 할 문장이다.

"그대들 중 누군가 정의의 이름으로 벌하고자 악의 나무에 도끼를 대려 한다면 그로 하여금 그 나무의 뿌리 또한 살펴보게 하라, 그러면 그는 진실로 선과 악의 뿌리, 열매 맺는 것과 맺지 못하는 것의 뿌리란 대지의 말 없는 가슴 속에 뒤엉켜 있음을 알게 되리라"

"정의로운 자, 사악한 자의 행위에 대해 완전히 결백할 수 없다. 정직한 자, 중죄인의 행위 앞에서 완전히 깨끗한 것은 아니다. 그렇다, 죄인이란 때론 피해자의 희생물, 죄인이란 죄 없는 자의 짐을 지고 가는 자인 것을, 그대들은 결코 부정한 자와 정의로운 자를, 사악한 자와 선한 자를 가를 수는 없다."

칼릴 지브란의 시각으로 보면 나 역시 죄인이다. 셰익스피어도 헨리 6세인가 4세인가 작품에서 "심판하는 일을 삼가라. 우리 모두가 죄인이다."고 말한 적이 있다. 고시에 합격해서 기껏 한다는 것이 남을 벌주고 심판하는 일이라 생각하니 회의가 일어난다. 그래도 밀고 나가야 한다는 현실 앞에 타협하고 발버둥 치는 내 자신이 부끄럽다.

새벽 3시 30분경 도서실을 나오다.*

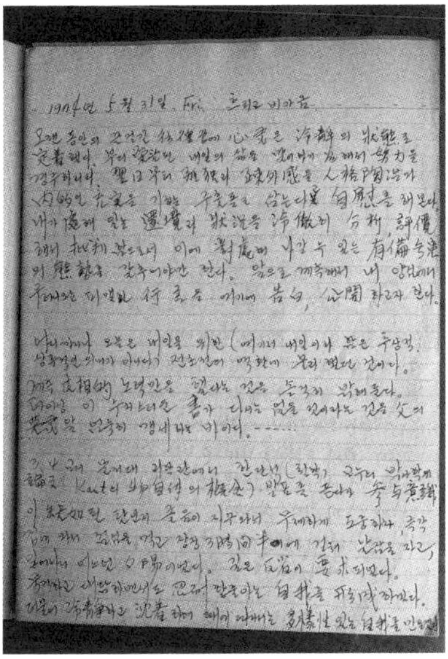

첫머리의 일기 원문

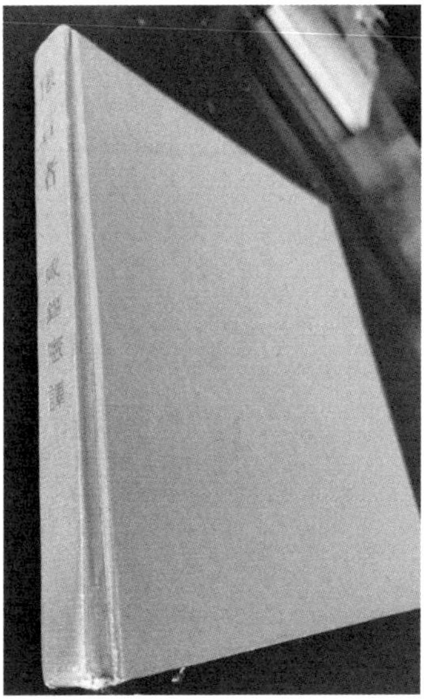

당시 읽었던 함석헌 번역의 '예언자'
- 1964년 간행된 이 책을 나는 50년 가까이
곁에 두고 읽고 있다.

*당시 법대 도서실은 24시간 개방했고 내 하숙집은 법대 바로 근처에 있었다.

1974년 6월 22일 Saturday

사람이란 최후(최종) 상태(상황)에 이르면 묘안을 짜내게 마련인 것이다. 그 묘안이란 자기모순, 무능의 돌파구를 마련하기 위한 마지막 몸부림이라고 볼 수 있다.

꼭 지금의 나의 심정에 어울리는 말이다. 현실에 대한 내 모순을 시정하고 좀 더 나은 자아를 형성시키기 위해 생활지표까지 설정했던 나였기에 그와 역행하는 내 행위와 사고 행각이 못내 미련을 남겨주고 있다.

무위도식하는 중에 친구 병석군 외 1명과 함께 목적 없이 이리(익산)행 → 무의미하게 보내고 하숙집에 오니 지리산 꼬마 아가씨(?)가 와 있었다.

그 꼬마를 데리고 종순 君한테 찾아가기 위해 칠성사를 가다가 중도에서 하차 – 일이 안 되려면 엎어져도 코가 깨진다는 속담이 말해주듯 오늘 밤 따라 친구 녀석들도 종적이 오리무중이었다. 할 수 없이 꼬마 아가씨를 내 하숙방에 재우고 나는 법대 수위실에서 고된 하룻밤을 공부 반 수면 반으로 보내게 되었다.

오늘의 내 행동이 양심에 떳떳한 행동이었는가!

나는 나대로 하나의 강조할 말이 있다. 나는 양심에 거리낌 없이 나의 최선과 최성의를 보이기 위해서 노력하고 또 그렇게 했노라고……

(24시 20분)

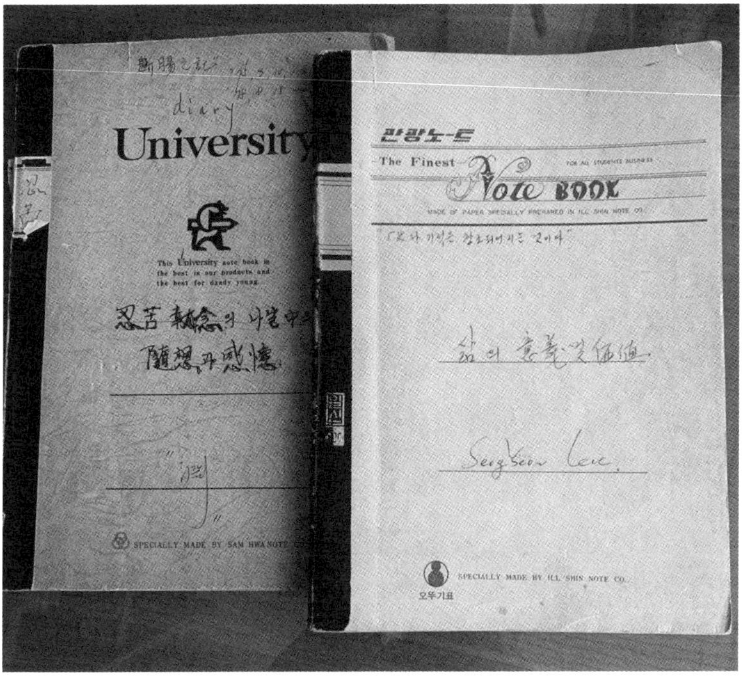

당시 쓴 일기를 기록한 노트 일부

1974년 9월 15일 Sunday 맑음.

완연한 가을 날씨 속에 맞는 일요일이다.

그러나 아무런 계획도 없고 – 아니 계획을 세울 필요도, 세울 수도 없었지만 – 즐거움도 없는 컴컴한 암흑의 시간대 속에 맞는 일요일이라고 해야 한다.

아침부터 법대 도서실에 틀어박혀 憲法을 정독했다.

밖에 나와 보니 해맑은 가을 날씨 – 벤치에 앉아 가슴을 펴고 푸른 창공을 바라본다. 법대 바로 앞에 있는 논밭의 벼가 고개를 숙이기 시작하고 있다. 결실을 위한 마지막 몸부림인가 아니면 농부의 부주의 탓이었던가. 벼 몇 포기가 고개를 숙일 줄 모르고 밋밋하게 서 있다. '익은 벼일수록 고개를 숙이는 법이다.'라는 격언이 머리를 스친다. 지금이야말로 나에게 있어서는 결실을 위한 착실한 준비기가 아닌가! 말없이 성실하게 내실을 기함으로써 장차 나도 잘 익은 벼처럼 고개를 숙이는 여유를 갖는 날이 오겠지. 오늘의 이 괴로운 시간을 참고 견디자 – 아니 청춘이란 반드시 즐기는 것만을 의미하지는 않을 것이다. 자기가 목표한 일을 달성하기 위해서 젊음을 다 바친다는 것 즉 청춘을 담보한다는 것은 대장부다운 기개가 아니겠는가!

남들은 지금 등산이다, 데이트다, 미팅이다 등등 감각적인 본능만을 위한 행위를 하고 있을지도 모르지만 그러한 청춘의 여력을 집념의 굴레 속으로 끌어넣는 그 자체가 얼마나 고귀한 정신인가!

오후 역시 도서실에서 맞았다.

느지막한 오후 시간 재오君 하숙집에 가서 바둑판을 들고 재오와 함께 법대 옆 동산에 올라가 풍요로운 자연의 풍미를 맛보면서 바둑을 두어 수 했다.

밤 역시 도서실에서 생활했다.

(1974. 9. 15. 22시)

[나 스스로에게 다짐했던 나의 어록]

독서와 여행을 통해 삶을 통찰하고 역사의 교훈을 되짚어 보는 소박한 꿈을 나는 죽는 날까지 멈추지 않을 것이다.

1974년 10월 4일 Fri. 맑음.

오랜만에(?) 일찍 기상했다(6時30分). 세수를 하고 즉시 도서관으로 향했다. 맑고 차가운 가을 하늘 속의 아침 공기를 마시면서 뜰을 걷는 마음은 무척 상쾌하였다. Korea Herald의 社說을 읽다 보니 어느덧 8시 아침 식사 시간이다. 1, 2교시 공대에서 經濟學을 듣고 하숙집에 와서 병기兄과 탁구를 쳤다. 5, 6교시 論理學강의를 받고 나니 그러잖아도 우울하고 애수에 찬 마음이 돌연 방황을 하기 시작했다. 그럴 때면 으레 나는 밑에 중앙도서관 주위까지 까닭 없이 걸어가거나 또는 걸어가서 도서관의 열람실에서 들뜬 마음으로 책을 읽는다. 조금 책을 읽다가 곧 나와 약간 각성한 정신자세로 법대 도서관을 향해 풀이 죽은 모습을 하고 쓸쓸하게 걸어오곤 했었다.

역시 오늘 오후 그러한 시간을 보낸 것 같다. 밤에 도서관에 틀어박혀서 중대한 결단을 내릴까 하는 생각이 뇌리를 파고들어 심한 내면적인 동요와 갈등이 일어났다. 그렇다 내일 만난다면 용기를 내어(?) 생후 처음으로 말을 걸어보리라. 이름도 모르고 얼굴만 아는 너. 네가 누구기에 내 마음속에서 유별나게도 잊히지 않고 나를 괴롭히고 있느냐!

대망의 내 목표를 달성하기 전까지는 모든 이성 교제를 일절 금하기로 맹세한 때는 벌써 오래전의 일이다. 과연 내가 너에게 접근하는 것이 나의 굳은 立志를 흔들리게 할 것이라고 걱정하는 사람들이 있을는지도 모를 것이다. 그러나 나는 결코 그렇게 생각지 않는다. 나는 향락과 관능적 생활을 즐기기 위해 너에게 접근하려고 하는 것은 아니다.

유일무이한 異性 知人으로서, 그리고 어쩐지 잊히지 않고 그 청순한 모습이 인상적인 너와 참되고 의미 있는 대화를 거리낌 없이 나누어 보고 싶어서이다. 나는 지금 너를 무척이나 아름다운(일반적인 아름다움보다 더 높은 차원의 內外的 아름다움) 존재로서 象徵化시키고 있다. 내가 너를 안다고 해서 나의 前途에 일순의 차질이 생긴다고는 결코 생각지 않는다. 너는 나의 영원한 마음속의 벗이 되고, 나는 너를 괴롭히지 않는 존재 이상의 역할을 하면 충분하다고 나는 생각된다.

그래서 내일 나는 너에게 용기를 내어 다가가서 인사를 하고 말을 할 것이다. 그러나 내일 – 단 하루뿐이다. 내일이 지나면 너는 영원히 나와는 인연이 없는 이름도 모르는 여인의 像으로 화해서 기억 속에 가물거릴지도 모른다 – 즉 내일 못 만난다거나 나의 결단의 취소 등으로 인해서 말이다.

22시 48분 憲法 책을 읽다 말고 – 법대 도서실에서

1974년 10월 7일 Mon. 흐리고 나서 비가 오기 시작.

새로운 마음으로 월요일을 맞았다.

하늘이 흐리더니 오후쯤 되어 비가 내리기 시작했다. 날씨가 약간 싸늘해졌다. 憲法 講義가 끝나고 나니 法學 講義가 휴강이라고 해서 도서실에서 책을 읽기 시작했다.

5시 30분경 병석 군과의 약속 이행을 위하여 아래 대학 구내 다방으로 향했다. 다방에서 만나 간단한 대화를 나누고 이내 곧 헤어졌다.

주위의 환경에 동요되지 않는 성실한 노력이 중요하다고 생각되었다. 인간이 자기의 잠재적인 재능을 발견해 내려면 반드시 고독한 일정의 생활이 필요한 것이다. 고독은 한 젊은이에게 불굴의 의지를 키워주며 초인적인 가능성을 示唆(시사)해 준다. 어려서부터 숙명적인 고독의 테두리 속에서 자라온 나는 이러한 고독의 속성을 뼈저리게 느끼고 있다.

Nietzsche도 말하지 않았던가! 인간 내부의 개성을 발휘하기 위해서는 격리가 필요하다고! 그래서 그 또한 「인간적인, 너무나 인간적인」, 「선악의 피안(彼岸)」을 외치며 孤寂(고적) 속에서 살다가 노이로제에 걸려 죽지 않았는가!

고독 속에서 정진할 때 거기에는 반드시 向上이 있게 마련이다. 향상하는 길에 노력하는 순간은 행복한 것이다.

행복은 이렇게 가까운 곳에 있는 것이다. – 고통스러운 것을 참고 이기는 것 – 그 자체가 하나의 행복이다.

시각은 자정을 치닫고 있으며 밖에서는 비바람이 휘몰아치고 있는 중이다.

눈을 감고 명상에 잠긴다. 옆 좌석에서 글씨 쓰는 소리가 유난히도 크게 들린다. 지금 나한테 닥친 많은 문제들을 하나하나 되씹어본다. 문제 해결에 대한 귀결점은 단 하나 – 끊임없이 정진, 노력하는 것이다. 그리고 그 과정에서 어떤 실망(절망)스러운 상황에 맞닥뜨려도 뜬구름이 하늘을 지나가듯 여유롭게 대처하는 것이다.

이제 參禪(참선)의 경지에 몰입하자 – 그리하여 저 彼岸(피안)의 세계에 도달하련다.

1974년 10월 11일 갬. 금요일

오전에 중앙도서관에 가서 법학과 헌법의 주요 사항을 적어 왔다.

오후에 文理大에서 논리학 강의를 받고 법대 벤치에 와서 친구들과 얘기를 나누었다. 주안점은 현실비판 – 부정적인 측면에서 본 현실진단이었다. 이어 공부는 집어치우고 병기형과 함께 탁구를 저녁 먹을 때까지 쳤다.

저녁을 먹고 역시 병기형 등 친구들과 함께 현실에 대한 날카로운 비판을 벌이는 토론을 가졌다. 이어 9시 30분경 법대 도서실에 와서 책을 펴니 마음속에 맺힌 心懷(심회)와 恨(한)을 토로하지 않고는 도저히 못 견디겠기에 떨리는 손으로 이 글을 적기로 결심했다.

나는 지난 2년간 깊은 삼림 속에 파묻힌 金山寺 심원암에서 집념과 인고의 나날을 보내면서 수백여 권의 책을 읽었다. 오로지 책만 읽었다. 10대 후반의 삶을 나 스스로 그렇게 택했던 것이다. 그러나 숙명적으로 가난과 고독을 머리에 이고 태어난 나였지만 깊은 山寺의 골방에 틀어박혀 있기를 계속해서 한 달 이상일 때

10대 후반 심원암 시절 금산사 대웅전 앞에서

도 있었으니 도저히 그 적막함을 참을 수가 없었다. 이제는 알을 깨고 나갈 때가 되었다고 생각했다. 그래서 다시 한번 숙고했다. 저 苦海(고해)의 세속에 묻혀 다시 한번 불장난을 하는 모험을 시도하자고. 그래서 궁여지책으로 안출해낸 묘안이 가까운 대학에라도 들어가 놀고 보자는 기발한 생각(?)이었다.

그래서 원서접수 마감 일에 전북대학교 법학과에 원서를 냈던 것이다. 예비고사 시험이 끝나고 나서 대입 준비는 완전히 포기했던지라, 시험 전일까지 나는 괴테의 「파우스트」, 사마천의 「사기」를 읽고 있었다. 사실상 대입준비 공백 상태에서 보냈던 것이다. 그러고도 혹시나 수석합격이 될지도 모른다는 기대까지도 걸었던 것이다. 역시 시험이란 것은 시험 며칠 전의 집중적인 노력이 필요한 것인지라 계속 2개월간을 공백 상태에서 보낸 나에게 수석합격이 찾아올 리 만무했다. 이렇게 해서 내키지 않는 걸음으로 대학에 들어왔던 것이다. 그렇기 때문에 대학에 대한 애착 내지는 참여 의식이 처음부터 나에게는 아예 없었던 것이다. 고시란 것은 나 혼자서도 얼마든지 할 수 있다고 자신했다.

입학식 후 학교생활을 며칠 해 보았다. 아닌 게 아니라 모든 것이 시시하게만 보이고 선배라고 하는 자들의 비겁할 정도의 참여 의식 결여를 발견할 수 있었다.

누구나 그렇듯 야릇한 내면의 Complex는 한편으로 소심증을 다른 한편으로는 만용을 나에게 부리게 했다. 그래서 모든 학교 행사, 서클 활동이니 뭐니 하는 것들을 도외시하고 내 본래의 목적을 향해 줄달음치기 시작했다. 먼저 법대 옆으로 하숙을 옮기고 법대 도서관의 구석진 곳에 선배 자리를 박차고 고정석을 마련했다.

그리고 밤낮 거기에 틀어박혀 앉아 있었다. 또한 나를 괴롭히는 것이 있었으니 경제적인 문제와 가정적인 문제였다. 이 두 문제는 나를 항상 강박 의식 속에 몰아넣고 괴롭혔으며 지금도 그러하다. 이 무렵 나는 刑法總論을 구해서 읽기 시작했다.

이어 5月 하순 민법총칙을 읽기 시작했다. 이해가 안 되는 부분을 몇 번이고 몇 번이고 되씹어 읽어 기어코 이해를 하고 넘어

갔다. 그러나 이러한 굳은 의지도 6月에 접어들면서 흔들리기 시작했다. 친구들과 어울려 술을 마셨으며 특히 6月의 대부분은 술로 산 것 같다. 그러나 한편으로는 말할 수 없는 고독감과 번민이 뇌리를 떠날 날이 없었다. 그리고 이때부터 나는 우리 사회현실에 대한 부조리, 불합리, 富의 불평등한 배분 등을 날카롭게 파헤치기 시작했다.

이렇게 해서 여름 방학을 맞고 방학 동안 시골집에서 두문불출하다시피 지냈다. 2학기 개학을 맞아 새로운 기분으로 학교에 와서 친구들을 만나고 정진을 계속할 마음의 준비를 했다.

기본법서를 차근차근 준비했으며 도서관의 좌석도 앞좌석으로 옮겼다. 그러나 또 방황은 시작되었다. 친구들과 어울려 술을 먹는 기회가 많아졌으며 술좌석에서는 으레 내 진로와 인생과 사회현실의 상관관계를 두서없이 논하곤 했다.

학교생활에는 여전히 피동적이고 소극적으로 임했다.

흰 고무신을 신고 다닌다고 꼬집는 지도교수에게 고무신은 서민적이고 실용적이라면서 강한 반발 의식의 발언을 하고서 연구실 문을 닫고 나올 때도 있었다. 나는 절에서의 습관이 아니더라도 까닭 모를 일종의 죄의식 때문에 오래전부터 고무신을 신고 다니고 있다. 누구는 예의상 어긋난다고 시비가 분분하지만 앞으로도 계속 흰 고무신을 신고 다닐 것이다.

사회 현실에 대한 비판과 해부는 날이 갈수록 나의 심중에 진을 치고 있었다. 또한 이와 비례해서 고독감과 소외감이 나를 엄습해 오고 있었다.

국제 정치 조류 속에서 본 우리 국내의 현실, 언론과 인권 탄압이 다반사처럼 자행되고 있으며, 치부를 하는 특권층, 기업윤리를 상실한 재벌들의 횡포, 날이 갈수록 심화는 되는 貧益貧, 富益富의 사회현상, 특권층의 약자층에 대한 우쭐대는 특권 의식, 가난한 자와 약자들의 가슴에 맺히는 말 없는 열등의식과 반발 의식, 매사에 있어서의 官의 개입, 권력에 아부 아첨하는 기성세대의 치졸한 모습, 부정부패, 불신이 만연되고 있는 사회 조류…… 과연 이러한 더러운 사회 현실을 내가 헤치고 나갈 수 있을 것인가. 내가 이론적으로 정의를 부르짖고 해 봤자 책 속의 현실과 책 밖의 현실이 판이한 상황에서 내가 법서를 독파해서 무엇을 할 것인가? 올가미를 씌운 유신헌정하에서 法앞의 평등, 수천 년의 역사를 지닌 法의 이념이 실현될 수 있을까에 대한 회의… 회의…

회의가 계속되는 중에 책은 손에서 멀어지고 비판의식만이 예리하게 작용하고 있다. 동시에 그 공백에서 오는 고독을 메우기 위해 이성 친구를 갖고 싶기도 했다.

이성 친구를 갖자니 대상이 없었다. 그렇다고 해서 일부러 찾기 위해서 많은 시간을 낭비하고 싶지는 않았다. 몇 번의 안면이 있었던 師大生에게 찾아가 사귀어 보자고 말하려고 했으나 그럴 용기가 나지 않았으며 또 만날 수도 없어서 포기해 버린 실정이다.

요즈음의 생활이 이러한 생활이었다. 그러니 이제 생각해보니 내가 처음에 내세웠던 모든 학교 과외 생활에 참여치 않는 대신 내 본래의 목표를 위해 노력하자는 것이 무의미해지고 있는 것 같다. 이것도 아니고 저것도 아니다. 이제 학생의 현실참여를 선동하고서 교도소에 가고 싶은 마음도 난다. 모든 걸 집어치우고 책 보따리를 들고 다시 深源庵(심원암)으로 향하고 싶은 마음도 난다. 거기에 가서 참선을 하며 부처님의 眞言도 이해하고 싶다. 영욕이 넘실거리는 이 세상을 영원히 뒤로하고 저 피안의 세계로 날아가고 싶은 마음도 인다.

내 앞에 닥친 이 엄청난 시련과 현실을 좌시 내지는 용인하면서 내가 과연 정진에 정진을 거듭해야만 하는가! 또 그렇게 하는 것이 나의 최선의 길이어야만 하는 것인가! 그렇다. 새가 알을 깨고 나올 때는 진통과 고통을 감내해야만 하지 않겠는가? 갑자기 「데미안」(헤르만 헤세)의 감동적인 구절이 뇌리를 스쳐온다.

새는 알을 깨고 나온다. 알은 하나의 세계이다. 태어나려는 자는 먼저 하나의 세계를 파괴해야만 한다. 그 새는 神(신)에게 날아간다. 그 신의 이름은 Abraxas다.

나에게 있어서 Abraxas는 과연 어디이며 어떤 의미인가?

1974년 11월 9일 토. 우울한 날씨

제2차 휴강에 들어간 지 이틀째다. 마음은 여전히 허공을 맴돌고 무언가 꼭 한 가지 일을 못 했다는 생각이 강박관념으로 변해 괴롭히고 있다. 그 한 가지 일이 무엇인지는 밝히지 않으련다.

우리는 너무나도 미약하다. 그러나 지성이 뭉치면 불굴의 힘을 발휘할 수 있다. 조국에 몰아닥친 엄청난 시련을 좌시하고서 본분인 공부에만 전념할 수는 도저히 없다. 쓰러져가는 조국의 민주 질서와 민주 헌정을 우리 젊은 지성은 회복하고 수호할 의무가 있다. 위정당국자들은 우리 젊은이들의 정당한 외침에 귀를 기울이고 그 실천에 전력해야 한다. 그리고 기성 지성인들은 앞뼘만 재지 말고 속에 간직한 정당한 견해를 쾌히 발표해야 한다. 언론은 젊은이들의 양심의 외침을 公平無私하게 보도해야 한다. 기본권이 등한시되고 국가권력 분립이 절름발이가 되게 제정된 유신헌법은 당연히 개정되어야 한다. 基本的 人權을 최대한으로 보장하지 않고서는 한국적 민주주의는 토착화될 수 없다.

특권층의 부정부패부터 일소되어야 하며 은행으로부터의 불법 대출과 차관 및 정부의 비호를 받아 致富를 한 기업윤리를 무시한 일부 財閥들은 그들의 이윤을 사회에 환원함으로써 富의 공정한 배분에 노력해야 한다. 정부는 서민과 농민 그리고 약자들을 위한 건전한 사회풍토를 하루빨리 조성해야 한다.

모든 국민은 인간으로서의 尊嚴과 價値를 가지는 만큼 관계 당국은 인권의 부당한 침해를 즉각 중지해야 한다.

언론의 자유와 집회결사의 자유는 최대한 보장되어야 한다. 구속된 자유 인사와 학생들은 즉각 무조건 석방되어야 한다. 등등

그러나 당국은 이러한 정당한 외침을 전혀 무시한 채 탄압제일주의로 나오고 있다. 사실 우리는 이렇게 볼 때 미약하기 그지없다. 당국에서 구속하고 학교에서 제적하면 호소할 곳도 없다. 그러니 뭉쳐서 굽히지 말아야 한다. 행동에는 조직이 필요한 것이다.

학교당국은 학생처벌위주로 나올 것이 아니라 부당한 휴강 조치를 즉각 철회하고 師弟 간에 진정한 대화의 길을 모색해야 할 것이며 학생의 권익을 옹호해야 한다.

많은 학우가 처벌되었다는 소식이 들렸다. 가슴이 아프다. 동시에 그들에게 죄책감마저 느낀다. 처벌된 학우들은 조속히 구제되어야 한다. 우리는 그들의 구제에 최선을 다해야 한다.

마음이 우울해서 오후에 창기君한테 놀러갔다. 짐을 꾸려가지고 본집으로 가려는 중이었다. 역까지 짐을 들어다 주고 오면서

윤평君하고 탁구를 치고 나니 속이 좀 후련한 것 같았다. 친우들이 모두 짐을 꾸려가지고 고향으로 혹은 적당한 곳으로 향하고 있다. 나는 어떻게 할 것인가! 저녁 식사 후 곰곰 생각했다. 고독을 되씹으면서 하숙집 골방에 틀어박혀 있기로 결론을 내렸다. 杜門不出하면서 생리적인 현상의 결과가 초래하는 시간 이외에는 눈동자의 초점을 책에서 떼지 않기로 맹세했다. 이 휴강 기간을 내실의 충실과 自我革新의 절호의 기회로 이용하겠다고 굳게 다짐했다.

美 포드 대통령이 방한할 때까지는 휴강이 계속될 것 같으므로 적어도 앞으로 보름간은 휴강 기간 일 것이다. 이 보름 동안 새로운 나 자신의 탄생이 이루어지게 될 것이다.

(23時 58分)

1974년 11월 23일

아침부터 날씨가 나빠지기 시작, 이윽고 비바람이 몰아치더니 진눈깨비가 내리고 눈까지 오는 험악한 날씨였다. 오후가 되니 날씨가 조금 회복되었다.

오전에 잠을 자고 오후 2시 半반 내 생애 처음으로 내가 자청해서 만나자고 한 아가씨(師大生)와의 약속을 이행하기 위해 약속장소인 시내 황태자 다방으로 갔다. 약속시간 10분을 경과하니까 그 아가씨가 나타났다. 나보다 한 학년 위였지만 순진하고 귀염성 있는 모습이었다. 여러 가지 이야기를 주고받았다. 특히 중앙극장에서 상영 중인 영화 "빠삐용"을 보라고 했다. 남자들이 꼭 봐야 할 영화라면서,

나 자신 당혹해서 말이 제대로 나오지 않았으며 제대로 논리가 서는 말이 잘 나오지 않았다. 그리고 내가 한 말 중에 몇 가지 허실이 있었던 점 솔직히 시인한다. 즉, 蛇足(사족)을 덧붙인 것 같다.

그 아가씨는 약간 싸늘한 면을 보여주었다.

우리는 아무런 기약도 없이 헤어지고 말았다. 돌아오면서 생각

하니 내 자존심을 상한 것 같아 기분이 언짢아졌다. 그래 모든 걸 잊자.

모든 일에 무관심하자. 여자에 대해서 신경은 쓰지 말자. 다시는 너에 대해서 생각하지 않고 고민도 않으리라.

공부에만 전념하리라.

[나 스스로에게 다짐했던 나의 어록]

나는 법조인이 안 됐으면 고고학자가 됐을 것이다. 지금도 탐사, 모험, 낭만과 동경의 정신, 아직 밝혀지지 않는 새로운 것에 대한 갈망으로 가득 차 있다.

1974년 12월 14일 土

어젯밤 우리 DIRTY SIX GUYS(“한 脈”)는 술을 곁들여 정겨운 대화와 한 조그마한 사회정의의 구현을 위한 불타는 의지를 표방했다.

이어 우리(鐘, 春, 相)는 눈을 맞으면서 밤길을 걸어 Campus에 당도했다. 우리 모두는 교문 앞에서 한참 동안 발길을 멈추고 동심과 낭만에 젖은 감회에 사로잡혀 조명등 앞에서 하루살이처럼 사라져가는 白雪의 흩날림에 정신을 잃고 있었다. 계속해서 우리는 백설을 짓밟으며 삼경이 훨씬 지난 고요한 Campus 내를 원초적 본성과 젊음의 패기가 뒤엉키는 대화를 기탄없이 나누면서 걸었다. 이어 춘기와 나는 내 하숙방으로 가서 우정이 넘치는 대화를 나누다 잠자리에 들었다. 정말 영원히 기억할 만한 날이었다.

오전에 우리는 어느 다실에 집결(?) 했다.

“한 脈”인 모두가 말이다. 우리가 기대했던 조그마한 사회정의 구현이 미리 원만히 해결 단계에 돌입해서 일면 서운한 반면 다행이라고 생각했다. 우리는 계속해서 “한 脈”을 발전시키고 우리의 내적 중심을 기하기 위한 치밀한 계획을 자발적이고 거리낌 없는 대화를 통해서 세웠다. 그리고 그 구체적인 실천 방안 중의 제1단계를 오늘부터 착수했다.

오후 3시에 다시 모여 막걸리 party를 시내 '모퉁이' 집에서 갖고 굳건한 단합과 늘 푸른 우정을 기약했다.

1974. 12. 14. 23. 30分

醉中(취중) 書

[나 스스로에게 다짐했던 나의 어록]

나는 이석연을 법조인이라 부르지 않는다. 그는 독서인이고 동시에 창조인인 것이다. – 이어령 교수, 졸저 '책, 인생을 사로잡다'의 추천사 중에서

1975년 1월 19일 일요일

忘却(망각)이라는 것이 어떻게 보면 우리 인간에게 절대 필요한 것이라고 생각된다. 요즈음 나는 그동안 나를 괴롭혔던 많은 환경적, 성격적인 강박의식과 같은 것을 執念과 忍耐로써 한 가지 일에 몰입함으로써 망각하는 즐거움을 맛보고 있다.

人間之事의 전 형태는 마음에서부터 우러나온다. 자주 쓰는 말이지만 모든 세태는 각자의 마음 쓰기 여하에 달려있으며 그의 생각 즉 마음에서 우러나오는 본성에 의해서 그 형태에 맞는 행위를 하고 그 결과에 대해서 책임을 지는 것이다.

사소한 일에서 커다란 고통을 받는 경우가 있으며, 커다란 고통의 원인이나, 중대한 비극적 결과를 초래한 사건의 뒤에는 사소한 일로 그렇게 된 때가 얼마든지 있다.

거듭 깨닫는 바이거니와 마음을 어떻게 정하고 어떻게 어느 상황에 두느냐에 따라 모든 일이 원만하고 순조롭게 처리되어지느냐 그렇지 않느냐를 결정하게 된다.

그렇기 때문에 결국은 자기 자신을 즉 자기의 내부 상황을 어떻게 다스려 나가느냐에 따라 그의 인생은 결정되어지는 것이다.

따라서 자기 자신의 지배야말로 가장 중요한 인생의 최고의 덕목인 것이다. 그리고 特出한 사람일수록 자기 자신을 지배하는 자아의 소유자이다.

내 자신의 지배에로 접근하고 있는 현재의 내가 심정적인 내 본원의 자아 입장에서 볼 때 대담하고 영웅적인 움직임으로 비치리라…

10대 후반 심원암 시절

1975년 1월 31일. 금요일 갬

지금 이 시각 직후부터의 내 의식 활동과 모든 사고를 지배할 내 생활의 근본원리를 다음과 같이 정한다.

나의 최대, 최급선무의 생활목표는 사법시험 조기합격이다. 따라서 앞으로의 내 모든 생활 과정은 이 목표를 달성하는데 집중되어진다.

이를 위하여 다음과 같은 실천 행동방침을 정한다.

1. 지금 이 시각 직후부터의 생활은 나 자신의 욕구에 부응하기 위해서 생활하는 利己主義 아니 철저한 個人主義 生活을 한다.

즉 타인을 의식하지 않고 내 목표를 꾸준히 향해가는 생활 태도다.

2. 强靭한 정신력을 啓發해 내고 보유한다.

즉, 기어이 단기일 내에 목표를 성취하겠다는 피 끓는 욕구와 힘을 가지게 하는 그런 정신력 말이다.

3. 주위의 모든 나와 관련 있는 사람들에 대한 무관심 제일주의로 나간다. 즉 심리적인 Complex나 현실적 정신적 열등의식을 완전히 배제하고 일절 신경을 쓰지 않는다.

4. 이성 교제 즉 여자 문제는 절대로 신경을 쓰지 않는다.

이와 관련하여 모든 잡념과 심리적 내외면적인 갈등, Complex, 열등의식을 완전히 배제한다. 이성 교제는 목표를 달성한 후에 얼마든지 할 수 있지 않은가!

5. 묵직하고 대담한 태도와 마음가짐을 항상 유지하고 사소한 일에 절대로 신경을 쓰지 않으며 매사에 대장부다운 늠름한 기개를 갖고서 임한다.

그리고 언제나 인내와 끈기로써 생활하며 겸허한 마음가짐을 갖춘다.

6. 이제는 시간의 귀중함을 더 이상 거론할 여지가 없다.

아폴로 우주선은 1초에 12Km를 난다. 永劫(영겁)은 순간의 연속에 불과하다.

나는 이제 미래를 향한 순간! 순간!에 산다.

순간의 내가 미래의 나를 결정함은 숙명적이다.

[나 스스로에게 다짐했던 나의 어록]

나는 보수도 진보도, 좌파도 우파도 아니다. 헌법적 자유주의자일 뿐이다.

1975년 2월 10일 월요일 갬

오늘은 음력 섣달그믐날이다. 지금까지도 대부분의 국민은 舊正(구정)을 보내고 있기 때문에 농촌은 물론 도시에서도 큰 명절이다.

그러나 나는 고향에 내려가지 않았다.

오직 한 곳으로 뚫려진 정신적 의지는 나를 전처럼 즐겁고 동심 어린 기분으로 고향에 가게끔 하지를 않았다.

나는 지금 이유를 알 수 없는 분노를 씹고 있다.

그것은 人性의 저변에서 파도와도 같이 밀려오고 밀려가는 원초적인 절규다. 결코 좌절은 하지 말자! 가난과 고독이 엉킨 삶의 테두리를 맴돌아야 하는 현 상황이지만 미래를 위한 더 높은 차원으로 나 자신의 위치를 승화시키기 위해서, 보다 더 자기희생적인 삶을 감수하기 위해서, 그리고 보잘것없는 나 자신의 자기완성을 위해서 나는 겸허한 자세로 하나의 목표를 달성하기 위한 집념의 세계에 몰입하련다.

텅 빈 도서실에서 진리의 세계에 몰입하고 있는 나는 지금 조그만 보람과 행복을 느낀다.

차분하고 느긋한 심정으로 순간순간에 임하리라.

나 자신과의 투쟁은 시작되었다. 그것은 무기한의 투쟁이 아니다. 내 굳은 의지가 자신을 극복하는 날 개선 행진곡이 울려 퍼질 것이다.

자 이제 Mein Kampt여!

나는 너에게 묻혀 살리라!

(夜 23時)

법대 도서실에서

1975년 3월 2일 맑음 일요일

3月을 맞이하였다. 내 생활이 이제 본격적인 고시 준비 생활로 들어가게 됐다.

3月1日을 기해 보학 兄으로부터 도서실의 최고급 좌석인 Box(?) 속의 좌석을 물려받았다. 나는 이제 이 속에서 囹圄(영어)의 몸으로 집념과 끈기와 인내를 되씹으면서 필연적으로 생활해야만 한다.

여유를 가지고 몰두한다. 그리고 모든 불필요한 사실, 생각들에 무관심(냉담)한다. 완전히 냉철한 자세를 가진다.

이제 나는 나의 청춘과 운명과 진로를 건 自我戰을 시작했다. 평범보다는 차라리 파멸을 택해야만 한다.

나는 이제 기적을 창조할 수 있어야 한다. 아니 기적을 창조할 수 있다. 이것은 내 수호신(?)의 지상명령이다.

어제 오후 상범 군과 함께 김제 백구의 병기兄 집에 갔었다. 우리는 어젯밤 늦게까지(밤 11시 ~ 새벽 3시) 兄 집에서 술잔을 기울이며 정겨운 대화 – 젊음이 나눌 수 있는 모든 정치, 사회, 통속적인 대화를 나누었다. 정말 젊음과 우정의 harmony의 극치였다. 영원히 젊음의 한 페이지를 기록할 의의 있는 시간이었다. 오늘 오후 병기兄 집을 출발하여 학교로 왔다. 비장한 각오를 다시 한번 하면서 내일의 희망찬 내 인생 진로를 달리기 위한 용기와 희망을 재확인하는 동시에 나에게 마음의 평온을 내려주기를 빌었다. 두 주먹을 불끈 쥐고 어떠한 난관도, 어떠한 살을 에이는 듯한 고통도 영광의 그 날까지 감수하기로 천하를 향해 선언했다.

젊음의 執念이여, 젊음의 결단이여 영원하여라!

(23시 45분)

[나 스스로에게 다짐했던 나의 어록]

직언하는 선비는 함부로 죽이지 못한다. 역사의 준엄한 감시가 있기 때문이다. 바른말 한마디로 목숨을 잃는 세상이라면 그런 세상 살아서 무엇할 것인가 그렇게 생각해야 한다. – 나는 조지훈의 지조론에 있는 이 구절을 항상 마음에 새기고 있다.

1975년 3월 4일 맑음.

차가운 北風이 부드러운 南風으로 바뀌고 훈훈한 대지의 향기가 온몸 속으로 스며드는 황홀함을 느끼고 있다. 시간(세월)은 영겁의 굴레 속에서 부단히 흐르는 것이어서 모든 삼라만상은 그 大河의 흐름에 역행할 수 없는 것이다. 인간이란 존재는 영겁 속에 사라질 극히 순간적인 존재에 불과하다.

그리고 자연과 神의 섭리에 따라야 하는 나약한 존재이다. 그러나 인간은 모든 자연의 이치를 규명하고 풀어낼 수 있는 어느 생물체에도 없는 思考할 수 있는 능력 즉 理性을 가진 존재이다. 이 이성이 있으므로 말미암아 끊임없이 자각하고 향상하는 창조적인 생을 영위하고 있다. 자아를 의식하고 자아를 해부하면서 미래지향적인 행위를 한다. 때문에 영겁 속에서 볼 때 순간에 불과한 일평생을 값지게 그리고 충분히 향유할 수 있는 가치를 가졌다고 깨달으면서 만족스럽게 살다 가는 것이다. 순간에 불과한 일생, 그러나 현명하고 결단력 있는 자라면 결코 짧다고 할 수 없는 것이며 – 생의 전 가치의 면에서 파악할 때 즉 그 이면에서 볼 때는 촌각이라도 그 귀중함을 뼈저리게 체험하면서 생에 정진하여야 하리라. 끊임없이 자각하고 근면을 생활화하는 자는 시간의 귀중함을 깨닫고 그 시간을 완전히 자신의 것으로 만들고 그 속에 몰입하는 것이다. 그러는 중에 자신을 지배하게 되고 최상의 건전한 생활인 합목적적 생활을 영위해 나갈 것이다. 그는 이른바 인생에서 성공한 사람이 되며 가치 있는 일생, 어떻게 보면 역설적으로 순간처럼 자신에게 있어서 화려한 생을 보낸 자가 될 것이다.

시간의 귀중함을 재차 강조하는 뜻에서 간단한 隨想(수상)을 적어 보았다.

봄기운이 피부로 느껴진다. 南風에 밀려오는 흙내음이 가슴에 훈훈하다. 애틋한 향수가 느껴지고 아름다운 정경과 동심이 그리워진다. 그러나 지금의 나는 이 모든 사색의 자유마저도 사리하고 오직 집념과 인내와 몰두의 세계에 파묻혀야만 한다. 보다 원만한 내일의 나를 내 본원의 自我(자아)는 원하니까….

1975년 3월 18일 화

一. 청춘의 특권을 일정기간 동안 유보한다.

二. 학교 수업 등 학교행사에 一切 신경을 쓰지 않는다.

三. 내가 처한 환경을 탓하거나 그 환경에 무릎을 꿇지 않고 환경을 초월하고 지배한다.

四. 나 자신의 성격을 고시 공부와 조화를 시킨다.

五. 감상적, 낭만적 모든 공상 또 합격 후를 예상하는 공상을 절대로 하지 않는다.

이상의 선서와 함께 나는 조기합격을 자신한다는 젊은 大丈夫의 피맺힌 결의를 오늘 밤에 「조경단」에서 바람이 심하게 불고 있는 시각에 친우 種順(종순), 貴權(귀권)이 지켜보는 가운데 천명했다.

친구여! 비가 한 순식 내릴 때마다 잎새의 푸름은 눈에 보이게 짙어만 간다. 불어오는 바람결은 싱그럽고 휘날리는 여인의 머리칼은 인간에의 향수를 느끼게 한다. 陽春佳節(양춘가절) 약동하는 젊음의 계절을 내일로 미루어 둔 채 새로운 인생 항로를 개척하기 위한 너의 진지한 모습이 눈에 선하다. 금력과 권력이 횡행하는

대학 2년(1975) 법대 교정 - 맨 왼쪽이 저자

오염된 현실사회에서도 오늘을 인내하며 내일을 개척하기 위한 너의 건전한 의지와 이에 따르는 선량한 양심이야말로 국가공동체의 내일을 밝게 해 주는 徵表(징표)라 아니 할 수 없다.

너의 건투를 빌어 마지않는다.

(밤 11時 30分)

1975년 3월 31일 월요일 맑음

오늘 오후 나는 비장한 각오로 削髮(삭발)을 해버렸다.

피맺힌 무언의 절규를 되씹으면서 눈에서는 분노의 눈물이 흐르고 있었다.

최후의 수단으로 택한 나의 결단이었다.

과연 司法試驗(사법시험)이 나로 하여금 순간순간을 집념과 인고의 굴레 속으로 몰아넣고, 청춘을 송두리째 담보하게끔 하는 것을 생각할 때 나는 착잡한 심정에 사로잡혔다. 비록 먼 어린 시절부터 품어온 꿈이었을지라도.

그러나 우리 한국적인 현실에서는 그래도 사법시험에 합격하는 것이 고급 관료로 출발하는 지름길이고 소신껏 국가와 국민을 위해 봉사할 수 있는 첩경임은 엄연한 현실이다.

중국 역사가 사마천은 宮刑(궁형)이라는 치욕의 형벌을 당하고도 이를 극복하고 불멸의 역사서 「史記(사기)」를 집필하였다. 그때의 심정을 사마천은 하루에도 창자가 아홉 번이나 뒤틀리고 등골에 식은땀이 흘렀다고 쓰고 있다. 그에 비하면 내가 겪는 이 삭발의 아픔쯤은 아무것도 아니다.

이제 내 앞에 닥친 준엄한 운명에 순종하면서 一寸光陰(일촌광음)

을 내가 할 수 있는 최선을 다하는 시간으로 채우련다. 사마천을 떠올리면서.

기본서를 깡그리 사진을 박아서 씹어 먹는다.

이번 기회에 합격권 내의 실력을 축적하지 않으면 내 인생은 영원히 파멸이다.

[나 스스로에게 다짐했던 나의 어록]

나는 힘들고 외로울 때 한 열흘 갔다오고 싶은 곳이 있다. 내 마음의 행로가 머무는 여행지다. 스페인 안달루시아 지방의 코르도바가 그곳이다.

1975년 4월 1일

날씨가 무척 싸늘하다.

머리를 깎아서인지 몰라도 추위를 실감하게 된다.

그러나 집념의 굴레 속에 일단 몰입하면 아무것도 개의치 않고 무아의 경지에 법률의 사색만이 있을 뿐이다.

이제 하루하루 한 시간 한 시간 순간순간이 내 일생에서 가장 중요하고 값진 의미가 부여되는 시각이다.

불필요한 공상을 제거하고 지식을 섭렵하게 될 때 지식의 축적은 가속화된다. 오직 초지일관, 정신일도의 사유만 인정하고서 읽고 또 읽고 파고 또 파고 주워 넣고 또 주워 넣으면 대망의 목표 달성에 도달하는 길은 평탄대로가 될 것이다.

모든 잡념을 사리하고 한 곬으로 정신과 육체를 통하게 하자.

법의 사색으로 잡념을 제거한 그 공백을 메우자.

내가 택한 이길 그리고 걷고 있는 그 길은 결코 지금처럼 항상 외롭고 괴로운 자갈길 내지는 거친 길만은 아니다.

그 길이 끝나는 곳에는 평탄대로가 전개될 것이며 신발이 다 닳고 발이 불어터지게 걷지 않아도 될 편안히 모셔갈 자동차가 대기하고 있을, 그러한 선망의 길이기도 하다. 아니 분명히 그러한 길임에 틀림없다. 자 어서 길을 재촉해서 그곳에 도착하자.

더 쉬거나 한눈을 팔면 그만 그곳에 도달할 의욕이 상실하고 시간이 더욱 소요될 것이며, 때로는 중도에서 쓰러지거나 딴 길로 접어드는 경우까지도 있을 것이니까.

기어이 그곳에 도달한다는 굳은 의지와 힘과 각오를 다시금 새롭게 한다.

[나 스스로에게 다짐했던 나의 어록]

以法爲人(이법위인) – 법은 사람을 위한 것이어야 한다.
나는 법제처장 시절 위 휘호를 원로 서예가로부터 받아 내 집무실 벽에 걸어 두고 수시로 음미하곤 했다.

1975년 4월 13일 일요일 맑음

화창한 일요일이다.

도시락을 싸가지고 일찍 학교에 왔다.

도서실 부근에서 소음이 들려 2층 교실에 모든 책을 들고 올라가서 교실 문을 잠그고 책을 읽기 시작했다.

점심을 먹고도 계속해서 교실을 엄숙히 지키고 있었다.

정신집중을 위해서는 오히려 평범한 마음의 상태를 무의식중에 유지시키는 것이 필요하다고 생각되었다.

무뚝뚝하고 통찰력 있는 정신으로 책을 대하면 모든 잡념을 제거할 수 있다. 성급한 마음가짐이나 성급한 상황 판단은 가급적 삼가야 한다.

평범하고 여유 있는 마음의 상태를 무의식중에 유지하는 것이 정신집중의 첩경일 것이다.

1975년 5월 19일 (음력 4月 8日) 흐리고 비. 일요일

부처님의 탄생일이다. 모든 잡념과 영욕을 버리고 禪(선)의 세계에 몰입해 보면서 마음의 평온과 미래의 영광을 빌며 아울러 일로매진 할 수 있는 용기와 의욕을 견지하기를 기원해 본다.

마음을 가다듬고 正念(정념)과 正精進(정정진) 하기를 나의 본원의 태동력과 佛陀(불타)의 힘에 의지해 본다. 항상 '禪' 속에서 진리의 탐구에 경주하자. 모든 공허한 사념에서 벗어나 오직 眞과 禪을 향한 과정 속에서 미래의 나의 개념을 명백하고 뚜렷하게 부각시키기에 노력해보자. 때문에 지금의 단계는 인고와 묵언 속에서 나를 연마하고 무형화시켜 새날을 위한 전제로서의 존재로서만 파악해야만 할 것이다. 심중에서 잠정기간 나 자신을 용해해 버리자. 녹여진 나의 영혼을 숱한 진리의 조각들과 융합해서 새로운 나(自我)를 창조해 내련다. 新我(신아)의 탄생까지는 반드시 일정기일이 소요될 것이며 때문에 그 기간까지의 나의 존재는 어디에서나 특히 현 활동 범위의 세계에서는 완전의 無 내지 미미한 존재로 취급받을 것이라는 점을 충분히 감수할 결의가 되어 있다. 忍! 望! 그날까지는 참고 이겨내자, 그러나 그 과정에서 파생되어진 순간들이 결코 고해만은 아닐 것이며 期, 望이 공존하는 날들

일 것이니… 순간과 평범, 凡常에 순수하리라!

色不異空 空不異色 色卽是空 空卽是色* 〈반야심경〉이며, 不当趣所愛 亦莫有不愛 愛之不見憂 不愛亦見憂** 〈法句經〉라고 했던가!

부디 평안하고 均定한 상태가 나를 진리의 세계로 이끌어 주시옵기를…

～부처님의 탄일에 경건함을 彰(창)하며～

* 존재(일체 만상)는 공(실체가 없는 것)에 지나지 않으며 공이 존재일 뿐이니라.
  존재가 곧 공이며 공이 곧 존재이니라.

** 사랑하는 사람을 가지지 말라 미운 사람도 가지지 말라
   사랑하는 사람은 못 만나 괴롭고 미운 사람은 만나 괴롭다.

1975년 6월 2일 월요일 맑음
그러나 때 아닌 소나기가 산발적으로 내림

어떤 일에 대해서 더욱 주의를 기울이고 신경을 쏟으면 오히려 자율신경은 반발적으로 기능하고 있는 것 같다. 마음속에서 일고 있는 동요를 제거하고 모든 하찮은 일에는 무관심하자고 결의를 다지면 더욱 그 반작용이 일고 있다. 물론 지금의 나의 생활이 무척 고행의 場이라는 사실을 숨기고 싶지는 않다. 모든 사람이 나를 무시하는 것 같으며 왠지 모르게 느껴지는 소외감, 나와 진정한 대화를 나눌 수 있는 벗 – 벗이 아니라도 좋다. – 이라고는 한 사람도 없는 것 같으며, 어떤 때는 모든 것이 싫어지고 공상의 나래를 펴다가 그 공상이 머무는 곳에서의 허탈감, 나 자신의 왜소감 등등이 얽혀 모든 것이 싫어진다. 때맞추어 엄습해오는 뼈에 사무친 고독감이 비장한 각오에 회색의 구름을 얹어준다.

나는 이제까지 성격 탓일지도 모르지만 아니 나 자신이 소극적으로 활동해서 그런지도 모르지만 진정한 친구를 갖지 못한 것 같다.(내 주관적인 판단일지도 모르지만)

정말 그런 친구를 갖고 싶다.

나의 생명과도 바꿀 수 있는 결의가 되어 있는 그런 친구를 갖고 싶다. 내가 처해 있는 이 말 못 한 무언의 처절한 상황을 같이 토로하고, 밤이 새도록 인생, 사회, 정치, 국제문제 등등에 걸쳐서 서로를 염려하는 기탄없는 대화를 나누고 동시에 같이 실제 행동을 취할 수 있는 그런 친구를 목이 타도록 갈구하고 있다. 그러나 이제 그런 친구를 알기에는 좀 늦은 감이 있는 것 같다. 나 자신은 외부활동을 거의 중단하고 있는 상태이기 때문에 더욱 얻기 힘든 것 같다.

그러기 때문에 더욱 외롭고 나만의(I only alone) 생활 속에서 더 처절한 생의 부르짖음을 쫓고 있는 것 같다.

공부를 하면서도 갈등이 끊일 날이 없으며 날이 갈수록 소심증과 Complex, 그리고 자만심이 첨예화되어가고 있는 것 같다. 내가 모든 점에서 남보다 못한 것 같은 생각이 들 때가 많다. 조그만 꼬투리에서부터 생기는 마음의 동요가 그날 나머지의 시간을 망쳐놓고 도저히 실현 불가능의 잡상과 소심한 강박관념으로 더욱 마음의 상태를, 아니 내 본연의 모습을 기초부터 침식하고 있는 것 같다.

지금까지 공부한 시간(量)으로 치면 거의 합격 수준의 정도까지 도달했는데도 집중력의 결여로 말미암아 그 質에 있어서는 형편없는 것 같다.

그러나 단 꼭 한 번의 집중력과 두뇌의 모든 작용을 이용해서 철저히 독파하고 구상하고 축적함으로써 단기간에 목표를 달성할 수 있는 기회가 꼭 한번 부여될 것이다. 그것이 바로 지금 이 시간 후부터이다.

지식을 얻기 위한 탐구를 하련다. 향학의 세계 - 법의 세계 - 에 몰입해서 거기서 즐거움과 보람을 찾고 싶다.

그 속에 묻혀서 세상사를 잊고 시간의 흐름을 잊고 人事의 동태를 잊고 나의 신변의 일을 잊으면서 생활하고 싶다. 아니 그렇게 하겠다.

그 황홀 찬란한 탐구의 須臾(수유)에 묻혀 영겁으로 화하리라. 오직 그 길로만 가리라.

(24:00)

대학시절 (1975) 완주 어느 산 계곡에서. 가운데 저자

1975년 9월 10일 수요일 맑음

~ 斷腸(단장)의 書 ~

오랫동안 자신을 반성해 볼 수 있는 시간을 망각하면서 지낸 것을 뉘우치며 斷腸(단장)의 場을 다시 펼쳐 들어 본다. 그간 한 곬으로만 몰아댔던 정력의 집중을 이제 여유 있게 분석하면서 均衡之和를 찾아갈 것이다. 특히 8月 하순부터 불어 닥쳤던 자아의 완전성의 훼손과 더불은 헛된 방황을 초래했던 충동들은 이제는 좀 변화하고 자제할 시기이다.

이번 여러 가지 일을 통해서 인생의 의미에 대해서 깊은 성찰과 사고력을 기르게 되었다. 나도 이제 내 생활 과정에 대해서 더 이상 유약한 존재가 아니며 모든 일을 스스로 처리할 수 있고 미래를 기획하며 그에 대처해나가고 곤궁을 당했을 때 태연하고 대담하며 나 자신의 狀況(Situation)을 내가 조성하고(Forge) 제어할 수(Control) 있는 전과는 다른 엄연한 정신적, 육체적, 경험적 etc. 으로 성숙해져 있음을 자부한다.

비록 연령적으로는 미숙하다 하더라도 사고행태만은 완숙에 가까웠음을 대담하게 주장한다.

지루한 교련 시간을 마치고 나니 캄캄해졌다. 곧장 저녁 식사를 하고 법대 도서실에 와서 새로운 생활을 할 계획을 수립하면서 마음의 정리를 했다. 우선 강의 시간을 알차게 이용하기 위해서 note 정리와 나 자신이 작성하는 요점, 중점 정리를 병행하는 일을 착실히 수행하기로 했으며 규칙적으로(매일) 어학(주로 영어)을 절대명령으로 1시간 이상할 것이며 특히 단어 내지 숙어를 하루에 10개 이상 단어장에 정리해서 반드시 암기하기로 했다.

1차 시험과목을 전반적으로 치밀하게 세부적으로 매일 꼭 집중적으로 수행하기로 했다. 그 첫 Case로 내일부터 경제학을 열흘간의 계획으로 정독하기로 했다. 그리고 일기를 斷腸의 記라는 제목하에 계속 쓰기로 했다. 이제 주로 그날 공부한 것을 중심으로 적으므로 아마 일기라기보다는 나의 수험과정을 적는 학습일지라고 해도 좋을 것이다. 마지막으로 현재 받고 있는 신체의 完全性에 대한 위협(발의 무좀으로 고생) 등을 포함한 정신적, 육체적 고통에서 오는 하찮은 근심을 절대 배제하기로 한다.

1975년 11월 6일 木. 흐리고 비

한 열흘 만에 일기를 쓴다. 그만큼 생활이 어수선하고 피동적이었던 것 같다. 너무나 긴 시간 동안 방황했다.

진정 自我革新을 이루지 않고는 나의 앞길은 암담하게 되었다.

이 글을 쓰고 있는 이 순간에도 마음의 움직임은 허공에서 존재하고 있다.

왜 이럴까. 정말 내가 왜 이렇게 나약하고 소심한 인간이 되었을까? 근 2개월 동안 책을 제대로 精讀한 적이 거의 없었으니 처음에 세웠던 계획은 이제 어떻게 될 것인가.

나 자신과의 약속 더 중요하지 않는가.

공부만이 퇴보한 것이 아니다. 心的인 타락 더 나아가서 대인적 의욕감의 상실…….

괴롭다. 더 이상 일기를 쓸 양심의 일말도 남아있지 않다. (16:00)

……

저녁 식사 후 곧바로 법대 도서실로 왔다. 비바람이 세차다. 심기일전, 결의를 다지는 의미에서 대학신문에 발표할 한 편의 時論(시론)을 썼다. 마침 대학신문 기자로 있는 창기 군의 원고 부탁도 있고 해서.

금년 8월부터 지난달까지 3개월간 한국 사회는 김대두라는 희대의 살인마의 행각에 전율하면서 공포에 휩싸였었다. 어린아이부터 80 노부부에 이르기까지 아무런 이해관계가 없는 17명의 무고한 인명을 살해하고도 죄책감조차 느끼지 않는 범인의 뻔뻔함이 더욱 모두를 분노케 하고 슬프게 했다. 나는 이 사건을 반추하면서 제목을 「사회구조의 변천과 범죄행위」로 정했다. 이현식 교수님(형법)의 고전을 인용하면서 인생을 달관하신 듯한 강의내용에서 노트해 두었던 한 구절을 원용해서 서두를 잡았다. 즉 "疲馬不畏鞭 弊民不畏刑(지친 말은 채찍을 두려워하지 않고 피폐한 백성은 형벌을 두려워하지 않는다.) 이라더니"로.

결국 범죄는 범인 개인의 심성에도 그 발생원인이 있지만 그를 둘러싸고 있는 사회와 환경에도 영향이 있다. 때문에 궁극적인 책임은 사회 전체에 돌아오므로 건전한 가치관의 확립과 사회풍토조성이 선행되어야 함을 강조하면서 사회발전과 경제발전에 따른 犯因性(범인성)과 범죄의 동향을 다루었다. 언론에 처음 공개되는 글 치고 이 정도면 괜찮겠지 하면서도 반응이 어떨지 불안하기도 하다.

교지(비사벌)에 응모할 논문도 속히 완성하기로 했다. 제목을 「共謀共同正犯에 관한 연구」로 정하고 目的的 行爲支配說(목적적 행위지배설)의 입장에서 쓰기로 했다.

(25:00)

1976년 9월 3일

대학 생활에 접어든 이래 두 번째의 삭발을 단행했다.

그동안 그 많은 시간들을 자신의 갈등과 정신의 연약으로 허비하면서 얼마나 비통해했던가. 드디어 이제 모든 것을 잊고 오직 정진에 정진을 거듭하기 위해서 비장한 결심으로 삭발을 한 것이다.

앞으로 남은 약 5개월 반의 시간 – 이 시간의 활용 여부가 내 인생의 성패를 결정함은 명약관화한 사실이다.

오직 두더지처럼 저돌적으로 그러나 요령 있고 기민하고 능률적으로 공부만을 해야 한다. 또 그렇게 하겠다.

자 이제 내일의 희망차고 즐거운 시간들이 나에게 손짓을 하며 다가오고 있다. 용기를 내어 타락했던 마음과 지쳤던 육체를 말끔히 청산하고 새롭게 시작하자.

그리하여 나의 원대한 포부를 달성하는 관문에 빨리 돌입하여 사나이의 웅지를 펴보련다.

모든 일에 조금도 개의치 말아라. 이제야말로 내 인생의 매 단계에서 부딪칠 시련 특히 내적, 정신적, 심적 시련을 극복할 수 있는 힘과 자신을 기르고 형성하는 시각이 온 것이다. 자! 희망과 용기의 시간이 다가오고 있다.

1976년 9월 8일 수, 비오고 개임

예년보다 일찍 맞게 되는 추석이다. 아침부터 비가 주룩주룩 내리고 있다. 폐부를 스미는 비장한 각오 하에 寸刻(촌각)을 보내고 있는 나는 삭발을 했다는 이유에서만이 아니라 이미 굳혀진 마음의 다짐 때문에 고향 집에 가지 아니하였다.

조금도 외부적 요인에 좌우되고 싶지가 않았으며 또 그럴 필요와 그리고 그렇게 해서는 안 되기 때문에 나는 여느 때와 마찬가지로 도시락을 싸 들고 학교 도서실로 향했다.

民訴法 나머지 부분을 끝마치어 일독했다. 이어서 考試界의 연습강좌를 독파하여 Legal mind를 기르면서 어떤 문제가 제기되었을 때 내 나름대로의 일가견에 의해서 고찰할 수 있는 힘을 기르는데 오후 중간까지 消時(소시)했다.

점심때에는 하숙집 아줌마가 싸서 준 송편을 수철 군과 함께 먹으면서 그럭저럭 즐거운 마음의 상태를 유지했다. 오후 늦게부터는 商法 독파 작전에 들어갔다. 商法例解를 중심으로 중점적으로 이해와 암기를 병행하면서 그리고 항상 문제의식을 가지고 법리적 사고로서 법서를 읽어 나가기로 했다.

마음의 안정과 그리고 차분하고 유보적인 마음을 유지하고 성급하게 생각하거나 조급하게 예견하는 마음을 버리리라.

1976년 11월 5일 금요일

山寺(완주 봉서사)에서의 하루하루가 지나가고 있다. 마음이 허전하다.

法書를 섭렵하면서 메우는 시간이 보람찬 반면, 공허한 마음의 상태는 여전히 나를 감싸고 있다. 점심을 먹고 산 위에 올라가 목이 터져라고 고함을 질렀다. 일종의 무엇인가에 대한 분노, 까닭 모를 절규였다.

호올로 황량한 생각 버릴 곳 없어
허공에 띄우는 돌팔매 하나
기울어진 풍경의 장막 저쪽에
고독한 반원을 긋고 잠기어 간다.

내가 좋아하는 김광균 시인의 秋日抒情(추일서정) 후반부다.

感傷的(감상적) 방향으로 흐르지 않으려고 무척 마음을 가다듬고, 나 혼자만의 생활에서 오는 공백을 효과적으로 메우려고 노력하고 있지만 역시 밤 깊은 산사의 달빛이 창가에 투영되고 있는 것을 보고 마음은 감상적이고 동심의 고향으로 치닫고 있는 것은 어찌할 수 없는가 보다.

그러나 이런 현상을 결코 비정상적인 상태라고는 보고 싶지 않다. 잠시 동안 낭만적인 사색에 사로잡혀 있다가 다시 현실에 눈을 돌려 새로운 의욕의 시간을 맞게 되는 것이 더욱 바람직하기 때문인 것이다. 오늘 밤 이 시간도 legal mind의 섭렵에서 또 하나의 본래의 내가 탄생하고 있다는 것을 숙고하면서 부담 없이 매진 할 수 있는 용기를 갖추게 된다.

지금까지 나는 여러 가지 사념, 강박 의식, 일종의 병적인 노이로제 현상, 실현 불가능의 공상 등 숱한 폐인적 생활을 겪어 오면서 이러한 현상을 생기게 한 근원 내지 요인을 분석하고 추출하면서 이를 말끔히 제거할 수 있는 생활철학을 터득하게 되었다. 이를 얻기 위해 요 며칠 동안 그렇게 진통을 겪고 고통을 맛보면서 괴로워해야 했던 것이다. 그 많은 희생을 치르고 몸소 체득한 이 철학—「건전한 생활 과정의 길」이기에 무엇과도 바꿀 수 없는 귀중한 인생의 활력소로서 앞으로 나의 앞길을 밝혀주는 횃불의 하나가 될 것이다.

1977년 8월 13일 맑음

한풀 꺾인 더위가 이내 제3의 계절로 돌입하는 계기를 마련하려는지 더 이상 맹위를 떨치려고 하지 않고 있는 듯하다.

그동안 나는 거의 지식 섭렵의 공백 지대를 걸으면서 방황의 극을 달렸다. 정말 숨 막히는, 죽을 것만 같은 방황의 길이었다. 형극의 길 – 바로 그것이었다.(그것은 불건전한 사념의 가시밭길인 것이다)

만일 오늘 이 결단과 결의를 못 하고 며칠만 더 그대로 거닐었더라면 나는 정말 미쳐 버렸을는지도 모를 것이다.

오늘 고향 집에서 저녁 식사를 하고 어둠을 헤쳐 건넛산에 있는 아버님의 묘소를 찾아갔다. 캄캄한 어둠 속에서 나는 정중히 무릎을 꿇고 아버님의 영전에 다짐했다. 그리고 굳게 결의를 표명하고 반드시 지킬 것을 맹세했다. "아버님 저의 앞길을 인도해 주십시오. 저에게 힘과 용기를 주십시오." 마지막에 나는 아버님께 그렇게 기도했다.

너무나 기나긴 방황 속에서 머릿속은 굳을 대로 굳어져 있고 학문적이고 창조적인 사색력은 메말라 버렸다. 이제 서서히 머리에 기름을 치고 정신을 윤기 있게 가꾸어야 할 때가 바로 아버님의 산소를 떠날 때부터 시작되었다. 항상 논리적인 학술적 사색과 탐구력을 기르는 想念에 젖을 때가 항존하리라.

지나간 시간의 그 찢어질 듯한 고통을 가져다주었던 환각적이고 현실 도피적인 그리고 잠식적인 사념일랑 아예 접어두고서 영원한 추억 속으로 흘러버리자. 자! 처음은 비록 힘겹고 고통스럽지만 나도 모르게 점점 그러한 병적 도취주의로부터 벗어나 나의 본질을 되찾게 될 시간은 틀림없이 다가올 것이다.

형사모의재판에서 변호인역을 맡아(1976), 왼쪽이 저자

1977년 10월 3일. 월요일. 맑음

개천절이다. 금년이 4310년이 되는 날이다. 장구한 역사를 통해서 갖은 고난과 시련을 겪으면서, 말라 꺾어 죽지 않고, 시들어 병들어 죽지도 않고, 버티어 살아온 韓民族이 이제 와서는 두 동

대학4년 (1977) 수학여행 때 (부산) - 맨 왼쪽이 저자

강이 나서 서로 으르렁대며 대치상태에 있는 이 grim한 현실 앞에 가슴을 저미는 통탄을 금할 길이 없다.

단군왕검의 가호를 빌어본다. 民族史的 正統性을 계승하면서 민족의 재단합을 도모하기 위해서는 far-sighted한 통찰력에 근거를 두어 오늘의 영달과 자신의 안일, 그리고 唯我獨尊의 권력욕을 버리고 겸허한 자세로 대로(正道)를 묵묵히 걸어가는 자세가 우리 모두에게 절실히 요구된다.

오후 3시경 갑자기 井邑에 가기 위해서 정읍행 버스에 몸을 실었다. 만원 버스에서 정처 없이 시가지를 거닐다가 문득 깨달은 진리 - 그것은 절실하고도 중차대한 - 가 있었다.

여기에 옮기지 않아도 앞으로 이 글을 적어 가는 과정에서 적나라하게 노출될 것이다. 석양의 햇살을 바라보며, 급히 집으로 오는 버스에 몸을 싣고, 무엇인가 깨달았다는 흐뭇함 속에 자신과 의욕이 샘솟았다. 밤에는 12.00까지 憲法(김철수 저) 基本書(새로이 정함)를 독파했다.

1977년 10월 6일 맑음

정진의 일선에서 끓어오르는 의욕의 氣가 충만하다.

계속 내달린다. 나의 새로운 형상을 만들어 가면서 거시적 안목으로 앞뒤를 판단, 점검하면서 빈틈없이 새로운 도전에 대처하면서.

대학 4년 부산에서

나의 앞에는 남보다 더 높은 험산이 가로놓여 있기 때문에 이 눈앞에 작은 봉우리로 보이는 司試와 行試 정도야 곧바로 정복할 수 있으며 또 단기간에 정복해야만 한다. 그러고 나서 내 생애를 점철시킬 다른 더 험준한 봉우리를 향하여 느긋하게 마음먹고 조금도 지체해서는 아니 된다. 그리고 항상 파장이라는 강박관념에서 벗어나자. 좀 더 대담하고 용기 있고 잔인할 정도로 강하고 얼어붙은 냉혈성을 지니는 일이 내가 앞으로 살아가는데 절대 불가결의 요소이다. 조그맣고 눈앞의 小慾에 사로잡히거나 번민하지 않기 위해서도.

그 시시한 자기 합리적 사유 따위는 이제 내 사고의 영역에서는 구시대의 낡은 유물로서도 취급받지 못할 것이다. 어디까지나 냉철하고 강인하고 잔인성을 지닌 피와 땀의 행진만이 내가 나아갈 길이다. 여유와 보람을 누리면서도 강인한 의지력, 힘, 투지력, 담력, 저돌성이 절실하게 요구된다.

대학 4년 말(1977) 과우(科友)들과 함께. 왼쪽 세번째

1978년 1월 1일 1시 4분

드디어 1978년 나의 대망이 새해가 밝아오기 시작한다. 지난 4년 동안 대학생활에서는 나 자신 너무나 많은 경험과 성숙, 반면에 시련과 고통을 맛보았다. 대학 졸업 전까지 사법시험에 합격하겠다는 굳은 결의가 이루어지지 못했다. 나의 최선을 다하고 그 결과를 맞았다면 후회가 없고 체념도 할 만도 하지만, 너무나 많은 시간을 방황 속에서 그야말로 無爲徒食하면서 보냈기 때문에 지금부터는 모든 걸 접어두고 나의 정신적 의지를 펴 보여야 한다.

그리하여 기어이 단기간에 재학 중 못다 한 꿈을 실현시켜야 한다. 돌이켜 보면 지난 4년간의 대학 생활은 많은 상처와 시련을 맞은 때가 비일비재였지만 실컷 놀기도 했으며 마음껏 젊음을 외곬으로 발산해 보기도 했다.

비록 놀면서도 항상 마음속에는 시험에 대한 강박 의식으로 위축된 상태였다. 어쨌든 인생의 최고의 황금기인 대학 생활은 끝났다. 영원히 끝났다.

이제는 모든 것을 접어두자. 지금은 1978년 새해 元旦! 조용히 침착하게, 원대하게 나의 생활의 이정표가 설계되는 순간이다. 모든 것 접어두기로 했다. 침착하고 착실하게 정진, 정진(精進, 正進), 오진 정진뿐이다. 자! 지금 이 순간부터다!

1978년 8월 15일 갬→맑음→갬

전주 僧岩寺(승암사)에 재입사한 지 1주일째 된다. 좀 더 새롭고 혁신적인 자신의 형성과 목표의 계획된 조기 완수를 위해서 하루라도 빨리 진실과 좀 더 인간적인 시간에 몰입하려고 서둘러서 입사한 것이다.

좀 더 솔직하고 인간적이 되자.

좀 더 성실하고 일관된 생활의 영역을 개척하자.

좀 더 적극적이고 단락짓는 생활 관념을 구체화하자.

이제 현실에 적응하기보다는 능동적으로 현실을 받아들이면서 해나가야 할 때가 된 것이다. 그러기 위해서는 지금까지의 나의 마음(觀念)속에 축적된 사념의 잔존물을 모두 털어버리고 새로운 혁신적인 현실주도적이면서도 타파적인, 이상추구적이면서도 미래 보장적인 생활 관념을 저장해야 한다. 이 과제를 위해 나는 이 승암사에서 이번에 꼭 그 바탕을 다져놓고야 말겠다. 그래 지금 이렇게 몰두하고 있지 않는가!

오전에 약간 혼란이 일어나 시간을 좀 소비했으나 수면시간으로 간주하고서 오후부터 나의 정정한 본원적 사유로서의 생활에

여념이 없는 시간이 되었다.

여느 때처럼 석식 후 목욕하고 의지의 시험대에 다시 올라서다. 자정 무렵 寺에서 佛供(불공) 후의 과일 등이 올라와 옆방 벗들과 담소하면서 먹다.

이때 나는 다시 나의 본원적 지상명령을 되새기게 되다.

좀 더 담담하고 느긋하면서도 진실과 성실한 사람이 된다는 것을. 정밀 초지의 신념이 절실함 속에서 성실하게 일관되기를 - 아무리 조그마한 신념(열의)이더라도 냉정과 침착 속에서 인내하라고. 이어서 적시 적소를 택해서 과감하게 결단을 내리라고. 그러면 나의 웅지의 실현은 한 발자국 한 발자국 그 자태를 형성하게 된다고 확신한다.

앞으로 일기는 꼭꼭 빠뜨리지 않고 쓰게끔 노력한다. 일기 속에서의 토로가 나의 이글거리는 분노를 잠재워 주기도 한다. 또한 일기를 씀으로써 생활의 궤도(orbit)를 고정시키고 보다 원만하고 나은 나 자신의 像을 정립하는 데 결정적 역할의 한 부분을 담당하리라고 확신하기 때문이다.

자! 내일은 오전 6시에 기상 조반 전까지 1시간 30분 정도를 확보함으로써부터 웅지 실현의 시험장에 들어가자!

(25시 25분)

1978년 8월 17일 오전 소나기성 비 그리고 개고 맑음

법은 모순투성이 인가?

어젯밤 자면서 언뜻 생각난 것이 있었으니 앞으로 술은 안 먹기 내지는 절제하자는 것이었다. 이런 생각을 한 것은 요즘 내가 술을 마셔서 한 것이 아니다. 나는 요즘 근 1개월 동안 술을 안마셨다. 술을 마시면 나의 원대한 계획 달성에 적지 않는 지장을 초래한다. 어쩌면 중대한 지장을 줄지도 모른다. 술을 먹고 나서의 연쇄반응적 행위로 인해서 더욱 그렇다. 그렇다고 해서 의례적인 좌석에서의 형식적인 술마저 끊는다는 것은 아니다. 친구들과의 소위 '술이 술을 먹는 상태에서의 술(깡술)을 끊는다'는 것이다.

형법에 주취 상태에서 범죄를 저지르면 심신미약자로 형을 깎아주는 규정이 있다. 그러나 주취 상태를 이용하여 죄를 범할 목적으로 술을 마셨다면 형은 감경되지 않는다. 이른바 「원인에 있어서의 자유로운 행위」(형법 제10조제3항)다. 마찬가지로 스트레스를 푼다는 이유로 술을 마시게 되면 그 연쇄반응적 효과로 시간을 허비함은 물론 정신건강까지 해치게 될 것이다. 결국 원인에 있어서 자유로운 행위를 나 스스로 초래한 것으로서 변명의 여지가 없다. 명심하고 싶다.

오후에 문을 걸어 잠그고 팬티만 입고 책장을 넘기고 있는데 순창 君이 찾아와 동환兄과 같이 담소하다.

밤에 債權各論(채권각론)을 읽다가 법과 도덕, 법과 법사이의 모순점을 발견(?)하고 고민하였다.

도덕의 세계에서는 남의 물건을 팔아먹는다는 것은 금기시되고 칸트의 定言命令(정언명령)에 위배 된다. 그런데도 민법은 남의 물건이라도 팔아먹을 수 있도록 되어있다. 민법 제569조는「매매의 목적이 된 권리가 타인에게 속한 경우에는 매도인은 그 권리를 취득하여 매수인에게 이전하여야 한다.」규정하고 있다. 이는 법과 도덕이 전혀 별개임을 엿볼 수 있는 명문 규정이다. 남의 물건이라도 취득해서 넘겨주기만 하면 얼마든지 매매계약을 체결할 수 있는 것이다.

우리가 흔히 쓰는「팔아먹는다」는 말을 법률적으로 보면「판다」는 것은 債權(채권)의 세계이고「먹는다」는 것은 物權(물권)의 영역에 속하는 것으로 양자는 별개다. 남의 물건을「팔기」는 쉬어도「먹기」는 그만큼 어렵다는 것이다. 팔아먹는다는 말을 함부로 쓸 것이 아니다. 그런데 형법에서는 남의 물건 팔아먹는 것을 처벌하고 있다. 남의 물건을 소유자 동의 없이 매매계약 체결하면 사문서위조, 공정증서원본불실기재, 사기죄 등의 죄명으로 擬律(의율) 될 것이다. 이처럼 같은 실정법에서도 엄연히 모순점을 발견할 수 있다. 민법의 위 규정은 그 연혁이 자본주의 발전을 위한 데 있다고 한다. 과연 그런 것인지 모르겠다.

어떻든 위와 같은 법철학적 사유는 고시합격에 별 도움이 안 된다. 고시는 통설, 판례에 따른 결론을 달달 외워서 써내면 일찍 합격할 것이다. 그렇지만 그런 개념법학적 법률기술자는 되고 싶지 않다. 법서를 읽으면서도 고민이 깊어진다.

밤 12시가 넘었다. 절 앞 냇가(전주천)에 내려가 한참 목욕을 하고 나니 살 것 같다.

(25:00)

[나 스스로에게 다짐했던 나의 어록]

법조인으로서, 공직자로서, 법학도로서, 가장으로서 과연 어떻게 사는 것이 가장 값어치 있고 자신에게 충실한 삶인가에 대한 회의와 번민으로 밤을 지새울 때가 종종 있었다.

1978년 8월 18일

오전부터 오후 중간까지 계속 비가 옴, 그 후는 쾌청한 초가을의 선선한 날씨인 것 같은 느낌이 들고, 밤에는 7월 백중의 보름달이 더욱 둥글게 보임

너그럽고 먼 안목을 바라볼 수 있는 대망의 마음을 지녀야 할 것이며, 또한 현실의 사소하고 하찮은 일에 개의하지 않아야 할 것이다. 나의 꿈과 추구하는 궁극의 이상을 건전하고 풍요로운 자아 형성을 통해서 그 웅지를 펴 보이는 것 – 그러기 위해서 거듭 강인한 의지로 꾸준히 밀고 나가자.

오전에 구태의연하다고 볼 수 있는 잡상 때문에 약간의 계획 미달을 가져온 것 같았다. 깊이 생각해 볼 일이다. 이런 일이 생기지 않도록 심적 근원을 치유하리라.

오후에는 머리를 식힐 겸 세계 명작 추리소설을 흥미진진하게 읽었다. 특히 애거사 크리스티(Agatha Christie)의 소설은 언제 읽어도 빠져든다. 「나일강 살인사건」, 「오리엔탈 특급살인 사건」에 푹 빠져 더위를 잊었다. 위 추리소설의 무대를 언젠가 꼭 찾아가리라 다짐했다.

저녁 식사를 할 무렵 선선해진 맑은 날씨가 무척이나 마음에

들어 기분이 상쾌했다. 저녁 식사 후 동환 兄으로부터 5,000원을 차용하여 서점에 가서 책을 두 권(객관식 재정학, 고시연구 9월호)를 사가지고 곧바로 入寺했다(1시간 소요). – 앞 냇가에 가서 비에 불은 물 속에서 목욕하고 12시 넘도록 책을 보다.

[나 스스로에게 다짐했던 나의 어록]

직업적인 삶의 영역에서 어떤 국가조직 내지 기관의 이해와 국민의 이해가 상충되는 경우가 있을 때 내가 밟고 나가야 할 길이 자명해진다. 국민과의 동행, 비록 그 길이 동행자가 별로 없는 힘들고 가파른 길이라 할지라도 그리고 그 길을 선택하면 비록 내 생애가 끝날 때까지 목적지에 도달할 수 없을지라도 나는 기꺼이 그 길을 택하리라고 다짐해 본다.(헌법재판소 근무 시절 항상 되뇌이곤 했던 자경문(自警文))

1978년 8월 20일 종일 비

늦장마가 계속되는가 보다. 어제부터 내리던 비가 계속해서 내리고 있으며 특히 간밤에는 상당량의 비가 내려 절 앞 金州川의 승암교 다리 보각까지 물이 찰 정도였다. 비는 오늘도 계속 내렸으며 밤늦게 들어서야 그쳤다. 수확을 앞둔 농작물에 많은 피해를 줄 것 같아 걱정이 되는 것은 어쩔 수 없다.

한 곬으로 얼어붙은 외줄기 집념 속에 피어나는 한 맺힌 절규 – 하지만 그 절규는 내일의 환희의 웃음을 전할지도 모를 야누스의 얼굴과도 같을지 모르지.

꺾이지 말자. 굽히지 말자. 타협하지도 말고 요행을 넘보지도 말자. 나의 소박하고 정의롭고 참되고 애틋한 정성은 타협과, 그리고 나와 차원을 달리하는 자들의 거론 밖에 존재하느니. 아! 그 거룩한 집념! 언젠가는 빛을 보리! 순간이 영원으로 통하는 상황 속에서 나는 외치고 절규하고 있다. 이 남루하고 비참한 생활이 모두 내일을 향한 포석의 생활이라고, 이 불운의 사나이에게도 외줄기 집념이 결실 지울 날이 다가올 것이라고 – 삼경이 지난 산사의 적막 속에 목 놓아 외치고 싶다고…….

山堂(산당)의 조용한 밤에 말없이 앉았으니
적적하고 고요하여 모두가 자연 그대로다
어찌 된 일인지 서쪽 바람에 임야가 움직이더니
외기러기가 높은 하늘에서 구슬피 우는구나!

〈「금강경 오가해」, 冶父(야보)선사〉

아! 禪詩(선시) 그대로다, 어쩌란 말인가!

[나 스스로에게 다짐했던 나의 어록]

나는 외유내강(外柔內剛)이 아닌 외강내유(外剛內柔)의 사람이다.
– 겉으로는 소신의 일관성, 안으로는 부드러운 인간미를 간직한 사람이고 싶다.

1978년 8월 24일 찌는 듯이 무더운 날씨로 處暑(처서)의 훈기를 무색하게 함.

어젯밤 잠을 순조롭게 자지 못해 머리가 좀 무겁고 느슨해진 것 같다.

아침 식사를 하고 일찍이 학교에 가서(대학원) 수강 신청 용지를 받아 법대로 올라가 金學洙학장님과 李鉉湜교수님을 뵙고 수강 신청을 완료했다.

金학장님께는 특히 이달부터 실시하기로 되어있는 법대 졸업생 및 재학생 司試準備性 모의고사에 관한 件에 대해서(매월 마지막 일요일 법대에서 시행) 충분한 건의와 논의를 통해서 협조를 확약받았다.

이어 종순君을 오랜만에 만나서 같이 행동을 취했다. 기타 여러 친구들을 만나서 담소했다.

수강 신청 과목은 한봉희 교수님의 법학방법론과 김영호 교수님의 헌법기본이론이며 등록금은 9만여 원인데 성적 우수자로 35,000원을 감액받았다.

오후에는 고향 집에 등록금을 가지러 속성으로 다녀왔다. 오후 5시에 출발해서 집에서 저녁 식사를 마치고 오후 8시에 전주행 버스에 올랐다(집에서 수령 받은 등록금은 9만원). 한가하나 마음의 여유 없이 급히 움직인 무더운 날씨 속의 하루였다. 무겁고 짜릿한 머리 상태에 피로가 겹쳐 지금은 몹시 피곤하다. (24:00)

1978년 8월 25일 오전 개이고 오후 비

오전 일찍 시내 제일은행에 나가서 등록을 완료하고 곧바로 절로 들어왔다.

웬일인지 어제부터 차분한 마음가짐이 무너진 상태로 화해서 책이 손에 잡히지 않는 것 같다.

나의 큰 결점의 하나가 바로 한번 마음의 동요가 일어나면 곧바로 원상태로 회복되지 않는다는 데에 있다. 그래서 오후에 내내 잠을 잤다. 밤에도 별다른 공부는 못하고 월간 「씨알의 소리」를 좀 읽었을 뿐이다.

아마 내일부터는 계획된 양을 달성하는데 다시 전력을 경주하게끔 될 것 같다.

앞으로 남은 15일, 정말 중요한 시간이 될 수도 있다. 시간은 충분하다고 본다. – 알차고 요령 있게 활용만 한다면.

재정학을 그 기간에 마스터해서 합격점까지 확보하는 데에는 나의 비상한 공부 방법, 요령있는 시간 배정, 상식적 저변 지식의 활용이 중요할 것 같다.

그리고 민법총칙은 교과서를 한번 정독하고 문제집을 한번 풀어본다. 국사는 역시 기본서를 정독하고 문제집을 푼다. 영어는 매일 일정한 시간을 확보해서 여유 있고 차분한 평소 실력으로 향상을 기한다.

"좀 더 적극적으로 계획을 밀고 나가게끔 하게 해다오.

좀 더 대담한 심정을 지니고서 살게끔 해다오.

좀 더 너그러운 마음가짐으로 타인을 포용하게끔 해다오.

좀 더 강인한 의지로 일관하게끔 해다오.

초인적인 힘과 의지는 원치 않습니다.

부귀영달과 酒池肉林(주지육림) 같은 호화판은 나의 관심밖에 있습니다.

오직 성실하고 진실한 순간순간으로 내 일과가 충만 되기를 바랄 뿐입니다.

자신의 위치를 알고 자신의 역량을 믿고 꾸준히 일하는 자의 前途(전도)에 저의 應心(응심)이 함께 하기를 빕니다.

평범한 진리를 믿고 살면서도 비범한 이상을 소유할 수 있게끔 해다오.

상대적인 진리와 지식의 파편들을 절대적 당위성에 접근시키는 과감한 추진력을 발휘하게끔 해다오.

이제 저의 최선의 순간순간만이 다가오고 있는 것 같습니다. 모든 것을 捨離(사리)한 심정으로 임하려고 합니다.

나에게 있어서 기적은 결코 창조의 한계를 벗어나지 못하리라는 신념이 잠재하고 있는 한은……"

(24:00 급히 쓰다)

1978년 8월 26일 토요일 맑음

아침식사를 마치고 나서 책장을 잡으려고 하니 갑자기 졸음이 쏟아지는 것을 억제할 수가 없어 잠을 자려고 누웠으니 오히려 잠이 쉬이 오지도 않는다. 요사이 며칠 이상하게도 이완된 상태에 파묻히게 되었다. Slump가 찾아온 것일까. 그리고 타인에 대한 불쾌한 강박 의식이 뇌리를 점하고 있는 상황인 것 같다. 대담하고 너그럽고 여유만만하고 그러면서도 결단성 있고 예리한 心狀을 지녀야 할 것임은 자명한 사실로 받아들여져야 한다.

남에 대한 불유쾌한 강박관념은 제거되어야 한다.

그래서 오전 일찍부터 자리에 누워 엎치락뒤치락 잠을 청하려고 할 때에 김종호군이 찾아왔다. 둘이서 시내에 나가서 점심을 같이하면서 환담했다. 이어서 오랜만에 둘이서 중앙극장에 가서 "浮草(부초)"라는 邦畵(방화)를 감상했다. 韓水山 원작의 강렬한 향토색이 짙은 작품으로 어느 서커스단의 생활상을 그린 우리의 전통적 끈기의 생활신념이 투영된 내용이었다.

이어 밤에는 금년 졸업 동기로서 行試 준비에 몰두하던 義大 兄이 사망했다는 비보에 접했다. 바이러스성 간염으로 인한 것이라 한다. 兄의 그 뜻을 펴지 못하고 夭折(요절)한데 애통을 금치 못하며 삼가 명복을 빌어본다. 우울한 심정 – 인생무상을 느끼게 한다.

1978년 8월 28일

막스 베버와 벤저민 프랭클린

오전부터 본격적으로 行試(행시) 1차 독파 작전에 돌입하려고 단단히 결의하고 임했으나 갑자기 졸음과 함께 희귀한 사념이 닥쳐와 그대로 잠을 청하고 말았다. 오후에는 땀을 흘리면서 전 과목 모의시험 문제를 풀었다. 결과는 앞으로 남은 12일간을 적절히 최선의 방법으로 활용한다면 가능할 것 같은 결론에 도달했다.

오후 5시경 서울에서 惠淵 큰형님으로부터 使者(사자)를 통해서 100,000원의 돈이 전달되었다. 이 돈으로 앞으로 3개월간의 하숙비 및 생활비에 충당할 것이다. 형님의 성의에 고마움을 느끼면서도 동시에 책임감도 없지 않다. 더욱 정진하면서 분발하고자 한다.

경제적 자립은 인간 활동의 전제이다. 내가 고시에 합격하여 내 뜻을 펴려는 것도 우선 재정적인 면에서의 성취조건이 어느 정도 충족되어야만 가능하기 때문이다. '빈 자루는 똑바로 세우기 어렵다.'는 벤저민 프랭클린의 말처럼 재산(부)의 정당한 축적과 현명한 활용은 현대사회에서 각자의 권리이자 의무이기도 하다.

막스베버의 "프로테스탄티즘과 자본주의 윤리"는 서구문화의 산물인 자본주의 발전에 지대한 영향을 준 명저이다. 그 명저의 첫 부분은 이렇게 시작한다.

"명심하라, 시간은 돈이다. 하루 노동으로 10실링을 버는 자가 산보를 하거나 방안에서 한나절을 게으르게 보냈다면 설사 6펜스밖에 쓰지 않았더라도 단지 그것만을 쓴 게 아니라 그에 더해서 5실링을 더 지출한 셈이다. 아니 내다 버린 셈이다." 이어서

"명심하라, 신용은 돈이다.…"

"명심하라, 돈에는 번식력과 결실력이 있다.…"

"명심하라, 빌린 돈을 잘 갚는 자는 만인의 돈주머니의 주인이 된다.… 근면과 절약을 제쳐 놓고 본다면 모든 일에서 시간 엄수와 공평성을 지키는 일이야말로 젊은이가 세상에서 성공하는 데 가장 필요한 것이다.…"

"명심하라. 신용에 영향을 미칠만하면 아무리 사소한 행동이라도 주의해야 한다.…" 등등. 그리고 "주의하라. 그대 손에 있는 것이 전부 그대 재산이라고 생각하며 생활하지 말아라."는 표현도 있다.

바로 벤저민 프랭클린이 젊은 시절 생활신조로 삼았던 것을 베버가 인용하여 자본주의 정신의 핵심으로 삼았다. 「법학통론」 첫

머리에 의례 "사회있는 곳에 법이 있다."는 法諺(법언)을 거론한다. 여기서의 법은 강제적 규범이 아닌 도덕적, 윤리적 규범도 포함된다고 하면서 그 예로 프랭클린의 자서전에 나오는 '13가지 덕목'을 들고 있다. 프랭클린 자선전은 나도 절에서 감명 깊게 읽었던 책이다. 미국에서 성경 다음으로 많이 읽혔다 하며, 또한 미국인들이 가장 닮고 싶어 하는 인물이라고도 한다.

큰형님한테 종종 경제적 지원을 받으면서 떠오른 所懷(소회)를 적었다.

[나 스스로에게 다짐했던 나의 어록]
변호사로서의 내 의뢰인 중에 돈(수임료) 때문에 억울함을 안고 돌아가거나 돌아갈 사람은 한 사람도 없을 것이다.

1978년 9월 2일 갬

연일 숨 돌릴 사이 없이 계속해서 집중적인 강행군이 계속되고 있다. 머리가 무겁고 아찔해지는 것을 가끔씩 느낀다. 그리고 영양부족이 될 수도 있다는 생각도 든다. 조금은 여유를 가지고 정진을 하는 것도 좋으련만, 다음부터는 느긋함 속에 강행을 할 수 있는 자세를 갖추고자 하련다. 아무튼 지금과 같은 태세로 임한다면 어떠한 시험이든지 돌파할 것이라는 것은 明若觀火(명약관화)할 것이다.

계속 정진의 결의를 해 본다.

저녁을 마치고 주지스님(萬應스님)으로부터 불교와 인생에 관한 좋은 말씀을 들었다.

– 모든 것은 사람의 마음에 좌우된다. "唯心所造(유심소조)"라고 한마디로 표현하셨다. 그리고 불교는 타종교와 달리 어떤 절대적인 유일신을 숭배하는 것이 아니고 마음의 깨달음을 통한 인과응보를 통해서 佛陀(불타)의 경지에 이르는 종교라는 점을 강조하셨다. 부처는 깨달음을 통해서 스스로 되는 것이며 그것은 오직 우리의 마음속에서 얻어지는 것이라고 한다. 때문에 우리는 마음속에 모든 것을 간직하고 거기에서 스스로 깨달음 얻어 이를 조화

있게 처리해서 생활의 지침으로 꾸려나가야 할 것이다.

나는 스님한테 "마음의 절대신"에 의지하면서 생활하고 있다고 하면서 마음에서 모든 것이 시작되고 또한 마음에 모든 것이 귀착된다는 말씀에 깊은 감명을 받았다고 솔직하게 얘기했다. 스님께서는 공부를 하면서도 항상 마음을 거시적으로 쓰면서 굽히지 않고 꾸준히 그리고 정직하게 임하라고 말씀하셨다.

[나 스스로에게 다짐했던 나의 어록]
「역사와 기적은 창조되어진다」, 「순간의 내가 장래의 나를 결정한다」(젊은 시절 내 일기장의 표지 제목Ⅰ)

1978년 9월 4일 월요일 갬

첫째, 사람에 대해서는 누구든지 신경을 쓰지 말 것.

둘째, 고로 누구도 미워하거나 언짢게 생각하는 관념을 배제한다.

셋째, 나는 지금 내가 처해 있는 전체적 처지를 직시하고 매일 매일 일순간 일순간을 살아간다.

넷째, 고로 진부한, 고루한 강박 고정관념과 합리화 내지 허망한 美化觀念을 완전히 배제한다.

다섯째, 조급하게 서두르지 말고 비록 조금 늦고 부족하더라도 차근차근 침착하게 임할 것.

여섯째, 미래의 건전한 생활을 확보하기 위해서 건강 특히 남자로서의 건전 생활을 위한 토대를 구축해 놓을 것.

일곱째, 일단 내 자신 스스로 마음에 결정한 건은 반드시 수행해야 한다는 사명 의식 내지 책무감을 뼛속 깊이 간직하여 실천함으로써 나의 강인한 의지력 내지 정신적 불요함을 키워나간다.

따라서 내일부터 나의 본연의 자세로 매초 매초에 접함으로써 앞으로 며칠 안 남은 시험에 충실이 대처하여 만에 하나라도 두고두고 후회하는 愚(우)를 범하지 않도록 한다.

비상대책 제1호 : 내일 오전 6시부터 오후 12시까지 15시간과 모레 오후 4시까지 7시간 통합 22시간에 국사를 완전히 90점대 선으로 올릴 수 있게끔 공부해 논다.

제2호 : 모레 저녁부터 9일까지 財政學을 80점대 선으로 확보해 놓는다. 단 2시간씩 영어를 병행한다.(7, 8, 9, 3일간)

10일 아침은 민법총칙 조문을 정독하고 시험에 임한다.

저녁을 먹고 영양제를 사러 근처 약국에 갔으며 이어 목욕을 하고 심한 정신적 갈등과 고민과 진통 끝에 모든 걸 반성하고 동시에 새로운 국면을 여는 대결단을 내려 이를 실행하는 과정으로 진입하기 시작했다.

내일은 시간관계상 일기는 안 쓰기로 한다.

24:30분 취침

1978년 9월 10일 일요일 갬. 약간 싸늘한 날씨

오전에 나는 光州에 있었다. 그러니까 어제 行試 1차에 응시하기 위해서 오후 늦게 광주에 도착, 그곳에서 일박하고 오전에 실시되는 시험에 응했다. 원래 행시에의 응시는 나에게 있어서 외도라고도 할 수 있다. 그러나 좀 더 깊이 생각하면 그렇지도 않다. 처음에는 내년에 만약의 경우에 대처하기 위해서 금년에 행시 1차를 합격해 놓는 것이 좋을 거라는 판단에서였지만, 지금은 양과 합격의 계획으로 기울어져 있다. 지금까지 근 수년 동안 내가 허둥지둥대면서 알차게 메우지 못한 시간들을 지금부터 충실이 활용하면 兩科合格은 충분히 가능하다고 본다. 내일부터는 본격적인 司試 2차 준비에 몰입하려고 한다. 아무에게도 알리지 않고 조용히 시험을 보고 오려고 했으나 시험장에서 지인들을 많이 만났다. 최종적으로 정욱 삼촌과 점심식사를 같이 하고서 나는 전주 행 고속버스에 몸을 싣고 전주에 도착 곧바로 승암사에 당도했다.

이제 내일부터 새로운 나의 형성을 위한 부단한 노력과 인내와 긍지의 생활을 해나가려 하고 있다. 조금도 흐리터분하게 시간을 보내지 않으려고 한다. 그리고 조금의 공백기도 남기고 싶지 않다.

날씨가 갑자기 추워져(?) 오늘 밤 자리가 편치 않을 것 같다.

[나 스스로에게 다짐했던 나의 어록]
때론 한 사람의 고집스런 '비정치인'이 다수의 '정치인(국회의원)'보다 더 생산적일 수 있다. 내가 정치를 안 하는 이유.

1978년 9월 16일 갬

오늘은 대체로 차분한 상태에서 안정된 정신의 시간을 보낸 것 같다. 오전에 잠깐 시간을 내어 「무하마드 알리」와 「스핑크스」의 해비급 타이틀 우주 중계를 TV로 시청했다.

도전자 「알리」가 예상했던 대로 「스핑크스」를 판정으로 물리치고 다시 타이틀을 쟁취하는 프로복싱 사상 신기록을 수립하였다. 그러나 게임 내용은 그렇게 박진감이 없었다. 아무튼 36세란 나이에도 불구하고 그렇게 건장하게 경기에 임할 수 있었다는 점에서 Ali는 확실히 집념의 사나이이며 끈질긴 투지의 사나이라고 불러 과부족이 없을 것이다.

완연한 가을 날씨가 계속되고 있다. 바꾸어 말하면 공부하기에 최적의 상태를 가져다주는 환경적 여건의 하나가 조성된다는 것을 의미한다고 볼 수 있다.

그리하여 나는 오늘 다음과 같은 세 가지의 결의를 좌우명으로 삼기로 하고 창출해 냈다.

첫째, 밖에 나가지 않는다. 즉 쓸데없이 아니, 대단히 긴급한 용건이 있는 경우 외에는 시내에 나가지 않는다(외출 禁). 친구들이 찾아왔을 때에는 1시간 정도로 절에서 얘기를 하고 그것으로 끝내고 같이 밖에 나가지 않기로 한다.

둘째는 모든 생각을 버리고 비장한 각오로 한 곬으로만 집념을 펴 보인다.

셋째는 9월 16일로써 마음의 여유로운 방랑은 끝내고 장기적 스테미나를 기르는 것을 항상 염두에 두면서 실천에 옮긴다. 정말로 이는 절대적 기회이고 마지막 결의이다.

[나 스스로에게 다짐했던 나의 어록]
내가 얼마나 많은 친구를 가졌느냐가 아니라 얼마나 많은 사람이 나를 진정한 친구로 생각하느냐가 중요하다. – 나의 우정관(友情觀)

1978년 10월 7일 토요일 갬

여느 때와 다름없이 아침에 동고사를 경유해 순교자 묘까지 등정을 마치고 이어서 빈틈없는 마음가짐으로 책을 독파했다. 오후에는 같이 공부하던 창연君이 떠난다기에 그 거들어줌 때문에 시간을 좀 할애했다. 무언가 꺼림칙하지 않은 기분에서 떠나고 보내는 것 같아 별로 상쾌한 마음이 아니다. 사람이란 자기가 준 그리고 간직한 신뢰가 무너지거나 어떤 이유로든지 상대방에 의해서 배신을 당했다는 생각이 미치면, 그리고 그렇게 밝혀지게 되면 무척 실망하고 아니 자신의 경솔한 신뢰의 부여에 스스로의 비참함이 앞을 가린다. 오늘 오후 창연군의 떠남에서 그런 기분을 실제 체험한 것 같아 별로 좋지 않은 심정이다. 나 자신의 자중과 깊은 인격 도야(?)에 더 최선을 다해서 다시는 그러한 비정을 맛보지 않도록 할지어다. 결국 나의 인생 수양이 덜 되었다는 것으로 간주하고 계속 모든 면에서 착실하게 정진을 거듭하여 완성된 인격을 향해서 매진하리라.

지금은 마음의 평정이 요구될 때이다. 부디 평온한 상태에서 원대한 포부를 실현 할 수 있는 역량을 키워나가자. 불쾌한 강박

관념은 버리자. 정신적 신체적 건강에도 좋으리니. 우리의 인생은 너무 짧아서 불유쾌하고 쓰디쓴 면에는 신경을 쓸 겨를이 없다고 한 어느 철학자의 말대로 밝은 양지와 빛을 향하여 식물이 성장하듯 나도 그렇게 살아가리라.

[나 스스로에게 다짐했던 나의 어록]

책을 많이 읽고 생각하는 힘을 기른 사람들은 사고가 자유롭고 하는 일에 자신감을 갖는다. 아울러 무언가 새로운 것에 도전하는 모험심과 용기가 충일하다.

1978년 11월 5일

오늘로서 지금까지 나를 스스로에 의해서 합리화 내지는 정당화시켜 왔던 모든 생활과 사고에서 탈피하게 된다.

자, 지금부터다. 이제 내 앞에는 숱한 역경이 가로놓여 있다. 지금 내가 처해 있는 이 상황과 이 시련(?)을 극복지 못하면 앞으로 어느 곳에 직면하든지 내 진로는 먹구름에 휩싸이게 된다.

모든 일에 냉정하게 끊음과 구분을 짓는다.

어떠한 생각도 종전에 밟았던 전철을 되풀이하게끔 되풀이해서는 아니 된다.

그리고 인정과 세세한 정, 불안, 강박적인 인간관계에서 올지도 모르는 미미한 사유들은 과감하고 본원적으로 제거돼야 한다.

항상 침착하게 내일 死刑(사형)을 당할지라도 오늘 원대한 계획과 포부로서 훌륭하게 나의 임무에 임할 수 있어야 한다. 내가 항상 명심할 하나의 영어 구절이 생각나 여기에 적으면서 이렇게 살고 죽어가야 한다고 목 놓아 처절하게 그러나 최후로 결사적인 심장을 꿰뚫는 말로서 삼으련다.

"There are some natures so constituted that, due to hang at ten o'clock, they will play chess at eight. They invariably rise"

1978년 11월 23일 목요일 맑음

어젯밤 새벽 4시가 넘어서 취침한 탓인지 순한 잠을 못 자서인지 몸이 나른하고 해서 아침을 먹고 잠을 청했다.

11시경 김종호군이 서울에서 찾아왔다. 점심을 마치고 같이 대학원 수업을 받기 위해서 Campus에 갔다. 교수님들로부터 Report 제목을 받고서, 법대에서 교수들을 대상으로 美 California 주립대학 교수로 계시는 김영일 교수가 특강을 한다기에 나도 그 일원(?)으로서 학장실에 출석, 강의내용을 경청했다.

강의 내용은 미국 사회의 변천과 법의 변동에 대해서 여러 가지 실례를 들면서 흥미진진하게 그러면서도 약간의 엄숙성을 가미하면서 진행되었다.

훈훈한 학장실에서 모두들 진지한 태도로 강의에 귀를 기울이시는 여러 교수님들 사이에 나는 학문적인 자세와 학구적인 정신이 어떠한가를 어렴풋이나마 짐작하면서 오늘 이 자리에 참석한 것이 많은 도움이 되었다고 생각했다.

밤늦게 기철 형이 방문하여 승암사 팀 셋. 모두와 밤늦게까지 법률적 토론과 기타 문제를 곁들여 담소했다.

1978년 12월 1일 금요일 갬

아침에 일어나 줄넘기 300여 개를 했다. 조반을 먹고 형법총론을 독파하기 시작했다. 오직 목표성취와 진전에 대한 열망으로 좀 서두르는 감이 없지도 않았지만, 차분히 가라앉은 마음의 상태에서 執(集)中的인 독파에 임하고 있었다. 귀권君이 방문했으나 얘기 시간은 고작 15분 정도로 마치고 離寺(이사)하게 하였다. 다시 책을 대하고서 점심때까지 조금의 잡념과 흐트러짐도 없게 하자면서 새로운 각오가 점철되어지는 시간이었다.

오후 역시 계속해서 느긋하게 서두르지는 말자는 심정으로 책을 읽었다. 저녁 식사 40분 전에 약간 눈을 붙이고서 식사에 임했다. 밤에는 전깃불이 들어오지 않아 촛불을 켜고서 공부하게 되었다. 도중에 약간의 혼란이 있었으나, 심한 갈등과의 고투에서 보내 정상적인 나의 위치로 돌아올 수 있었다. 12시경 옆방 동지들과 라면을 끓여 먹으면서 환담하다가 再席하여 새벽 2시 30분경까지 정진하였다. 전과 같은 나태하고 안이한 공상 추구와 소극적이고 의욕상실적인 현실도피 행각 속에 파묻혀 消時(소시)하다가는 나의 환경과 진로에 대한 근본적인 대처력 내지 적응, 극복, 성취력 등의 상실로 영원한 후회의 단계에 빠지게 될 것이라는 것을 자각한 것은 바로 오늘 이 시간이었다.

정말 이것을 거울삼아 줄기차게 밀고 나가 대장부의 기개를 높이고, 나의 현재, 미래의 위치를 재확인하여 단단하게 다져나가리라.

[나 스스로에게 다짐했던 나의 어록]
세상일이란 갈구하면 할수록, 가지고 싶어 손을 뻗으면 뻗을수록 나에게서 멀어져가고, 뿌리치고 가면 갈수록 따라붙는 것. 만고불변의 진리다.

1978년 12월 10일 일요일 갬

종일 형법총론을 독파해 나갔다. 4개월 작전의 첫날이 된다.

4月 10日 제2차 시험 때까지 120여 일 나의 근본적 자아 혁신을 겸한 집중적이고 체계적인 공부량 확보로 거뜬히 합격의 문을 통과해 나갈 것이다. 너무 강박의식같이 과도한 생각에 사로잡히지 않아야겠다. 마음의 逆理현상을 파악하여 자신을 스스로 지배할 수 있는 태세를 갖추어야 한다. 겸허하고, 거시적인 안목으로 사고하면서 꾸준하게 길을 개척해 나가리. 그렇게 하면 前途에 스스로 만든 영광이 있으리.

묵묵히, 참고 참으면서 나의 길을 가는 것이다.

과거와 현실에 기초를 두어 미래의 과정을 예리하게 파악하여 아무런 마음의 불안이나 부담감 없이 대처해 나가리.

진실하게 노력하고 성실하게 살아가려는 마음에는 반드시 스스로 돕는 자를 돕는다는 하늘의 섭리가 존재할 것이다. 그러한 신념을 지니고서 하루하루를 凡常(범상)에서 非凡(비범)으로 화하는 창조적 생활로서 점철해 나가리라.

공허한 생활의 추적이나, 허튼 주위의 신경 곤두세우기와 과감하게 결별하리라.

자신의 건강한 생활을 스스로 개척하면서 밝은 미래를 확보해 놓으리. 건강한 신체적 조건과 그의 유지에 최선을 다하면서 부유하고 창의적인 정신건강을 키워나가리. 더불어 강인한 의지력과 인내력 그리고 상황대처력을 배태시켜 놓으리다.

항상 침착하게 모든 일을 생각해서 내실을 기해 나가리다.

냉정하게 판단하여 실행에 옮길 때는 과감하게 하리다.

언제나 말 없는 속에서 인내하면서 충실하게 기반을 다져 나가리다.

[나 스스로에게 다짐했던 나의 어록]

헌법과 언론에 의해서 통제되지 않는 권력은 '도자기 가게에 뛰어든 황소'나 다름없다.

1978년 12월 18일 싸늘한 날씨

危機國家(위기국가)와 自由權의 관계가 어떻게 되는가? 또한, 行政國家化 경향과 自由權과의 관계는 어떠한가? 비록 餘論(여론)으로서 다루고 있지마는 그 자체가 그 문제를 제기한 데 대한 直因이 된다고 볼 수 있다.

예외가 원칙으로 통하는 예외적 상황이 憲法現實에서뿐만 아니라 나의 생활에도 계속되고 있는지도 모른다.

우리는 항상 "예외"를 중시해야 한다, 모든 중대 문제의 발단은 예외에서 파생되는 경우가 많기 때문이다.

나는 요즘 예외적 상황을 평시 상황으로 전환시키는 힘겨운 과정을 겪어왔다. 이제 내가 전에는 특수한 상황 하에서만 취했던 결의와 결단을 평상적 생활에서도 수행할 수 있게 되었다. 그 과정에서는 많은 시행착오도 있었고 좌절도 있었으나 최후로 논리적 어쩌면 법리적인 예지로서 이를 극복 목표수행의 길에 들어섰다. 어떠한 일시적, 순간적 번상이나 과거의 습속적 이탈에 대해서는 예외의 평시화는 그 적용을 배제하고 있다. 그리고 조마조마하고 세세한 심적 상태에 대해서도 그 사실 판단을 거부하고 있으며 더 나아가 그것이 직접 생활 효과에 미치는 가치판단에 대해서까지도 고려치 않고 있다. 오직 기본적인 행위수행의 경과와 그 효과만이 판단의 대상이 된다.

[나 스스로에게 다짐했던 나의 어록]

모든 국가제도 내지 국가기관의 존립의 궁극적인 목적은 결국 국민 개개인의 인간으로서의 존엄과 가치를 보장하며 행복을 추구하게 하는 데 있다.

1979년 1월 29일 월요일
(포근한 날씨에 흐리다가 비가 옴)

어제는 구정이었다. 고향집에 가지 아니하였다. 독한 마음으로 하루를 충분하게 확보하려고 계획했었다. 그러나 무슨 운명의 소행인지 전날부터 양어깨 가운데 등 베게 부분이 결리는 증상이 나타나더니 어제 아침에는 일어나 거동도 하기 불편할 정도로 악화된 상태가 되었다.

억지로 일어나 내키지 않는 아침 식사를 하고 도저히 몸을 움직일 수가 없어서 계속 누워 있었다. 괴로웠다. 설움이 북받쳐 올랐다.

한순간의 시간도 아끼고자 설날인데도 집에 가는 것까지 포기하고(집에 안 간 이유가 반드시 그것만이었는지는 나도 잘 모르겠지만) 시간을 확보하려고 했으나 이 무슨 천벌이란 말인가.

하마터면 점심도 굶을 뻔하다 2시가 넘어서야 조금 떠먹는 둥 마는 둥 하고서 연탄불마저 꺼져버린 방에서 더욱 심해가는 등의 결림과 투쟁하면서 누워있는 수밖에 없었다. 보통 정도의 밥이나마 제대로 못 먹고 저려오는 고통 속에서 찬 방에 누워 있으려니 온갖 착잡한 심회가 가슴을 억누르고 짓밟고 있었다. 왜 내가 이렇게 처량하고 비참한 상태에서 발버둥 쳐야만 한단 말인가. 왜 나에게는 다시는 화폭이 쥐어지지 않는단 말인가.

저녁 식사를 할 무렵에 가서는 증세는 더욱 악화, 밥도 제대로 못 먹을 상황이었다. 그러나 입술을 깨물면서 꾹 참았다. 저녁 식사를 하고는 이대로 가면 내일은 병원에 가서 진찰, 여차하면 입원하여야겠다는 유약한 생각이 아닌 현실 직시적인 처참한 생각을 하면서 반 포기적인 상태로 내동댕이쳐져서 누워 있었다. 그러면 내 계획에 蹉跌(차질)이 오고 그렇게 되면 나의 생의 진로는 전면적 수정을 하지 않으면 안 되겠지. 신체적 고통과 괴로움으로 잠도 못들이고 신음하고 있을 무렵(10시경) 근형, 형선, 귀권君 등이 찾아왔다. 무척 반가운 생각이었다. 친구들과 이야기를 좀 주고받으면서 반 위로, 반 걱정의 말들을 해주어서 어느 정도 힘이 나는 것 같았고 실제로도 그 저려옴이 약간 가시는 것 같았다.

이들을 배웅 겸 같이 따라 나가서 약국에서 파스와 조제약 1일분을 사 가져와 바르고 먹고 하니 좀 회복이 되기 시작했다. 친구들의 고마운 방문이 아니었더라면 더 고통의 수렁에서 방황했음에 틀림없었으리. 몸이 좀 회복되어서 새벽 3시까지(2시간 동안) 책을 읽을 수 있었다. 악몽 같았던 절에서 맞는 구정의 하루였다. 그러나 막바지에 정상을 회복할 수 있는 친구들의 방문이 있어서 더없이 좋았다.

오늘 아침 기상을 하니 몸은 더 회복된 것 같았다. 오전에는 1시간 가량을 책을 보다 누워있었다. 오후에는 승암사team 셋이서 스님한테 세배를 드리고 시내에 나가 "별들의 고향(속편)"이라는 영화를 감상했다. 저녁 식사를 마치고 귀사하여 새벽 3시까지 책을 읽고서 이 글을 쓴다. 이제 몸의 상태는 어느 정도 정상으로 되어가고 있다.

[나 스스로에게 다짐했던 나의 어록]

「고정관념의 뒤통수를 쳐라」, 「하루는 길지만 1년은 짧다」, 「생각하는 대로 살지 않으면 사는 대로 생각하게 된다」 (젊은 시절 내 일기장의 표지 제목 II)

1979년 6월 10일. 흐리고 비

오전에 調査方法論(調方)을 독파해 나가다 별로 능률이 오르지 않아 TV를 잠깐 보았다. 오후에도 별 의욕과 능률이 오른 것 같지 않아 방안 정리를 했다. 3일 전에 승암사에서 옮겨 온 짐들을 풀어 제자리에 각기 배치하고서, 방안의 환경을 일신해 보았다. 이어 목욕을 하고 TV의 수사반장까지를 다시 시청했다. 앞으로는 TV는 특별한 뉴스나 사건이 있을 때만 보기로 했다. 밤에는 다시 調方을 정신을 가다듬고 독파해 나갈 것이다.

명심사항 및 실천사항

一. 항상 건전한 긴장감과 대비의식으로 충만된 생활을 한다.

二. 지금까지 생활의 모든 면을 지배해 왔던 잡념, 쓸데없는 강박 의식의 사고, 공상은 절대 금물이다.

三. 시간은 완전히 한계점으로 이어진 것뿐이기 때문에 한순간도 낭비하거나 비생산적으로 보내어서는 안 된다.

四. 아침 6~7시에 기상하고 밤 12시경에 취침하는 규칙 생활을 습관화하여 전 생활을 완전 단순화시킨다.

五. 한숨의 호흡, 한 걸음걸이, 한 숟갈의 밥을 먹을 때에도 나의 현 위치를 파악하여 생산적이고 건전한 사고, 의식을 주입시켜 지식의 습득에 노력한다.

六. 인격과 신체를 단련하여 완전한 성품을 갖도록 하여 항상 묵묵하고 인내하며 사안에 냉정하고 침착하게 대처해 나간다.

七. 상황을 재빨리 파악하여 과감하게 결단을 내려 지속적으로 밀고 나간다.

八. 정신건강을 해치는 일체의 행위를 삼간다.

九. 술은 절대 금한다. 외출은 1주일에 한 번 한다.

十. 생활에는 항상 대담하게 여유를 가진다.

비록 내일 교수형에 처하기로 확정돼 있더라도 오늘까지는 성실하고 침착하게 내 pace대로 묵묵히 살아다가 의연하게 죽고 싶다.

1979년 8월 30일 맑음

전주 湖法에서 정읍 대실로 옮긴 지 6일째 된다. 예상을 뒤엎고 능률을 전혀 올리지 못했다. 올리지 못했다기보다는 그럴 의욕이랄까 시도를 하지 않았다고 보아야 할 것이다.

이 귀중한 결정적인 시기에 그간 학교에 나가 몇 권의 책을 대출해 왔고 순창 복흥 相珍군 집에 찾아갔으며 어제는 고향 집에 다녀오기도 했다. 오늘은 그저 편히 쉰다는 기분밖에는 들지 않았다. 그것은 "케쎄라 쎄라의 사고"가 근저에 깔려 있었다고 보아도 무방하리라.

오후에 서울에서 김종호 군이 전화로 이곳으로 오겠다는 연락을 주었다. 서로 자극을 받으면서 매진하기를 기대하며 노력도 하리.

며칠간 숙려 끝에 드디어 두 가지를 감행하기로 결단을 내렸다. 즉 行試 돌파와 碩士論文을 2개월간에 끝내기로, 대단한 모험이다. 그러나 해낼 자신이 있다. 정말 하고야 말 것이다.

자, 이제부터는 나의 모든 잠재력까지 총동원해서 매진한다.

이 기간이 내가 설 땅을 다지느냐 그렇지 않으면 끝내 그런 사람밖에 되지 않았구나 라는 것을 자타가 공인하게끔 되어버리느냐의 갈림길이다. 지금이야말로 대장부의 결단의 시간이 지속되느냐의 비장한 自我琢磨(자아탁마)의 시간임에 틀림없다.

저녁 식사 전 정읍 시내에 나가 다시 삭발을 했다.

[나 스스로에게 다짐했던 나의 어록]

피해를 입지 않는 자가 피해를 입은 자와 똑같이 분노할 때 정의는 실현된다. – 나의 정의관

1979년 9월 12일 맑음

• 사실

새벽 3시에 취침하여 조반 직전(7:30)에 기상했다.

오전에 4시간을 확보하였으며 점심 후 1시간을 調方(조사방법론)에 할애하고 이어서 낮잠을 자고, 2시간 반 정도를 확보하다가 저녁 식사를 했다. 식후 이례적으로 1시간 정도 잡담하고 8시부터 11시까지 독일어 이어서 02시 30분까지 행정학을 독파했다.

• 평가 및 隨想(수상)

며칠 전부터 02~03시에 취침하여 07:30분에 기상하는 생활의 규율이 형성되어가고 있다. 아울러 정신적인 높은 Condition과 향상적인 마음이 태동하고 있는 것이 확실하다. 곧고 강직하게 지속되면 꺾어질 우려가 있기 때문에 미리 신축성을 부여해 주는 것이 강구되어야 할 것이다. 이제는 모든 생활의 리듬이 의도된 대로 제 운율을 타고 있다. 따라서 pump-primming의 연쇄효과와 hallo effect가 나타나게 될 것이다.

귀뚜라미가 제 기능을 발휘하면서 성시를 이루고 있으며 퇴색

되어가는 매미의 울음소리가 아쉬움을 남기기도 하는 때이다. 서늘한 맑은 날씨가 푸르른 하늘을 돋보이게 하고 있으며 뜰 앞의 감나무에서는 푸른색의 결실이 점차 보빨한 모습으로 채색되고 있으며, 바람에 대추가 제때를 만난 듯 떨어지는 시절이기도 하다.

저 호남고속도로 가로지른 드넓은 벌판에는 그간 숱한 도전으로 생존의 기로에까지 직면하다가 이에 슬기롭게(?) 응전하여 존속의 기반을 굳힌 벼포기들에서는 이삭이 활발히 최후의 결실 준비를 갖춰가고 있는 중이다.

이러한 때에 비례해서 내 마음에도 확고한 신념으로 가득한 결의가 어리고 있으며 최후의 도전장을 쓰느라고 몰두 중이다. 여느 때와는 달리 충만된 상태에서 가속적인 능률의 향상을 실감하면서 임하고 있으려니 지나간 날의 무모와 無益과 無用에 대해서 담담해진다.

그렇게 생각해야 오히려 편하리.

悟已往之不諫하고 知來者之可追라고 읊었던 陶淵明(도연명)의 심정이 최선의 위안이 되느니.*

이제야 李白(이백)의 山中問答(산중문답)의 진수를 알 수 있을 것 같다.

나도 이제 떳떳하고 자랑스럽게 읊을 수 있으리.

다음과 같이!

問余何意棲書臺
笑而不答心自足**

---

* 오이왕지불간 지래자지가추 – 이미 지난날은 탓해야 소용없고 앞으로 바른길을 쫓는 것이 옳다는 것을 깨달았다. (도연명의 '귀거래사'에서)

** 이백의 '산중문답'의 '왜 푸른 산에 사느냐고 묻기에 웃고 대답 아니해도 마음 절로 한가롭네'의 구절을 '왜 서재에 묻혀 사느냐고 묻기에 웃고 대답 아니해도 마음 절로 흡족하네'로 변형한 것임.

1979년 10월 14일

10월 15일 아침을 기점으로 해서 내 지금까지 형성해 온 성격과 가치관의 일부를 变改(변개)한다.

그리고 동시에 다시는 한숨짓지 않기 위함에서도 착실하게 오직 한 精念(정념)으로만 피나는 시간의 활용을 기한다.

지금부터 내가 할 수 있는 최선을 다하고서 공포와 불안에 젖지 말고 어엿하게 살아가리.

시간을 초조해하지 말고, 처음 시작하는 자세로 나의 탁월한 잠재력을 총동원해 가면서 순간순간을 메워 나가야 한다.

이제는 두렵지 않다. 나의 길을 찾아 의롭게 출발하였고 조그마한 생활 주변의 일(Unebenheit)에는 초연하게 되었으니,

둘 다 포기할 수는 없다. 요 며칠 사이에 품었던 行試 포기의 마음이 결코 확정된 것은 아니다. 지금부터라도 盡人事待天命 해 보자. 반드시 어떠한 결실이 있을 것이다.

이제는 내 마음을 조절하고 제어할 수 있는 충분한 역량을 발휘할 수 있기 때문에 이 결의를 그동안의 숨 막히는 생사의 방황

끝에 내리게 되었다.

나 자신의 육체가 닳고 지쳐 없어져도 결코 나의 투철한(일관된) 그 정신만은 영원할 것이다.

가을이 깊어가고 있다. 패배자의 상념에 젖어서도 그 계절의 수상에 못 이겨 이렇게 잡상이 기어 나온다.

청명한 대기에서 피어나는 원색의 형상들이 이 패배자의 가슴 속에 윤곽을 뚜렷이 나타내고 있다.

대문을 나서 옆길 울타리와 싸리문을 지켜보면서 혹시나 볼 수 있을까 하는 여인의 形象을 뒤로하고 조금 눈을 멀리하면 높푸른 천공에 드물게 피어오른 뭉게구름 아래에 마음의 나래가 펼쳐진다.

쭉 뻗어 나간 내장산으로 향한 천변 도로가 원망스럽게 여겨지는 것은 또 나 자신의 위치가 무척이나 초라함을 무의식중에서도 의식하고(?) 있는 것이 아니겠는가.

한창 활동적이고 향상적인 창조의 능력을 발휘할 수 있는 시기에 쓸데없는 잡상으로 무료한 신상의 하자에 연연해하고 있는 나의 일과가 이게 무슨 일인가!

계절의 애틋한 우수 속에서 생애의 turning point를 흐지부지하게 정립하고 자책감에 번민하고 무력감에 한숨짓고 있다. 시간 시간이 흘러갈 때마다 우주의(자연의) 섭리는 또 다른 희망의 바통이 이어지겠지만 나의 바통을 이어나갈 원동력은 단절되고 비참한 최후의 순간순간으로 밀접하게 연결되어지고 있으니, 어찌 이 순간순간이 내 命을 재촉한다고 울부짖고 있지 않겠는가! 이 기로에서 내가 갈 길은 어디인가! 지금 북소리가 울려 내 명을 재촉하고 있다. 고개를 돌려보니 지나온 길이 너무나도 무력하게 석양에 물들고 있다. 저승에서는 이 꿈을 펼쳐보지 못하느니, 어디서, 언제 이 원대한 꿈을 실현시킨단 말인가!

취침(25:00) 전 이육사의 〈절정〉을 써서 책상 앞에 부쳤다. 매일이 시구를 음미하면서 내가 처한 이 한계상황을 절망이 아닌 극복 가능한 한계상황으로 바꿔야 한다!

매운 계절의 채찍에 갈겨
마침내 북방으로 휩쓸려 오다.
하늘도 그만 지쳐 끝난 고원
서릿발 칼날 진 그 위에 서다.
어디다 무릎을 꿇어야 하나
한 발 재겨 디딜 곳조차 없다.
이러매 눈 감아 생각해 볼 밖에
겨울은 강철로 된 무지갠가 보다.

1979년 10월 26일 맑음

오전에 잠, 1시경에 점심도 거른 채 정읍행. 서울신문을 사서 보고 사시 1차 결과를 확인(합격), 이발하고 귀가. 다시 어영부영 낭비하다가 9시(PM)부터 본격적 돌입.

앞으로 남은 행시 2차까지 열흘간이 어떻게 전개될지는 모르지만 이제는 확신을 갖게 되었다. 꼭 합격하리라고 아니 합격을 못 한다고 할지라도 합격에 대한 신념과 자신과 끊임없는 의욕이 충만되어 있다는 점에서 마음은 그저 없이 흡족한 상태이다.

1시간의 낭비도 따라서는 안 된다. 충분히 가능하다. 정말 가능하다. 과거의 낭비나 無益行言, 그리고 미래의 어떤 상태에 처했느니 하는 구차하고 맹허한 사념일랑은 아예 접어두자.

마음만 平靜, 의욕만 充溢, 기억력만 full 가동되면 틀림없이 영광의 화폭이 쥐어질 것이다.

시간이 촉박하고 부족함을 느끼지 않을 수 없으니 부득이 수면시간을 한정해야겠다. 즉! 어떠한 일이 있어도 6시간을 넘지 않게끔 절제하겠다.

모든 답안구상능력과 주변 지식 그리고 지금까지 그 무지막지한 시간을 들여 쌓아 올린 잠재적 지식 등이 아름답고 논리적으로 조화를 이룰 때 합격은 보장된다.

새벽 2시다. 잠자리에 들려고 하니 왠지 까닭 모를 불안감과 공허감, 초조함이 엄습해 옴을 느낀다. 그래도 잠을 자둬야지…

이날(27일) 아침 악몽에 시달리다가 어머니가 급히 깨우시는 바람에 잠을 깼다. 어젯밤 청와대(궁정동)에서 총격 사건이 있어 대통령이 有故(유고) 상태라고 하시면서…

[나 스스로에게 다짐했던 나의 어록]

인간이 자신의 행동을 통제할 능력을 잃었을 때 신은 그 인간으로 하여금 그가 걸어가도록 정해져 있는 운명적인 행동을 하게 한다.

1980년 2월 14일

한동안 일기를 쓰지 못했다. 아니 스스로 미루어 온 게으른 생활의 단면인 것이다. 이제, 다시 자신을 채찍질하고 자신과 고뇌하고 갈등의 늪에서 헤매는 情(?)겨운 생활을 하게 되었다.

그간 너무 긴 시간, 무척이나 많은 변화도 있었으니, 그리고 그 여파 또한 지금까지 계속되었다.

그렇게 외쳤고 다짐했던 일들이 하여튼 성취되었다. 어떻든 제1막은 성공적으로 막을 내렸다.

– 행정고시합격과 법학 석사학위의 취득 –

이제부터 또다시 고행의 여정(제2막)이 시작된다.

지금 이 시각 이후부터 정신적 혁명, 신체적 변혁, 환경적 개선의 3대 혁신 생활이 시작된다.

절대 사명이다. 완전한 성격 개조가 이제 실행되어질 것이다.

우선 굳건한 자신감과 마음의 核(핵)이 형성되어 모든 것에 대한 방파제의 역할을 할 것이다.

시간도 촉박하다. 다시는 돌아올 수 없는 기회이며 나 자신을 극복하고 제어 할 수 있는 마지막, 아니 꼭 한 번만 부여된 기회이기도 하다.

거듭하거니와 마음의 핵이 형성되어 모든 것이 두렵지 않고 어떠한 것도 해낼 수 있는 끝없는 원동력이 태동했다.

[나 스스로에게 다짐했던 나의 어록]

인간의 능력은 무서운 것이어서 어떤 한계상황에 직면하여 분투노력하면 반드시 자신의 의지가 관철되게끔 되어있다.(고시 합격기 중에서)

1980년 2월 21일 24시 5분

어제 중앙청에서 있은 行試(행시) 합격증서수여식에 참석하고 급히 全州로 와 湖法(호법)에 들렀다. 오늘 입소하기로 약속하고 막차로 집에 들어갔다.

오늘 오후 친구들의 TAXI와 자가용까지 동원하여 湖法으로 이주하여 짐을 정리하고 책을 잡았다. 앞으로 남은 꼭 2개월의 기간을 내가 어떻게 활용하느냐가 성패를 가름하게 될 것이다.

예정으로서는 이곳에서 곧바로 司試(사시) 2차 시험장으로 가기를 바라고 있다. 그렇게 되어야만 흡족한 성과가 있는 것이 될 것이다.

民法을 읽으려고 시도하였지만 왠지 숙소에 대한 어설픔과 그 동안 너무나 나태하게 보낸 시간의 타성 때문인지 진척이 별로 없는 것 같다.

모든 것을 차분하게 생각하고 마음의 정리를 단행하여 한껏 좋은 condition으로 기억을 되살리고 암기를 하여 단기간에 본궤도에 들어서자.

가장 중요한 것은 마음의 자세, 정신력의 긴장이다.

이 기회를 놓치면 영원히 화폭이 쥐어지지 아니할 것이다.

요령 있게 능률적으로 경제적으로 독파해 나가자.

1980년 5월 27일 맑으나 바람이 몹시 붐

대전 중앙공무원교육원에서의 단체 생활이 16일째 접어들고 있다. 아직도 정신적인 안정은 이루어지지 않고 있다. 갑자기 직면한 전면적인 생활의 변동에 예상했던 대로 나의 심적인, 정신적인, 物理的인 부적응과 거부의식이 발동 내지 顯在化 되었던 것이다.

무엇보다도 안정을 찾지 못하고 뜬구름처럼, 그러면서도 precarious한 것은 내가 이 공무원 교육원 생활을 꼭 해야만 하는가에 대한 확고한 理念(理想)의 정립이 되지 못한 때문이다. 원래의 내가 갈 길이 아니었더라도 굳건한 마음가짐으로 새로운 도전에 즐거이 응했더라면 좋았으련만 실은 그렇지 못했던 것이다.

이 상태에서 내가 만약 司試에 실패한다면 어떻게 되겠는가, 앞으로 발표일까지는 불과 7, 8일 - 아, 운명의 발표일이 서서히 다가오고 있다. 오직 오직 침착하게 기다리고 싶을 뿐이다.

운명의 神이여, 저를 이끌어 주십시오. 이제부터라도 정신적인 자세를 가다듬고 어떤 환경적인 변형과 인적인 위압감에 담담해 보자. 그리고 계속 나의 영원한 꿈과 진로를 개척해나가는 거다.

그저께 밤 全州에서 大田으로 오는 고속버스에서 나는 운명의 神의 보호를 받게 된 사실을 간직하고 있다.

억수같이 쏟아지는 빗속에서 달리던 버스가 앞차를 피해 갑자기 흔들리면서 급정차했다. 아차 했더라면 대형사고가 날 뻔했다. 하마터면 그 끔찍한 교통사고의 희생물이 될 뻔했다. 처음 당하는 아찔한 순간이었다. 그러나 운명의 神 – 나의 絕對神은 나를 감싸고 돌았다.

이제 겸허하게 인생을 생각하고 착실하게 매사에 대처하면서 냉정, 담담, 침착을 유지하면서 살아가리.

하느님 저를 돌보아 주옵소서!

굳세게 살고 大義를 위해서 기꺼이 내 받칠 수 있는 나를 형성하기 위해서 일편단심 하리. 지금도 나는 끊임없이 사고하면서, 고민하면서, 분투하면서 그렇게 존재하고 있음을 실감하고 있다. 조금도 외롭지 않고 불굴의 의지와 힘은 항존하고 있으며 언제나 내 주체적 의지와 사고에 따라 일거수일투족을 해나가리. 입술을 깨물며 이 글을 쓴다.

(22:07)

1980년 6월 8일 일요일 비가 내리고 있음

지금까지 나를 형성해 왔던 모든 상황에서 이탈하고 싶은 생각뿐.

일시적, 충동적인 사념을 영원으로 수렴시키고 싶기도 하다.

지금처럼 내가 하나의 개체로서 사회와 주위와 타 개체와 의식, 무의식으로 연관되어 있다는 현실에 대해서 불합리하고 부자연스럽게 여겨질 때도 드물었으리.

아직은 순수하게, 아직은 소박하게 꿈을 간직하면서 내면적 향상적인 Utopia를 축조하면서 자아실현의 보람으로 살고 싶기도 하건만…….

인간이 어떤 사태 전개에 길고도 쓰라린 충격과 그 여파를 받을수록 그 당시에는 비극적인 상황을 거뜬히 역전 시켜 놓을 수 있는 원동력도 그만큼 거세고 위욕적일 수 있으련만.

내가 모든 것을 백지화시키고 저 밑바닥에서부터 모든 굴욕을 감수하면서 다시 일어설 수 있는가는 많은 시간이 흐른 지금도 알 길이 없으니.

시시각각으로 헤메이는 미로 속에서 조그만 서광이 보일 듯 하다가도 다시금 컴컴한 絕路(절로)로 역주행하고 있음을 깨닫고 傷

痕(상흔)의 심도만 더하여 가고 있을 뿐이다.

지금 밖에는 비가 내리고 있다. 비를 맞으면서 어디론지 가고 싶을 정도로 마음은 천 갈래 만 갈래 제 갈 길을 잃고 있는 것만은 뚜렷하게 의식되고 있다.

11:20. a.m. 대덕군 신탄진 어느 지하다방에서 병기뫈과 함께 하면서

중앙공무원 교육원 시절(1980).
맨 오른쪽이 저자, 중앙 위쪽이 유정복 전 장관

중앙공무원 교육원 시절(1980) 경주에서.
뒷줄 오른쪽 세번째 저자

1980년 9월 7일 맑음

어제로써 井邑군청에서의 수습이 끝남에 따라 내일부터는 전북 도청에서의 새로운 생활이 시작된다.

그간 군청수습은 소극적인 자세로 인해 무의미한 생활의 면도 없지 않았으나 나름대로 많은 경험과 느낌을 받았음은 큰 성과라 하겠다. 특히 후반에는 뜻밖의 장밋빛 생활(?)이 전개되어 시간을 뺏기고 어리둥절하다가 지내버린 것 같다. 다시는 오지 않을 아름다운 추억의 생활로 기록되기를 기대해 본다.

저녁 식사를 마치고 대실에서 湖法으로 거소를 옮겼다. 너무나 많은 시간을 엉뚱하게 낭비한 것 같아 몹시 조급한 심정임을 토로하지 않을 수 없다. 촌음을 아껴서 충실하게 생활하겠다고 굳게 다짐해본다. 착실하게, 서서히, 끊이지 않고 계획에 의해서 목표량을 달성해 나가야 하겠다.

이와 더불어 인간성 내지 성격을 개조 시켜 원만한 사회생활과 개인 활동에 임하게끔 하겠다.

조금도 들뜨거나 더부살이적인 思考行爲로 나아가, 생활 더 구체적으로는 순간순간을 보내지 않겠다고 다짐해본다. 또한 과거의 그 비열하고, 이상 성격적 사념 속에서 허우적거리지 않겠다는 것도 재차 다짐한다.

1980년 9월 23일 맑음

추석을 집에서 보내기 위하여 어제 고향 집에 왔다.

오랜만에 느껴보는 고향의 묘미였다. 하지만 여유 없는 내 생활의 틀은 조금도 변함이 없는 것처럼 보인다.

언제나 느긋하고 풍만한 자세로 고향에 묻혀 단 며칠이라도 동심의 恨을 달래보리!

오전에는 친척들과 함께 성묘를 했다.

자전거를 타고서 두립마을까지 가서, 다시 비봉산 중턱까지 걸어 올라갔다. 할아버지의 산소가 바로 그 곳에 있었다.

작은 아버지의 말씀을 빌리면 할아버지의 산소가 명당이라고 했다. 내가 보기에도 그 웅자한 비봉산을 뒤로하고 광활한 전망을 내다보고 있는 그곳은 웅지 같이 보였다.

할아버지의 산소에서 성묘를 마치고 다시 마을 근처 앞산에 있는 아버님 산소를 비롯하여 할머님 등 여러 조상들의 산소를 찾아 성묘를 마치니 어느덧 점심때가 되었다.

오후에 낮잠을 자고 이어 영어해석에 1시간 여 소비하고서 저녁식사를 좀 일찍하고, 내일 출근하기 위해 밤차로 全州에 도착했다. 湖法에서 밤 12시경까지 民法을 독파했다.

1981년 1월 2일

무어라고 기술해야 할 것인가!

그렇게도 집념과 불안과 한시적인 시시각각 속에 살아오기를 벌써 27년이 지났다는 말인가!

최근 몇 년간의 삶에서 거의 모든 세태와 세속에 대한 회의와 방황 속에서 무던히도 몸부림치지 않았던가!

극한으로 치닫고 있다는 정신적인 초조와 강박의식이 뇌리를 떠나지 않고 집요하게도 나를 정복하려하고 있었다.

이제는 정리하고 청산해야 할 때가 다가왔다.

하여 금년(1981)은 나에게 상서로운 해는 결코 될 수가 없다. 잘못하면 생의 turning point가 될 것이기도 하리라.

너무나 압박과 긴장 속에서 역작용으로 발산되었던 생활의 굴레 때문에 미루어 두었던 나에 대한 재고찰, 가정적, 사회적면에 대한 재정립이 서서히 이루어지게끔 지금부터 생활의 폭을 대폭 변화해 나간다.

더욱이 금년은 大學院 박사과정(서울대)과 군생활이 시작되는 뜻깊은(?) 해이기도 하므로 이에 대한 철저한 대비와 원만한 수행을 위한 과정을 확립해 나가야 할 것이다. 이것이 금년 元旦(원단)을 맞아 새로이 갖게 되는 생활의 변혁일 것이다.

神이시여, 하느님이여! 금년 저에게 평온과 향상의 도정을 밟게끔 해 주옵소서!

12月 31日 12時 법제처 종무식을 마치고 곧바로 하숙집으로 돌아와서 조용히 사색에 잠기면서 제야의 종소리를 음미했다.

1月 1日도 조용히 책을 읽으면서 하숙방에서 보낼려고 했으나 쏟아지는 눈속을 헤치면서 귀권 군이 방문해서 같이서 영등포 어느 음식점에서 복매운탕으로 소주 한잔 반주삼아 점심식사를 하고서 목동 윤평 君의 집을 방문하여 간단한 go-stop을 즐기면서 오후를 보내다가 저녁식사를 마치고 곧바로 하숙집으로 돌아왔다.

특히 눈이 몹시 내려 모든 사람의 마음에 흡족함을 느끼게 하는 새해 첫날이었다고 생각된다.

오늘도 집에서 조용히 보내다가 저녁을 먹고서 내일 하숙집을 옮기기로 한 종로 성일 君의 집(하숙집)에 미리 짐을 약간 가져다 놓고서 또 곧바로 귀가해서 이글을 쓴다.

1981년 5월 14일 목요일

직장과 학교일 기타 여러 私務를 바쁘게 정리하고서 홀가분한 마음으로 광주 소재 육군보병학교에 들어온 지 벌써 6일째로 접어들고 있다.

신성한 국군의 일원으로서 전과는 전혀 다른 환경에 대해 첫날 다음날까지는 상당히 고된 것처럼 느껴졌으나 지금은 항상 준비된 마음 상태를 견지하면서 차츰 엄격한 규율 속의 단체생활에 적응이 되어가고 있음을 나 자신도 모르게 깨닫고 있다.

입교식에서 교수부장님께서 하신 말씀 중 "훈련은 피 안 흘리는 전투이며 전투는 피 흘리는 훈련"이라는 훈시가 가슴에 와 닿

육군보병학교 훈련병 시절(1981), 유격도하훈련 - 맨 앞이 저자

는다. 이를 항상 마음에 새기면서 앞으로 보병학교에서의 12주 생활을 내 생애에 있어서 즐겁고 보람 있는 기간으로 보내고자 다짐해 본다. 아울러 건전한 생활 태도와 심신을 단련하고 연마하는 좋은 기회로 삼을 것도 결의한다.

육군보병학교 훈련병시절(1981), 유격훈련

국군정신전력학교 시절(1981) 강화도 초지진에서 - 오른쪽이 저자

1981년 5월 15일 금요일

엄격한 단체생활에 하루하루 익숙해지고 있다. 그리고 하루하루 받는 군사훈련도 그 숙련의 도를 더해가고 있음을 실감한다.

실로 어엿한 군인 더구나 늠름한 대한민국 장교가 되기 위해서는 그 밑바닥에는 어떠한 난관도 극복하려는 강인한 정신력이 흐르고 있어야 함은 주지의 사실인바, 요즈음 계속해서 나는 강한 의지와 집념, 정신력을 키우고자 육체적인 그리고 무형적인 연마

육군보병학교 훈련병 시절(1981), 사격훈련장에서 - 뒷줄 맨 오른쪽이 저자

를 하고 있다고 본다.

우리가 생활을 영위하는 데 있어서 가장 중요한 것은 어떤 유형적, 물질적인 재산이 아니라 그러한 형태적인 상황을 창조해 낼 수 있는 바탕이 되는 강인한 집념과 정신력인 것이다. 이렇게 중요한 인생의 자산인 강한 의지를 이곳 보병학교에서의 생활을 통해서 더욱 공고히 하고자 한다.

육군 중위 임관(1981)

[나 스스로에게 다짐했던 나의 어록]
다르게 생각하는 사람보다 똑같이 생각하는 사람을 더 존중하도록 가르치는 교육이야말로 젊은이들을 망치는 가장 확실한 길이다. – 나의 교육관

1981년 12월 7일

G.O.P(전방 철책부대)에서의 5일째 생활이다. 극한상황이라고 표현해야 옳을까. 존재의욕 마저도 잃어버린 생활이라면 지나친 표현이 될까.

내 생애 최대의 시련기가 아닐런지. 지금까지 생각하고 키워왔던 이상과 소망이 무너진 지 며칠째이고 아직도 허공에 뜬 채 발을 못 붙이고 있다. 그간 너무 편리한 생활을 한 탓이었을까 – 그렇지만은 아닐 것이다. 이처럼 비참하고 황막한 상황에서 무엇을 생각하며 발버둥 쳐야 하는가. 시간 시간마다 이렇게 자위를 해 보기도 하였다. 앞으로 내가 살아가는데 오늘의 이 생활을 발판으로 해서 어떠한 역경도 헤쳐 나가 보자고, 이리하여 가장 최악의 상태에서도 자랑스럽게 견뎌 왔는데 이런 조그마한 고난하나 못 견디고, 극복하지 못해서야 되겠는가! – 하면서 후일 인생 교훈으로 삼으면서 회고할 거리를

전방부대에서 철책 순찰 후(1982)

남겨두고 싶다고.

기본적인 생활 조건조차 충족이 되지 못하기 때문에 모든 의욕이 송두리째 사라지고, 또한 하루에도 수십 번 자포자기와 애절한 소망에의 향수가 엄습해와 정신적 분열이 극심한 그런 시간들이다.

민족비극의 현장, 철책선. 이 민족과 겨레의 고통을 마치 내가 한 몸에 짊어지고 있는 것처럼 그런 고통을 씹고 씹으면서 살아가고 있는 것이다.

이 생활에 대해서 어떤 보상의식에 사로잡히지는 않겠다. 그러나 이제 허황한 사치 감정은 발을 못 붙이게 하여야겠다. 왜 좀 더 적극적으로 인생행로에 대해서 대처하고 개척해 놓지 않았던가 하고 긴 한숨을 쉬어 보고 있지만 뾰족한 방도는 없다.

묘안 내지 처방은 단 한 가지, 현 상황을 인내하면서 극복하는 것뿐!

그러나 그렇게 되기까지에는 내가 감당할 수 있는 한계가 너무나 들여다보여 힘에 버겁다. 아, 가혹한 운명이여, 시련이여! 이상, 행복, 團欒(단란) 등등의 젊음의 생기가 아득한 저쪽 꿈나라에서 나를 손짓하고 있다.

5중대에서 정신교육 이어 영화("패튼 대전차군단")를 상영하고 저녁 식사를 하고 오다.

1981년 12월 8일 오전

가장 어려운 것은 환경적인 문제로서 우선 食住의 문제가 있다.

식사도 감당하기 어렵거니와 내가 마음 놓고 안정된 분위기 속에서 근무할 수 있는 조그마한 사무실(사무실이라지만 칸막이 같은 조그만 조립형 사무실)이 있어야 할 텐데 그렇지가 못한 것이다. 大隊(대대) 전체의 형편이 그렇다고 넘기지만 조금만 신경을 써 주면 이 두 문제는 능히 해결될 수 있기도 한 것이다.

희망과 소신과 내일에의 기대가 없는 생활이란 죽음 바로 그 자체가 아니겠는가. 하루 저녁을 지새우고 아침에 기상할 때면 지옥 같은 생활이 엄습해 오는구나 하고 무기력에 넋을 잃곤 한다.

한 가닥 밝은 빛이 새어 나오는 착상이 들기도 한다. 현재의 이 역경을 극복함으로써, 이를 거울삼아 앞으로의 인생행로에 있어서 험난한 길을 좀 더 수월하게 갈 수 있지 않는가라고!

손자병법에 이르기를 "지혜 있는 자는 반드시 이익과 손실을 아울러 참작한다. 이익을 계산해 두면 하는 일에 확신을 가질 수 있고 손실을 계산해 두면 환난을 방지 할 수 있다."고 했거니와 내가 지금의 생활을 부정적이고 소극적, 비관적으로만 생각할 것이 아니라 거시적인 면에서 볼 때 귀중한 체험을 얻고 있다고 좀 더 진취적으로 보아야 할 것이며 그렇게 해야만이 현 상황을 이겨낼 수 있다.

오늘 새벽에 꾼 조그만 꿈 이야기 – 대통령께서 내가 공부하고 있는 곳을 찾아와 나의 전공 서적을 훑어보면서 여러 농담을 나누다가 어떤 곳으로 같이 가려고 한바, 갑자기 전용 헬기가 와서 모두들 타라고 하였고 나는 소변을 보러 가느라고 조금 늦었는데 이미 헬기는 뜨고 있었다. 그때 승차하지 못하고 헬기가 나는 것을 물끄러미 보고 있었다. 순간 갑자기 헬기가 폭발하면서 탑승자가 모두 사망한 이상스러운 꿈을 새벽녘에 꾼 바 있다. 이 꿈의 해몽이 무엇인지?

오늘부터 GP(철책선 안의 관측초소)에 들어가 영화 상영 겸 정신교육이 시작된다. 각 GP에서 1박 하면서.

1981년 12월 11일

GOP에서의 생활이 갈피를 못 잡는 가운데 흘러가고 있다.

어젯밤 제주도(175) GP에서 영화를 상영하다 영사기 고장으로 중단하여 그렇게 미안한 감정을 느낀 적도 일찍이 없었으리.

1사단과 3사단에서의 GP 총격전으로 인하여 긴장된 분위기가 감돌고 있는 가운데 어젯밤 긴박한 상황이 전개되어 GP에서 우리는 일전을 각오하고 바짝 대비했다. 결국 큰 충돌 없이 어젯밤과 오늘 오전을 지내고 GP를 나왔으나 북괴(북한)의 도발적인 급작병은 조만간 우심해질 것이 확실시된다. 민족적 비극이 아니고 무엇이랴. 항상 생명에의 위협을 느끼면서 하루하루를 보내다 보니 이제 신경이 무디어 위험스러운 마음이 잠재해 버린 것 같기도 하다.

부디 안전하게 생활을 해나가게 해 주십사하고 마음의 절대신에게 기원해 본다. 그리고 나의 길을 찾아 착실히 안정된 바탕(?)에서 생활을 계속해 나갔으면 하고 빌어본다.

영사기 고장에 대한 수리문제, 업무 보고 및 연말 업무분석에 대한 대비의 걱정, 기능성 있게 업무를 처리할 수 있는 여건의 결여, 현지 상황에 대한 충분한 적응력의 결핍, 적극적이고 능동적이고 생산적인 마음가짐의 결여 등등, 정말 근심과 걱정으로 마음과 몸은 찢어질 듯이 한계점에서 나뒹굴어져 있다.

이대로 살아갈 것인가. 결단을 내려 혁신을 할 것인가 아니면 영원히 후회하는 자세로 자포자기할 것인가…….

[나 스스로에게 다짐했던 나의 어록]

옛사람의 시를 내 목소리로 읊으면서 초가을 산정(山頂)의 마른 바람 소리를 들을 때가 가장 행복하다.

1981년 12월 18일 새벽 01:05

여기는 민족분단의 최첨단 DMZ(비무장지대) 내의 어느 GP(176), 1,000m 남짓 거리엔 북괴(북한)의 초소가 있으며 바로 몇백m 앞에 원한의 군사분계선이 형태는 거의 없어지고 상징적인 선으로 남아 있다.

17일 자정 GP장과 함께 야간 관측경으로 내려다본 이 찬란한(?) 슬픔의 현장. 온통 반짝이는 불빛이 아름답기까지 한 GOP 철책선. 저 어둠 넘어 우리의 잃은 땅 북녘의 초소에서도 불빛이 새어 나오고 자동차 한 대가 헤드라이트를 켜고 달리는 듯 한 모습이 보인다.

평온이 감도는 이곳이지만 긴장감이 온 곳에 배어 있기도 하고 도처에 지뢰지대라 저리도 아름다운, 고요한 주위의 산천에서 피를 흘리며 쓰러져가는 젊음의 별이 있기도 하니, 이를 민족의 숙명 탓으로 돌려야 할까?

대북방송 스피커에서는 나훈아의 히트곡이 애절하게 북녘을 향해서 메아리치고 있는 가운데 심정은 착잡하고 무어라 형언키 어려운 비애가 스미고 있음을 부인할 수 없다.

아직도 정착되지 못하고 종일 불안한 상태에서 헤메이다 보내는 나날들, 이를 운명으로 받아들이기는 너무나 잃은 것이 많고 안타깝기에 이렇게 회한의 시간을 보내야 하지 않겠는가.

대대(大隊) 전체의 비협조적인 상황에서 오후 내내 후방 CP에서 P-3車를 기다렸으나 시간이 지나도록 오지 않아 결국 걸어서 5 통문을 통과, 오후 5시가 넘어 1개 분대의 엄호를 받아 가며 미확인 지뢰 지대를 지나서 GP에 도착, GP장 신동선 소위와 관측장교 조 소위의 환대를 받으면서 저녁 식사를 했다.

그런데 이 또한 무슨 운명의 장난이란 말인가. 영사기의 램프가 정전과 동시에 촉이 나가버려 영화상영 전에 또다시 중단되어 무어라 말할 수 없는 미안함과 당혹감이 엄습한 것이다. 내일 후방 CP로부터 임시의 램프를 보급받아 오전에 재상영할 예정이나 잘 될지 미지수다. 자책감을 느끼는 정훈병을 달래고, GP장실에서 여러 가지 얘기로 밤새는 줄 모르고 나누다 이 글을 쓰는 바 참으로 착잡한 마음 금할 길이 없다.

이 민족의 비극은 언제부터 시작되어 왜 우리 세대에게 이 무거운 짐을 짊어 주었는가.

아, 개인적, 국가적인 모든 상황이 절망의 늪으로 기어들고 있다.

이 비극을 언제나 극복할런지…

1981년 12월 24일 02:00

야간 철책선 순찰을 마치고 와 라면 하나를 끓여 먹고 이 글을 쓴다.

휘몰아치는 북풍에 뺨이 갈라질 듯 하는 느낌을 참고서 순찰을 끝냈다. 밤새 초소에 서서 북녘을 응시하면서 침묵 속에 졸음을 쫓으며 한 명의 적도 놓치지 않겠다는 각오로 경계 근무에 열중하는 병사들의 모습 - 민족의 비극이 다시금 애절하게 머리를 찧는다. 아아!

어제도(23日) 오전에 후방 CP에 가서 여러 간행물을 분류 배부하였으며, 오후에는 6중대에서 정신교육을 실시하고 영화 상영, 이어서 밤에는 BOQ에서 몇몇 장교들을 대상으로 영화를 상영했다. 이어 순찰이었던 것이다.

1982년 10월 1일 금요일 맑음 그리고 갬

추석이자 국군의 날이다. 군에 들어와서 벌써 두 번째 맞는 국군의 날이다. 더구나 10月 1, 2, 3日이 연휴라 더욱 뜻깊은 날이기도 하며 풍년의 풍요 속에 맞는 명절이어서 국민적인 환호와 갈채가 더 빛나 보이기도 한다.

사단장님이 지시한 임무를 앞당기기 위해서, 또 다른 이유 때문에도 서울행을 단념하고, 3일 동안 BOQ에서 착실하게 지내기로 했다.

오늘 아침에는 라면으로 식사를 대신하고 오전 중 전 시간을 할애해 논문작성에 임했다. 오후 역시 계속 혼자서 BOQ를 지키며 책상에서 집념의 나래를 펼쳤다. 날씨는 화창하면서도 해맑은 전형적인 가을의 정취를 듬뿍 풍기고 있고, 모든 이들의 가슴 가슴에도 생동이 넘쳐 일렁이고 있겠지 생각해본다.

사단장님께서 저녁 식사를 같이 하자고 전속부관 이 중위로부터 연락이 와서 그동안 준비했던 논문 진행과정표를 지참하고 A 공관으로 갔다.

사단장님은 내가 계획한 논문에 대해서 흡족해하면서도, 한편으로 내가 국방부 정훈국으로 전출해가는 데 대해서 매우 애석하게 여기셨다. 같이 식사를 하는 도중 사단장님은 나에게 칭찬의 말씀과 아울러 반드시 대성할 것이라고 힘주어 몇 번이고 말씀하셨다.

내가 국방부에 가더라도 사단장님의 논문을 완성해 주어야 한다는 굳은 각오를 하면서 한편 그렇게 될 수 있는 여건이 쉬이 조성되어지기를 절대신에게 빌어본다. 부디 국방부에 근무하면서 시간적 여유와 인간 관계적으로 유리한 상황이 전개되기를 손 모아 빌어보고, 그렇게 되게끔 노력한다고 다짐해 본다.

식사를 마치고 사단장님과 바둑 한 수를 하고 밤 9시경 A공관을 나왔다.

전방부대 대대 본부에서 동료 장교들과

텅 빈 BOQ에서 달무리 가득한 추석 보름달을 지켜보면서 다시 한번 나의 현 위치를 확인해보고 집념과 정열로 가득 찬 의연한 삶의 자세를 견지할 것을 굳게 맹서해 본다.

내가 가는 길은 외롭고, 험난한 정의의 길이라고 생각하기 때문에 누구보다도 나는 더 많은 숙명적인 고독과 의지와 인내를 감수하면서 의롭게 저 높은 고지를 향해 묵묵히 나아가리.

아, 참새 따위가 어찌 붕새의 마음을 알겠는가. 하루살이 버섯이 어찌 나날이 있음을 알며, 말매미 따위가 어찌 봄가을이 있음을 알리요! 小知不及大知! 小年不及大年!

국방부 군 복무 시절(1983) 과테말라 정훈국장(가운데) 방한 안내를 맡아 비원에서. 맨 왼쪽이 저자

1982년 10월 5일 맑음

어제 전곡 초성리에서 군 생활을 하고 있는 한명규 군의 면회를 갔었다. 오랜만에 만나서 그동안의 여러 가지 쌓였던 얘기들을 주고받으면서 전곡에서 하룻밤을 지새웠다. 역시 학창 시절의 거리낌 없던 친우들은 영원한 마음의 벗인 동시에 항상 위안의 청량제가 되기도 한다.

전방 복무 후 35년이 지나 군복무 중인 3남과 함께(2017년 6월, 강원 인제)

그러니까 그제 10월 3일로 약 1주일간의 고군분투 끝내 사단장님의 경영학 석사 논문 「경영자의 리더십에 관한 행동과학적 연구」를 끝마쳤다. 원고지 약 300매 정도 되는 분량이 아닐까 한다. 아직 손볼 곳이 많이 있으나 그런대로 내 심혈을 기울인 흡족한 논문이었다. 이제 英文초록만 작성하면 되는 것이다. 군에서 특히 그 어려운 여건에서 완성했다는 점에서 뿌듯한 보람을 느낀다.

때문에 이틀 동안 그 여파로 허송세월로 보낸 점을 다시 바로잡을 굳은 자세와 각오로 돌진하기로 다짐하면서 이제 5사단에서의 근무도 며칠 남지 않았다는 생각에 들뜨지 않도록 나 자신을 정리하면서 굳세고 성실하게 생활에 임하리라.

하느님이여 -저를 지켜주시는 절대神이여- 저의 앞길을 밝혀주옵소서. 저는 최선을 다해 성실하게 노력하면서 생활하렵니다.

군복무 시절(1982)

1982년 12월 26일

1982. 12. 17. 오후 5시경, 동생으로부터 국방부 사무실로 걸려온 전화, 청천벽력의 소식. 어머님이 위암으로 시한부 생명이 되셨다는 충격적인 소식은 이제까지의 나의 생활 pattern을 재정립하는 moment가 되었다.

어떤 이상적인 틀 속에서 현실적이고 고고한 生의 자세를 견지해 나간다는 것은 기본적인 제문제가 해결된 바탕에서도 상당한 인내와 진통이 수반되는 것이거늘, 나의 경우는 그 기본전제가 미약해 있었기 때문에 나에게 커다란 희생의 압력이 가해져 왔던 것은 사실이었다. 그 조그만 표출로서 이 가혹한 현실이 운명의 사슬에서 나를 조이고 조이면서 한 발자국 더 가까워졌다고 생각된다.

잇따른 생활의 변화, 12月 25日에 있었던 동생의 결혼식이 그런대로 성황리에 끝났던 반면 마음의 한구석에 자리 잡은 허전함과 긴박감, 공포심과 脫生心 등이 겹치고, 더욱이 그동안 의식을 접해왔던 결혼 작심의 파탄(撤回) 등은 나에게 새로운 인생 항로의 개척에 더욱 쐐기를 박아 놓는 결과로 되었다.

이 난국을 어떻게 헤쳐나갈 것인가? 몇 개월 남지 않은 어머님의 그 한 많은 生을 어떻게 마무리 짓고 평가할 수 있으며 또한 내가 그간 할 수 있는 최선의 방책이 과연 어떤 것인가?

지금까지 나를 위해 일방적 희생만을 해오신 어머님. 아니 내가 오히려 그 일방적 희생을 강요 했을 거다. – 의 엄청난 운명의 예정조화설에 내가 어떻게 대처해야 한단 말인가?

그리고 이에 반비례해서 나의 생활양식의 파괴를 어떻게 한단 말인가, 내 스스로의 결단과 인내와 능력 부족으로 더욱 가속화된 생활 준거의 점차적 파괴가 어떤 결과를 도출할 것인지 사뭇 두렵다.

아무리 窮卽通(궁즉통)이라지만 이 많은 매듭을 어디서부터 어떻게 풀어야 한단 말인가! 이제 어머님의 생존 시에 결혼 문제를 확정할 필요가 있을 것이다. 또한 내가 할 수 있는 어머님에 대한 최선의 노력을 당위법칙으로 확립해야 할 것이다. 더 나아가 내 생애 전반에 대한 재평가와 그를 바탕으로 한 새 plan을 확립해야 할 것이다.

1983년 12월 4일 일요일

금년의 2차 휴가가 끝나는 날이다. 오전에는 아내와 같이 지냈으며 오후에는 시내에서 광연 兄과 만나 담소하고 밤에는 9시 30분부터 민사소송법을 정독 겸 속독을 했다. 아침에는 오랜만에 (실로 정말 오랜만에) 새벽 공부를 한 바 있다.

1983년은 내 인생에 있어서 굵직한 선(획)으로 기록되고 기억될 해이다. 결혼과 어머님의 타계 - 그것도 모두 군 복무 중, 불과 몇 개월 간격으로 이루어진 극적인 드라마였다.

이제 마음의 안정이 찾아오고 생활의 룰이 본 궤도에 오르고 있다. 아내의 적극적인 격려와 도움이 생활의 안정을 기하고 잠재력의 현재화 과정에 큰 역할을 하고 있다.

이러한 생활도상에서 꼭 이루어야 할 지상명령적인 과제가 뚜렷이 부각되고 있다. 아니 몇 년간 미루어 왔던 반드시 성취해야 할 절대 명제이다. 그것도 평탄치 못할 역경의 도장에서 싸워 성취해야 하는 고귀한 자기희생의 결정물이 되어야 할 것이거늘. 따라서 모든 생활의 패턴과 사고의 흐름을 이 목표 달성에 이어지게끔 전화시키고 나를 위한 가일층의 심신의 단련과 마음의 수

양이 병행되어야 하겠다.

시간을 효율적으로 활용하기 위하여 모든 대인, 대사회적 활동을 꼭 필요한 최소한의 범위에 국한시키고, 일거수일투족이 모두 그 목표 달성에 관련되는 관점에서(측면에서) 수행되어지게끔 노력할 것이다. 평일에는 밤에 4시간 정도 확보하고 토요일과 일요일을 집중 투자하여 계속성 있게 법서를 독파해 나가야 할 것이다. 아침 시간도 활용한다. 6시에 기상하여 1시간가량을 어학 및 운동 그리고 때때로 중점암기사항을 배정 시켜 적절히 활용토록 할 것이다.

사무실 시간을 요령껏 활용하되 그 상황에 적합한 과목(분야)을 계획을 세워 꾸준히 해나가게끔 한다.

[나 스스로에게 다짐했던 나의 어록]

노욕(老慾)이란 나그넷길은 얼마 남지 않았는데 노자(路資)를 더 마련하겠다고 하는 것과 마찬가지로 어리석은 짓이다.(키케로) – 나는 이 말을 되새기면서 노욕을 경계하고 있다.

1985년 12월 31일 맑음. 화요일

그동안 있었던 일을 객관적으로 나열해 본다. 물론 굵직한 획을 그을 수 있는 정도의 사건들만을.

84. 2. 得男(득남).

84. 4월 초 계속되는 정신적 긴장과 환경적 요인으로 인한 신체 이상. 결국 시력 저하로 안경이 필수품으로 등장.

84. 7. 31 국방부 정훈국에서 전역.

84. 8월 초 법제처 복직 후 법제조정실 金世新 법제관실 근무.

84. 9. 대학원 박사과정 복학.

85. 1 호남대학 교수 초빙 반려.

85년 초 간간히 司試 준비.

85년 5월, 사시 1차 응시 합격. 7월 사시 2차 응시.

85. 9. 司試 2차 합격.

85. 11.(제27회) 사법시험 최종합격.

85. 8 중순 SLOOC(서울올림픽조직위원회) 파견근무 시작

1979년 후반기부터 매년 격동기의 연속이었다. 특히 10. 26 이

후와 궤를 같이하면서 한해 한해 Dramatic한 굵직한 일들이 개인적으로 몰아닥친 것은 나의 진운과 국가의 진로와의 어떠한 관련성을 암시하고 있다고 생각한다면 지나친 자기 비상이고 합리화이고 영웅화인가!

그런데 아직도 나는 나의 작은(그렇지만 세상에서 가장 크고 중요하다고 볼 수 있는) 자신의 모습을 스스로 형성시키는데 미흡하고 오히려 점점 인격의 갈고닦음을 방기하고 있지 않은지 심히 우려되기도 한다.

조그마한 환경적인 요인에 무척이나 신경을 곤두세우면서 보내다 보면 내면적인 충실한 삶의 깊이가 흔들려지고 나아가 생존의 도구이자 나의 지상명령인 지식의 폭을 넓히는 데에는 소홀히 하게 된다. 이러한 생각은 오늘도 감히 가져본 바 있어서 더더욱 새삼스러운 것만은 아니리라.

천하가 다 무너져 엄습해와도 눈 하나 끄덕하지 않고(비록 최후를 맞을망정) 계획했던 일을 머릿속에 이해되게끔 집어넣는 다부진 생활의 단면을 나 자신에게 보여줘야 할 때가 되었다고 본다.

이제 사회적인 인정을 어느 정도 받았다고 볼 수 있어 중요한 것은 내면적인 지식을 성실하고 차분하게 쌓아 또 다른 제2의 도약의 계기를 만들어야 할 때가 되었다고 다짐하여 본다.

겸허하고 침착하고 대담한 마음가짐, 건강하고 생산적이고 적극적인 생활의 순간순간의 영접의 연속. 이것이야말로 이제 한두 시간 지나면 다가올 새해부터 내가 항상 지니면서, 터득하면서, 실천하면서 존재하여야 할 필요성이 절대적인 추상명사가 아닌 구체적인 생의 일부인 그 무엇인가 되게끔 할 것이다.

주위의 어떠한 불리한 상황도 유리하게 이용하고(그렇게 안 되면 그런 방향으로 생각하라) 어떠한 철퇴도 결코 실망의 눈이나 두려움과 불안의 시각에서 받아들이지 않고 어디까지나 적극적으로 대응하며 극복할 수 있도록 사고하고 행동하라. 마음이 그렇게 생각하면 누가 어떠한 상황이 어떻게 되든 이에 나 자신과의 관계에서는 내가 승리한 것이 된 것이리라.

丙寅年 새해에는 사람답게 살면서 내면을 다지는 해로 그리고 건강하게 살면서 가족과 사회에 사는 보람을 만끽할 수 있도록 밀알이 되어 주는 해가 되게끔 다짐하고 실천할 것을 다시 한번 어머님의 영전 앞에 엄숙히 맹세한다. 내일은 장인어른 회갑으로 인하여 함평에 내려가 1월 3일까지 머물게 될 것인바, 이 기간을 무엇인가 나 자신의 내적 외적인 면에 도움 되고 유익한 활력소가 되게끔 생산적으로 이용하여 돌아올 때는 거의 후회가 없도록 해야 하겠다. 그리고 1월 초까지는 「고시연구사」로부터 의뢰받은 합격기의 윤곽을 잡아놓는 작업을 해야겠다. 또한 일본어에 대해서도 매일 시간을 할애해야겠다. 전공과목에 대해 깊이 있는 접근을 서서히 시도하고 항상 생각하고, 생산적인 결과를 스스로 낳게끔 해야겠다.

무엇보다 중요한 것은 그동안 묵혀두었던 글이 슬슬 새어 나오게끔 하는 머리의 회전을 가속화하도록 수시로 보고 생각하고,

글씨체도 시력 및 신체적 균형이 향상되도록 의젓하게(?) 잡히게끔 혁신하는 일부터 해야겠다.

어떤 주제나 사물에 대하여 논리적이고(순리적인 면도 포함) 다각도로 분석하고 고찰할 수 있는 시각을 점점 더 길러나가는 것이 또한 중요하다 하겠으며 아울러 그에 대한 명쾌한 판단(내지 결단)을 신중하면서도 지체하지 않고 내릴 수 있는 혜안을 갖도록 스스로를 닦아야겠다.

[나 스스로에게 다짐했던 나의 어록]

나는 세 아들에게 훗날 "아버지는 내 인생을 헛되이 살지 않기 위해 끊임없이 노력했노라"고 떳떳하게 얘기할 때가 있을 것임을 약속한다.

2

지혜는 세월과 더불어 온다

프롤로그

마다하지 않았던 삶, 이제 시대를 바라보다

사람은 우울한 마음을 풀 배출구가 없을 때 과거를 기록하고 미래를 꿈꾸며 명저를 써낸다. 명저는 모두 이런 고통과 시련 극복의 과정을 거쳐 탄생한 것이다.

사마천의 「사기」가 그 대표적 예다. 청춘의 방황과 갈등 그 과정에서 숱한 잎과 꽃들이 피고 지고 흩날렸지만, 그것들을 지탱하는 뿌리는 오히려 더욱 강건하여졌다.

예이츠(William B. Yeats)가 읊은 것처럼,

이파리는 많아도 뿌리는 하나
내 청춘의 거짓 나날 내내
나의 잎과 꽃들을 햇살 속에서 흔들어댔으니
이제 시들어 진리를 파고들어도 좋겠네

—The Coming of Wisdom with Time

제2부는 비교적 차분함 속에서 세상과 시대를 보는 마음의 글들을 모았다. 세월의 흐름에 따라 게걸스럽게 흡수했던 지식을

지혜로 승화시키기 위해 노력했다. 현실을 관조하면서 때로는 현실에 적극적으로 참여하면서 부딪히고 겪었던 수상과 감회를 다양한 형식의 글로 표현했다. 목소리 높을수록 빈 곳이 많고 몸짓 클수록 거짓 또한 쉽게 섞인다는 어느 시인(신경림)의 호소를 저버리지 않으려고 노력했다.

이제 지성(地性)이 그 본연의 역할을 찾아 비상(飛翔)해야 할 때다.

"우리는 지금 낡은 것 앞에 서 있다. 시대와 사회의 황혼에 서 있다는 말이다. 새로운 것은 생탄(生誕)하지 않았으나 완전히 새로운 것은 이미 없다. 한 역사적 사회가 세계사적 임무를 다하였을 때 지혜의 女神은 그 황혼을 타서 새로운 활약을 한다고 한 것은 Hegel의 유명한 말이다. Minerva의 부엉이는 황혼이 되면 날기 시작한다는 것이다. 오늘의 사회가 과연 Hegel의 말대로 모든 소가 꺼멓게 보이는 황혼인지도 모르나 知性이 그 자신의 근원에 돌아갈 飛翔을 기도해야 할 시기에 도달한 것임에는 틀림이 없다고 할 것이다."

(조지훈 「지조론」에서)

누구나
인생을
알지만
누구도
인생을
모른다

石淵付頌 - 석연에게 부치는 노래

오후 한 나절 짧아서
生을 讚하기에는
여유가 없다

人情도 없어 메마른 세파
사랑을 念(?)하기에는 주체할 체면이 없다
친구, 내 친구, 전라도 친구
그 이름은 돌못

천하를 포용하는 그의 넓은 가슴은 돌 연못 이래도 좋다
높은 기개는 졸부가 아니어도 되고
義만 통하는 친구만 있으면 된다

유월 어느 날
돌처럼 착하게 생긴 한 녀석을
노래 불러 友誼가 우리네
生을 도탑게 하다

1980. 6. 18. 木立 鍾海*

* 이 시를 쓴 김종해는 저자의 행정고시 동기로서 평생을 공직에 봉직했다.

두 번 잃었다가 되찾은 지갑과 일본 단상(斷想)*

나는 크라운 마크가 새겨져 있는 검정 지갑을 1990년부터 30년간 소지하고 있다. 접이식이 아닌 일자형 지갑이다. 오랜 세월 매일 갖고 다니면서 사용하다 보니 지금은 지갑 가장자리 올이 빠지고 가죽이 삭아서 무척 조심스럽게 다루고 있다. 그렇지만 나는 죽을 때까지 이 지갑을 쓰리라고 다짐하곤 한다. 이 소중한 지갑을 두 차례 잃어버렸다가 찾은 적이 있다. 지갑 안에 현금 등 귀중품이 잔뜩 들어 있는 상태로. 그것도 다 일본에서 일어난 일이다. 지갑 되찾음 사건은 일본에 대한 소회와 더불어 항상 내 뇌리에 새겨져 있다. 이제 그 일화를 공개하고자 한다.

두 번 잃어버렸다가 찾은 지갑

* 이글은 월간조선 2021년 2월호에 게재된 것임.

앞부분은 분실사건이 있은 5일 후에 쓴 글로서 그대로 옮긴다. 뒷부분은 그날 메모해 둔 여행 수첩을 토대로 사실관계를 복원했고, 일본 단상 부분은 그간 느꼈던 나의 일본론의 일단을 피력했다.

첫 번째 되찾음과 그 소회

1) 2003. 11. 8. 고베(神戶) Portopia 호텔에서다. 나는 그날 한일변호사협의회 참석차 동 호텔에 머물렀다. 기억하기론 13:00경 호텔 로비 층에 있는 화장실에서 용변을 보는 중에 양복 상의에서 지갑을 꺼내어 명함과 전날 환전한 돈이 정확히 얼만지 확인한 바 있다.

지갑에는 일본 엔화 12만 6천 엔(한화 127만 원 정도)과 한국 돈 125,000원(자기앞수표 100,000원권 1매 포함), 여러 은행 신용카드와 신분증 그리고 내 사진 2매와 명함이 있었다. 무엇보다도 그날 오후 16:15 발 동경행 신칸센 티켓(전날 예매)이 같이 들어있었다.(그때 나는 게이오大 객원 연구원으로 한국과 일본 동경을 오가며 생활하고 있었다) 아마 화장실문 뒷쪽에 걸어놓은 양복 상의에 지갑을 넣기 위해서는 용변 도중 일어나는 번거로움이 있으므로 용변 후에 넣으려고 지갑을 용변기 뒤에다 올려놓고서 그대로 나온 것 같다. 나는 이 사실을 전혀 알지 못했다.

곧이어 오후 1시 반부터 시작된 한일, 일한 변호사 협의회(25회) 정기총회에 참석하고 이어서 新堂行司 교수(일본 측 회장)의 특강을 들으면서 오후 세미나 일정을 다 채우지 못한 상태에서 15:00경에 호텔을 나서 新神戸역으로 향해야 한다는 생각으로 마음은 바빴다. 그런데 新堂 교수의 강의가 끝날 무렵 호텔 직원이 내 자리에 찾아와 메모지와 함께 내 지갑을 건네주는 것이 아닌가. 메모지에는 "李石淵 先生 LEE SEOG-YEON 1F トイレに忘れ物"라고 적혀 있었다. 그때까지 나는 지갑을 잃어버린 사실조차 모르고 있다가 지갑을 받아들고 비로소 상의 안쪽의 오른쪽 호주머니가 텅 비어있는 현실을 인지하고 말문이 막혔다. 정확히 1시간 반 동안에 지갑이 주인이 인식하지 못하는 사이에 분실되어 호텔 측의 노력으로 나한테 다시 돌아온 것이다.

다행히 지갑에 명함과 사진 등이 있고 그 호텔에서 한일변호사협의회가 개최되고 있는 바람에 주인을 찾기가 좀 용이 했는지도 모른다. 지갑 안의 내용물은 그대로 있었다. 나는 지갑을 누가 습득해서 호텔 측에 주었으며 나에게 어떻게 찾아오게 되었는가 등의 과정은 묻지 않았다. 일단 Hotel 프런트에 고맙다는 거듭된 마음을 전했다.

누가 주웠던 일본 돈 현금이 130만 원 가까이 들어 있는 지갑을, 그것도 외국인의 것을, 쉽게 주인을 찾아 달라고 호텔 측에 넘겨준(그가 비록 호텔 직원이라 하더라도. 그러나 그날 토요일 오후에는 호텔에 여러 행사로 인하여 많은 사람들로 붐벼 호텔 종업원이 습득할 가능성은 거의 없는 것으로 보임) 사람의 마음가짐에 감탄과 경의를 표할 수밖에 없었다. 일본인들의 평균적인 도덕 수준과 사회적 의무감(책임 의식)의 일단을 보는 것 같았다.

오늘날 일본경제가 좀 침체되고, 일본 정치인들의 잇단 한국 폄하 발언 등으로 일본에 대한 한국인의 감정이 저하되고 있다고는 하지만 세계 제2의 경제 대국을 이룬 일본의 저력은 이와 같은 작은 일(나에게는 중요한 일이었을지도 모른다)에서부터 아직도 건재하고 있음을 실감했다.

2) 이번 "지갑 되찾음 사건"에서 나는 3가지를 깨닫고, 반성하면서 개선해야 할 사항으로 꼽았다.

첫째 건망증이 심각한 것이 아닌가이다. 이런 유사한 일이 종종 있었다. 그날 오전만 해도 로밍이 된 휴대전화를 한일 양국 이사회 회의실 자리에다 그대로 둔 채 점심 식당으로 왔었다. 이 사실 역시 까맣게 모르고 있다가 20여 분 후 경수근 변호사가 식당에서 휴대전화 주인이 누구냐고 찾을 때 비로소 알게 되었다.

두 번째론 그날 두 가지 분실 사건에서 보듯 작은 일에 지나치게 신경을 쓰는 나의 소심한 성격에서 그 분실 원인이 제공되었다고 생각하고 성격 개조(내지 개선) 노력이 요구되었다. 나의 결함 중 하나는 지난 일에 지나치게 연연해하거나 작은 일에 화내거나 신경 쓰는 것이다. 그러다 보니 현재를 편안하게 즐기는 마음의 자세가 부족하여 스트레스가 쌓이고 건강이 퇴보되는 상황이 종종 있는 것이 아닌가 한다.

세 번째로, 크게 깨달은 것은 내가 모르는 사이에 나의 운명을 결정짓는 일이 벌어지고 있다는 사실이다. 나에게 닥친 어떤 사실을 모르고 지내는 것이 즉 운명의 화살을 피하기 위한 노력 없이 운명이 나를 비껴가거나 나를 옹호해주는 행운을 얻게 될 때가 있다는 것이다. 내가 지갑을 잃어버린 사실을 알고 전전긍긍했다면 얼마나 스트레스를 받고 정신건강의 훼손은 물론 자태의 초조함을 드러냈겠는가. 오히려 그럴 경우 정작 지갑을 찾지 못하는 것으로 귀결 지어지는 것이 아니던가. 건망증에 유념하고 이를 제거하기 위해 사소한 일에 신경 쓰면서 속으로 꿰맞추려는 초조함과 나약함을 드러내는 생활을 과감히 탈피하여야 한다.

"지난 일에 연연하지 말고 특정인을 미워하지 말고, 작은 일에 화내지 말며 최선을 다하는 생활자세, 앞으로의 일은 신에게 맡기고 현재의 이 순간 오늘의 이 시간 자체를 즐기는 것이 행복한 삶을, 보람 있는 삶을, 건강한 삶을 사는 길이다."(괴테)

3) 그날 Portopia호텔 에서의 지갑 되찾음 사건을 접하면서 문득 떠 오른 사건이 있었다. 금년(2003년) 5.30 제주 서귀포 KAL호텔에서 열렸던 역시 한일변호사 협의회 판례발표회 때의 일이다. 행사가 모두 끝나고 저녁 식사 도중에 일본 측 하마다 히데토시(濱田英敏(일본 오이타현 소속) 변호사가 서귀포 시내에서 쇼핑하고 오는 길

이라면서 내가 있는 테이블로 허겁지겁 합류했다. 한참 분위기가 무르익을 무렵 택시기사라고 밝힌 한 분이 호텔직원과 함께 우리 테이블로 와서 자기 택시에 떨어뜨리고 갔다면서 하마다 변호사의 지갑을 건네주는 것이었다. 지갑 안에는 다량의 현금과 각종 신분증명서, 카드 등이 들어 있었다고 한다. 나는 그 운전기사의 높은 도덕심과 책임 의식에 찬탄을 보냈으며 그 사실을 글로 써서 공표하려다 그만 게으른 탓에 그치고 만 적이 있었다. 하마다 변호사 역시 지갑을 분실하고 온 사실을 찾을 때까지 까맣게 모르고 있었던 점, 내 경우와 마찬가지였다.

그날 신칸센을 타기 위해 급히 Portopia 호텔을 나오면서 마침 로비에서 바로 그 하마다 변호사와 조우하였다. 내가 규슈의 오이타에 가면 한번 연락하겠다고 하였더니 부디 그렇게 해달라면서 만면에 웃음을 띠고 있었다. 물론 지갑을 잃었다가 되찾았다는 얘기는 하지 않았으며 그렇게 할 시간도 없었다.

(2003. 11. 13 게이오대학 연구실에서)

두 번째 일화 – 도바역에서

2010년 10월 12일 나는 나고야에서 용무를 마치고 이세(伊勢)신궁을 가기 위해 도바(鳥羽)행 열차를 탔다. 늦은 시간 미에현(三重) 도바에 도착하여 그곳에서 1박 했다. 도바는 온천으로 유명할 뿐만 아니라 미키모토 코우키치(御木本幸吉)가 세계 최초로 진주 양식에 성공한 곳으로 지금도 미키모토 진주는 세계적인 상품이다.

다음 날 09:00 도바역 티켓구매 창구에서 이세 행 티켓(230엔)을 사려고 지갑에서 1,000엔 지폐를 꺼내 티켓과 거스름돈 동전을 받아 들고 지갑은 그대로 티켓 창구 위에 놓은 채 09:10 발 열차를 타려고 승차 체크대를 지나 지하층 플랫폼으로 내려갔다.

지갑을 놓고 온 줄은 전혀 모르고서 열차를 기다리던 중 09:08경 티켓 창구의 여직원이 황급히 계단을 내려와 나를 발견하고 지갑을 건네주고 총총히 돌아가는 것이 아닌가! 나는 순간 고맙다는 말만 하고 경위를 물어볼 경황도 시간도 없었다. 이미 열차가 플랫폼으로 들어오고 있었던 것이다. 내가 티켓을 구매할 때 영어로 말하고 특히 nine ten(9시 10분)을 복창한 것을 여직원이 기억하고 있어서 열차 출발 전임을 알고 쏜살같이 플랫폼으로 달려온 것이리라. 아마 내 다음으로 온 승객이 티켓 창구 받침대에 있는 지갑을 발견하고 그 여직원에게 건네준 것으로 추정된다.

지갑에는 엔화 9만 엔(110만 원 정도)과 각종 신용카드, 신분증 등 귀중품이 들어있었다. 그날 나는 이세역에 09:27에 도착(17분 소요)하여 2시간 반에 걸쳐 이세신궁 내 외궁을 둘러보았으나 종일 도바역에서의 그 극적인 장면이 뇌리에서 떠나지 않았다. 그리고 도바역 근무 그 여직원의 투철한 직업윤리와 책임 의식을 일본 언론에 기고하여 널리 알리고자 생각했다. 그러나 차일피일 미루다 시기를 놓치고 이제야 그 일화를 활자화한다.

당시 20대 초중반 정도의 그 직원이 지금도 그 역에 근무하고 있는지 궁금하다. 벌써 10년이 지났으니…

이세신궁 내궁 앞에서 (2010년 10월)

일본 단상(斷想)

1) 나는 1996년 이후 일본을 한 달에 한두 번 정도로 자주 가는 편이었다. 때문에 일본에 대한 호오(好惡)의 감정 누구 못지않게 있을 수 있다. 특히 2003년 9월부터 2005년 3월까지 게이오대학 visiting scholar 시절은 격주로 일본과 한국을 오가며 머물렀다. 일본 역사와 인문 지리에 대하여 꽤 연구하고 현지답사를 한 바도 있다. 그 과정에서 일본의 저력과 문제점 또한 누구 못지않게 깊이 인식하고 체험했다. 그래서 일본에 대한 감정적이고 국수주의적인 성급한 평가를 자제하고 있다. 또한 일본의 방자한 태도에 대한 근거 없는 우월감에 입각한 의견표출도 자제하고 있다.

다만 이곳에서는 내가 구상하고 있는 일본, 일본인론의 극히 일부를 생각나는 데로 간략히 적는다.

2) 우리는 일본을 흔히 가깝고도 먼 나라라고 한다. 그러나 나는 가깝고도 모르는 나라다고 말하고 싶다. 일본을 모르면 많은 것을 잃고 사는 것이 된다. 일본은 들여다보면 빠져들고 등을 돌리면 잊는 나라다.

과거 일본이 우리로부터 많은 문물을 들여다가 오늘의 번영을 이루었다며 일본을 모방의 천재, 기술 복제의 도사라고 흔히 평가절하한다. 그러나 노벨상의 진수인 과학상 분야(물리학상, 화학상, 생리의학상)에서만 일본은 24명의 수상자를 배출했다(2020년 현재). 그것도 제2차 세계대전 이후에…

또 하나 우리가 간과하고 있는 일본 저력의 이면으로, 에도시대(도쿠가와 막부)부터 메이지(明治) 이전까지 일본 국민의 절반 정도가 글을 읽을 수 있었다는 것은 잘 알려지지 않은 사실이다. 에도시대 테라코야(寺子屋)라는 서민교육 기관이 설치되어 평민들에게 교육을 시킨 결과이다. 19세기 중엽 세계적으로 식자율이 50%에 달한 나라는 영국밖에 없었다. 1862년에 출간된 후쿠자와 유키치의 「학문의 권장」이 340만 부가 넘게 팔렸다고 한다. 당시 일본 인구가 3500만 명인 것에 비할 때 그들의 독서열은 광기에 가까웠다. 이것이 바로 메이지유신과 일본 군국주의 나아가 오늘의 일본을 이룬 원동력이기도 하다. 반면 일본을 미개국으로 여기던 우리는 20세기 초 문맹률이 90%가 넘었다. 우리는 일본의 저력을 제대로 알고 일본을 극복(克日)하기 위한 노력을 경주해야 한다.

가끔 열차를 타고 일본을 여행하다 보면 기찻길이 마을에 바짝 붙어있다. 벌판이 푸르름으로 가득하다. 어느 곳 하나 빈 곳이 없다. 모든 면에서 이제 일본은 서구 모방의 단계를 지나 자기화 내지 창조를 향한 자신감의 단계에 들어서 있음을 느끼게 된다.

과거 우리를 통하여 문물을 받아들이고 국가 형성과 발전을 이룩하였던 일본인들이 근대에 눈이 먼저 뜨이자 그들은 그들의 발전시험장으로 한반도를 택했다는 불쾌한 현실 앞에 우리는 분개한다. 그러나 화려했던 과거를 매양 운위한다는 것은 그만큼 부족한 현실을 합리화하는 것밖에 안 된다. 이제 우리는 그들을 이길 수 있다는 힘(정신력)을 지녀야 한다.

그간 일본이 방자하고 무례할 때마다 우리는 흥분하고 개탄하지만 달라진 것이 없었다. 격분과 망각을 되풀이했을 뿐 천편일률적인 반응만 되풀이해왔다. 종종 국내 정치적으로, 국민 단합용으로, 정략적으로 일본을 편리하게 이용하는 세력에게 박수를 쳐주기도 하면서.

일본의 철저한 준비성, 미래 대처능력은 소름 끼칠 정도다. 내가 그날 도바에서 이세신궁에 갔을 때 안 사실이지만 20년에 한 번씩 신궁을 새로 짓는 식년천궁(式年遷宮)을 위한 식목을 몇 년 전에 이미 끝냈다고 한다. 20년 후의 일들을 지금 해놓아야 한다는 것을 우리로서는 생각하기 힘들다. 그들은 이렇게 철저하다. 그들의 자로 우리를 볼 것은 아니어도 그들로부터 배울 것은 배워야 한다.

일본의 신궁이나 신사 구역은 철저히 통제되고 담 밖에서 안을 들여다볼 정도로만 공개된다. 밖에서의 촬영도 금지된다. 반면 바티칸 성베드로 성당 내부와 기자의 피라미드 안에서까지 카메라를 들이대어 물의를 빚었던 그들이기도 하다. 외국인 관광객들에게 편의를 주고 있는 JR 패스 일등석을 휴대하고도 신칸센(도카이도, 산요, 규슈 신칸센) 중에서 가장 빠른(정차역이 적은) 노조미와 미즈호는 탈 수 없도록 하는 그들이기도 하다.

3) 우리는 일본을 알아야 한다. 역사상 한 민족이 이웃 민족을 이렇게 2000년 동안 괴롭히기만(?) 한 예는 없었다. 역사를 제대로 알면 우리는 일본에 대해 너그러울 수가 없다. 물론 오늘의 일본인들이 과거 그들의 선조들이 벌인 집단적 광기 형태의 침략의 잔인성에 대해 직접적인 책임은 없다. 그럼에도 과거 역사에 대한 일본인들의 적극적인 양심회복 운동을 기대해야 한다.

일상적 삶에서는 앞서 분실 지갑 사건에서 보듯이 지구상에서 둘째가라면 서러워할 정도로 선량하고 책임을 다하는 일본인들이다. 하지만 예의와 싹싹한 미소 뒤에 차가운 무표정을 숨긴 그들이기도 하다. 일본인의 생활문화에 접해보면 처음에는 깨끗하고 질서정연한 모습에 감탄하다가 나중에는 그 천편일률적이고 철저한 구역주의(이른바 나와바리 정신)에 갑갑함을 느끼기도 한다.

일본은 우리로부터 배워갔다. 지금도 우리보다 우리를 더 철저히 연구한다. 우리는 그들로부터 배우지 못하였다. 배울 수 있고 받을 수 있는 자가 더 가지게 되어있다. 우리는 그동안 일본의 무례와 방자에 대하여 격분하고 개탄했다.

그간 한국 사회는 '친일 프레임' 내지 '친일 트라우마'에 빠져 있었다. 한국 사람이 가장 싫어하는 것 중의 하나가 '친일파'라는 프레임에 덧씌워지는 것이다. 친일파라는 말을 과잉해석해서 일본에 당연하게 해줘야 하거나 당연한 평가를 해야 하는 상황까지도 끌어넣고 한일 간 여러 현안을 파행적으로 몰고 갔었다. 특히 정치권이 이를 적당히 부추겼다. 이제는 바뀌야 한다. 왜냐, 우리가 자신감을 지니고 있고 일본을 극복할 수 있는 저력을 갖추었기 때문이다. 그런 바탕에서 양국은 상호보완적, 협력적 관계로 나갈 수밖에 없다.

제러드 다이아몬드는 지적한다(『총, 균, 쇠』).

"한국인과 일본인은 성장기를 함께 보낸 쌍둥이 형제와도 같다. 그럼에도 오랜 기간 양국은 서로에 대한 적의를 키워왔다. 동아시아의 정치적 미래는 양국이 고대에 쌓았던 유대를 성공적으로 재발견할 수 있는지에 달려 있다."

동의하기 어렵다고 하는 견해도 있겠지만 위 지적에 공감한다.

(2020. 12.)

'간양록'의 원류를 찾아간 시코쿠(四國)에서의 하루*

이국땅 삼경이면 밤마다 찬 서리고 / 어버이 한숨 쉬는 새벽달일세 / 피눈물로 한줄한줄 간양록을 적으니 / 임 그린 뜻 바다 되어 하늘에 닿을세라

조용필이 부른 '간양록'입니다. 애절한 가사에 가슴 밑창에서부터 쥐어짜듯 치솟아 오르는 격정을 담은 노래로 TV 드라마의 주제곡이기도 합니다.

이 간양록의 주인공이 바로 조선 중기의 선비 수은(睡隱) 강항(姜沆) 선생입니다. 전남 영광군 불갑면에서 태어난 선생은 세조 때의 문장가인 강희맹의 5대손으로 일곱 살 때 맹자 한 질을 하룻밤 사이 독파하였다는 신동이었습니다. 27세에 문과에 급제하여 형조좌랑으로 있던 1597년 정유재란 때 향리에서 왜장 토도 타카토라(藤堂高虎)軍에게 포로로 붙잡혀 두 형과 함께 일본으로 압송됩니다. 강항이 끌려간 곳은 토도가 성주로 있던 지금의 시코쿠 에

* 2013. 7. 대한변협신문 특별기고.

히메현의 오즈(大洲)시였습니다. '간양록'은 강항이 이때 보고 들은 왜국의 실상과 왜인들의 무지한 모습을 소상히 적어 선조 임금에게 올리는 형식의 글입니다.

지난 3월 초 나는 역사문화탐방의 일환으로 아내와 둘이서 일본 시코쿠 지방을 찾았습니다. 에히메현의 현청 소재지인 마쓰야마(松山), 일본에서 가장 오래된 3000년의 역사를 자랑한다는 도고 온천이 있는 곳입니다. 마쓰야마 역에 도착하자마자 특급열차로 40분 거리에 있는 오즈시로 달려갔습니다. 풍치가 아름답고 수려하여 작은 교토라 불리는 오즈시, 그 역에서 택시로 15분, 오즈시 민회관 앞에 있는 강항 선생의 현창비 앞에서 옷깃을 여몄습니다.

강항은 이곳 오즈성에서 억류생활을 하면서 탈출을 시도하다 붙잡혔으나 그의 문재를 아낀 승려 가이케이의 도움으로 목숨을 건지기도 합니다. 그의 고매한 학식이 널리 알려져 교토에 있는 후시미성으로 거처를 옮기게 되고 그는 그곳에서 후에 일본 주자학의 개조가 되는 승려 후지와라 세이카를 만납니다. 후지와라는 강항의 제자가 되어 강항이 친필로 써준 사서오경에 왜인들이 읽을 수 있도록 '왜훈'을 달아 일본 유학을 싹트게 합니다. 강항은 후지와라의 도움으로 억류 생활 4년 만인 1600년에 귀국하였고, 그 후 조정에서 내린 두 차례의 관직을 마다하고 향리에서 여생을 마칩니다.

강항이 포로로 머물렀던 오즈시에서는 그와의 인연을 기리기 위하여 현창비를 세우고 그 왼편에 한글과 일본어로 된 똑같은 크기의 비석문을 따로 세워 '일본 주자학의 아버지 유학자 강항'이라고 새기고 있습니다.

마쓰야마현 오즈시 강항 선생 현창비 앞에서(2013년 3월)

화강암으로 된 현창비는 벌써 검게 변해가고 있었고 비석 앞 제단 분향대는 빗물과 돌로 메워져 있었습니다. 나는 분양대를 청소한 후 인근 가게에서 꽃 한 다발을 사다가 꽂고 묵념을 올렸습니다. 3월 초인데도 주변의 벚꽃이 흐드러지게 피고 있었습니다. 마침 토요일이라 시민회관의 당직 관리자를 찾았습니다. 일 년이면 한국에서 찾아오는 사람들이 거의 없다고 힘주어 말하는 것을 듣고 기분이 착잡했습니다.

마쓰야마는 인천공항과 정기항공편이 있어(2013년 현재) 많은 한국인들이 찾는 곳입니다. 더욱이 이곳은 일본의 국민작가 나쓰메 소세키의 소설 '도련님'의 무대이자 시바 료타로의 '언덕 위의 구름'의 주인공으로서 근대 일본 자존심의 상징적 인물인 아키야마 형제와 일본 국어학(하이쿠, 단카)의 대가인 마사오카 시키(正岡子規)의 고향이기도 합니다. 그곳으로부터 불과 1시간 거리에 포로의 신분으로서도 꿋꿋하게 절개를 지키면서 왜국의 지성을 일깨워준 우리 선비의 발자취가 있습니다. 마쓰야마 아니 시코쿠 지방까지 갔다면 한번 찾아가 봄 직하지 않은가! '간양록'과 서애 류성룡이 쓴 '징비록'을 읽으면서 말입니다. 역사를 알고 여행을 하는 자는 인생을 두 배로 산다고 했습니다.

역사논쟁에 형벌의 잣대를 대는 것은 헌법위반

역사학자 이덕일(한가람역사문화연구소장)은 「우리 안의 식민사관」을 통하여 고려대 명예교수 김현구가 그의 저서 「임나일본부는 허위인가」에서 주장한 임나일본부설이 식민사관을 옹호하는 사론(史論)이라고 비판하였다. 이에 김현구 교수가 이덕일 소장을 출판물에 의한 명예훼손으로 고소하여 이 소장은 1심법원에서 징역 6개월, 집행유예 2년을 선고받았다.

나는 이 사건은 전형적인 역사논쟁으로서 학문의 세계에서 논의, 규명되어야 할 사안을 형벌로써 제재하는 것은 헌법상 학문의 자유, 양심의 자유 등을 침해하는 것으로 보고 항소심(제2심)에서 공익변론을 자청하였다. 이 소장은 항소심에서 무죄를 선고받고 이 판결은 대법원에서 그대로 확정되었다(2017년). 이 글은 당시 내가 항소법원에 제출한 변호인 의견서(변론요지서)다.

1. 원심(제1심)판결의 위법, 부당함에 대해서는 기 선임된 변호인이 제출한 「항소이유서」와 피고인(이덕일)이 제출한 「피고인 변론서」의 내용을 원용합니다.

다만 본 변호인은 이 사건과 같은 학문적 논의의 대상인 역사논쟁을 사법적 영역으로 끌어들여 형벌로서 처단하는 것이 과연 우리 헌법 체계상 허용되는 것인지를 살펴보고자 합니다.

2. 원심판결의 헌법위반의 점

1) 우리 헌법은 정신적 영역의 기본권으로서 학문의 자유(제22조), 양심의 자유(제19조), 표현의 자유(제21조)를 보장하고 있습니다. 이에 학자로서의 양심에 따라 어느 분야를 학문적으로 연구하고 그 과정에서 타인의 견해를 분석, 비판하고 그 결과를 발표하는 행위는 헌법이 보장하는 정신적 자유권의 영역에 속하는 것입니다.

이 사건 고소의 발단이 된 피고인의 저서 「우리 안의 식민사관」을 정독해 보면 역사학자로서의 피고인이 특히 우리 고대사 부분에 대하여 이른바 일제 식민사관으로 굳어진 역사적 사실관계가 잘못되었음을 폭넓은 사서(史書)를 인용하면서 학자적 양심에 입각하여 의견을 개진한 내용입니다. 그 내용 중 고소인(김현구)의 연구 성과인 「임나일본부설」을 식민사관을 옹호하는 사론(史論)으로 보고 이를 비판하는 부분이 포함되어 있습니다. 고소인은 바로 이 점을 허위사실이라고 주장하면서 피고인을 출판물에 의한 명예훼손으로 고소하고 원심은 고소내용(공소사실)을 그대로 인정하여 피고인을 유죄로 판단하였습니다.

2) 그런데 원심이 유죄의 논거로서 허위사실이라고 판단한 고소인에 대한 세 가지 사실[①임나일본부설은 사실이다 ②백제는

야마토 조정의 속국 · 식민지이고 야마토 조정이 백제를 통해 한반도 남부를 통치했다 ③「일본서기」를 사실로 믿고 이를 옹호하는 일본인 학자(스에마쓰 야스카즈)의 임나일본부설을 비판하지 않고 있다]은 위 피고인의 저서에는 명확히 기술되어 있지 않습니다.

그리나 설사 위 사실들이 기술되어 있다 하더라도 피고인은 고소인의 연구성과(저서 「임나일본부설은 허구인가」)를 역사학적 방법론으로 분석하여 고소인이 위 세 가지 유죄 논거를 역사적 사실인 것처럼 기술하고 있음을 밝히고 있습니다(원심 변론요지서, 항소이유서, 피고인 변론서 등). 반면 고소인은 자신의 저서에 피고인의 기술과 같은 내용이 들어있지 않다고 반박하고 있습니다.

따라서 이 사건이야말로 피고인과 고소인이 각자의 연구 성과물(저서)을 통하여 논쟁을 주고받는 전형적인 역사논쟁이고 학문적 논의의 과정을 통해서 역사적 사실(史實)의 진위와 그 왜곡의 실체를 밝혀야 하는 학문의 자유의 영역에 속하는 사건입니다. 이러한 학문적 논쟁 과정에서 상대방에 대한 과격한 표현이나 어느 정도의 비방은 허용된다는 것이 각국의 통설, 판례이기도 합니다.

더욱이 이 사건이 있기 전까지 피고인과 고소인은 어떤 이해관계는커녕 일면식도 없었던 사이입니다. 비방의 목적이 있을 리가 없습니다. 단지 역사적 사실관계의 진실을 밝히는 논쟁에서 다소 과격한 표현을 썼다 하더라도 이는 학문의 자유의 범주에 충분히 포섭되는 행위입니다.

3) 더욱이 이 사건이 다루고 있는 한일고대사는 양국의 첨예한 대립과 국민감정이 지금까지 이어지고 있는 국민적 관심사이기도 합니다. 고대사에 있어서 한일, 한중 관계의 올바른 정립 문제는 현재진행형이기도 하거니와 우리 한국사의 좌표이기도 합니다. 사대주의 중화사관과 일제 식민사관에 의해서 고착된 우리 역사를 바로 세우는 일은 이제 역사학계와 그 관련자들의 전유물이 아닌 국민들의 관심사가 되어야 할 때입니다. 그런 점에서 피고인과 고소인 사이에 진행된 임나일본부설의 허구 여부를 둘러싼 논쟁은 학문의 자유의 영역을 떠나 역사를 바로잡는 국민적 논의의 광장을 마련한 것으로 향후 더 많은 참여와 논쟁이 되도록 장려 되어야 합니다.

그럼에도 불구하고 원심은 역사논쟁의 핵심인 피고인의 주장을 실체적 진실을 판단하는 사실주장의 논거로 보고 피고인의 역사적 사실에 대한 학자로서의 의견 개진을 허위사실 적시에 의한 명예훼손으로 판단하였습니다. 이는 피고인의 헌법상 보장된 학문의 자유, 양심의 자유, 표현의 자유를 침해하는 위헌적인 판단입니다. 뿐만 아니라 역사적 사실관계를 법원이 실체적 진실발견의 차원에서 판단하겠다는 위험한 사고의 발로입니다.

4) 피고인의 변호인 여부를 떠나 우리 시대를 살아가는 이른바 지식인의 한 사람으로서, 아니 역사에 관심이 있는 법조인의 한

사람으로서의 소회를 피력하고자 합니다.

역사의 진실을 밝히는 일은 결코 국수주의가 아닙니다. 세계 어느 나라를 막론하고 자국의 역사에 대해서는 국수주의적인 경향을 띠기 마련입니다. 임나일본부의 허구성에 대해서는 해방 후 최근에 이르기까지 역사석 자료가 꾸준히 밝혀지면서 그 허구성을 뒷받침하고 있습니다. 고소인의 저술 내용에서 강조한 임나일본부의 주장 등은 「일본서기」에만 언급되어 있고 우리 고대사의 기본사료인 「삼국사기」, 「삼국유사」나 당시 한일 양국 간의 교류 특히 일본 사신의 왕래 사실까지 기록한 중국의 고대역사서 어디에도 임나일본부가 한반도 남부에 진출했다는 기록이 없습니다. 아마 비전문가인 본 변호인이 임나일본부와 관계된 저술을 했다 하더라도 피고인과 같은 취지로 썼을 것입니다.

그럼에도 불구하고 일본의 극우적 전환이 뚜렷해가는 시점에 과거 일본이 한반도 침략의 논거로써 활용하였던 「가야 = 임나」를 전제로 한 임나일본부를 옹호하는 듯한 고소인의 저술을 비판한 피고인에 대하여 징역 6월, 집행유예 2년이라는 유죄를 선고한 원심을 보고 솔직히 충격을 받았습니다.

본 변호인은 머지않은 장래에 충분한 학문적 논의와 검증이 이루어져 고대 일본의 한반도 남부지배설은 더 이상 발 붙일 곳이 없을 것이라고 확신합니다. 부디 고소인의 이론과 피고인의 비판과 반론을 소상히 살피시어 이 사건이 학문적, 역사적 논쟁으로 해결할 문제이지 법의 이름으로 재단할 성질이 아님을 판단해 주시기를 앙망합니다.

5) 이상 살펴본 바와 같이 이 사건 공소사실은 범죄의 증명이 없는 때에 해당합니다. 원심판결을 파기하고 형사소송법 제325조에 의하여 피고인에게 무죄를 선고하여 주시기 바랍니다.

교육정책은 여론이나 다수결에 의해 결정되는 것이 아니다

이 글은 내가 2018. 11 헌법재판소 대법정에서 행한 자율형사립고(자사고) 관련 헌법소원 사건에의 마무리 변론의 요지이다.

1) 재판부에서 요청하신 자료와 답변에 대한 보완사항 및 교육부의 주장에 대한 반론 등에 대해서는 가능한 빠른 시일 내에 정리해서 제출하도록 하겠습니다. 다만 이 자리에서는 이 사건 헌법소원에 대한 교육부의 행태와 헌법 판단의 중요성에 대해서 마지막으로 한 말씀 드리고자 합니다.

2) 교육부는 이 사건 자사고 도입의 배경과 경과, 자사고의 그간 운영 현황 등을 무시한 채 자기들은 마치 현 정부 들어 새로 생긴 조직인 양 국가정책의 계속성을 완전히 부인하는 주장을 펴고 있습니다. 시종일관 교육 평준화를 신앙처럼 밑바탕에 깔고 우수 학생 선점과 고교서열화의 폐해를 시정하는 것이야말로 절대선인 것처럼 주장합니다. 자신들만이 정의를 구현하고 독점할 수 있다는 편협한 우월의식에 사로잡혀 마치 자사고를 적폐 대상으로 보는 듯한 정치적 형태를 보이고 있습니다.

그러나 각자가 지닌 재능과 적성, 소양에 따른 차별적 교육은 헌법이 보장하는 교육기본권의 핵심으로서 교육평준화정책과는 차원을 달리합니다. 이는 체제를 막론하고 각국 헌법의 정신이자 교육 현실이기도 합니다. 사회주의 체제인 중국의 수능시험에 13억 전 중국인이 노심초사하면서 매달리는 이유가 바로 무엇입니까? 이것이 바로 개인과 가족의 영광을 넘어 국가를 도약하게 하고 인류의 미래를 이끄는 원동력으로서 교육의 역할이기 때문입니다.

3) 교육부는 자사고 관련 각종 데이터와 심지어 교육기본권(사립학교 운영의 자유, 학교의 학생선발권, 학생의 학교 선택권 등)에 관한 헌법재판소의 확립된 판례까지도 외면하거나 입맛에 맞게 왜곡 인용하고 있습니다.

거듭 말씀드리거니와 학생 개개인의 능력과 적성, 개성에 따른 균등한 교육이야말로 교육기본권의 핵심이고 오늘날 번영을 구가하고 있는 모든 국가의 보편적 가치이기도 합니다. 아울러 자신의 자녀를 타고난 소양을 살릴 좋은 학교에 보내 그 능력을 최고도로 발휘시켜주고자 하는 욕망은 모든 학부모의 자연스러운 현상입니다. 이러한 학부모의 욕망이 오늘의 대한민국 더 나아가 세계를 이끌어가는 동인입니다. 헌재도 일찍이 과외 교습 금지 위헌사건에서 "부모의 자녀에 대한 교육권"을 다른 교육 관련 기본권보다 우위적인 기본권으로 인정한 바 있습니다.

4) 교육부는 공교육 정상화는 고교평준화를 통해 이루어지고 고교평준화는 청구인 학교와 같은 잘 나가는 학교들을 비열한 방법으로 고사시킴으로써 이루어질 수 있다는 논리를 펴고 있습니다. 이러한 접근 방법이야말로 교육의 하향 평등화를 초래하는 무책임한 포퓰리즘적 발상입니다. 이야말로 교육생태계를 파괴하는 것입니다. 공교육 정상화는 청구인 학교들을 궤멸시키는 것으로서 이루어지는 것이 아니라 국가 스스로 다양하고 고뇌에 찬 노력에 의해서 이루어야 하는 것입니다.

교육 평준화의 기본은 큰 나무를 쳐서 작은 나무의 키에 맞추려는 하향 평준화 식이 되어서는 아니 됩니다. 작은 나무를 잘 자라게 하는 상향조정식 이어야 합니다. 잘 나가는 사람과 학교를 깎아내려 다수 국민의 배 아픔을 해소하겠다는 이데올로기적 접근은 교육을 망치고 사회의 희망을 잃게 합니다. 인간의 맹점 중의 하나인 평등의식을 자극하여 여론의 지지를 높이고 표를 끌어모으겠다는 교육의 정치화 현실을 경계해야 합니다. 교육정책은 여론이나 다수결에 의해서 결정되는 것이 아닙니다.

5) 모든 국민의 생활 수준을 평준화하고 생활 관계의 변화에 따른 위험부담을 일원화시키려는 잘못된 평등권과 분배의 개념은 사회주의 국가에서도 포기한 지 오래입니다. 특히 교육 분야에서는 더욱 그렇습니다. 그럼에도 현금 우리 사회에서 평준화,

일원화 과열 현상이 일고 있음은 시대역행적인 것으로 심히 우려됩니다. 상대적 박탈감에 빠져있는 다수 국민의 여론을 등에 업고 교육정책을 밀어붙이겠다는 교육부의 발상은 또다시 유한한 정권의 곡예를 보는 것 같아 가슴이 저며 듭니다.

6) 이 사건은 바로 교육의 정치화(이념화), 하향 평등화를 막고 인류 보편의 가치이자 민주주의 기본 이념인 능력에 따라 균등하게 교육을 받을 권리를 실현시키느냐를 가늠하는 리트머스시험지 역할을 하는 사건입니다. 부디 적극적인 헌법 판단으로 정권이 바뀔 때마다 그 입맛에 따라 널 뛰고 있는 업적 위주의 교육정책에 쐐기를 박아주시기를 간절히 바랍니다.

헌법재판소는 2019.4 자사고를 지원한 학생들에게 평준화 지역 후기 학교에의 중복지원을 금지하는 교육법시행령 조항에 대해서는 재판관 전원일치로 위헌결정을, 자사고를 후기 학교로 정하여 일반고와 동시에 선발하도록 한 조항에 대해서는 재판관 5:4(위헌의견이 과반을 넘었으나 정족수 6인을 채우지 못함)로 합헌결정을 내렸다.

김우중 회장의 한탄 "할복하고 싶다"

김우중 회장과의 인연

2014년 초 남산 힐튼호텔에서 김우중 회장을 처음 만난 후 나는 2019년 초 타계하시기 1년 전까지 매년 두세 차례씩 뵙고 식사를 같이했다. 특히 대우세계경영연구회에서 운영하고 있는 글로벌 청년사업가 양성과정(GYBM)의 강의차 하노이에 두 차례 동행하면서 강의를 같이한 적도 있다. '세계는 넓고 할 일은 많다.'고 외치면서 세계경영을 주도했던 대기업가 답지 않게 그는 소박하고 다정다감했다. 첫 만남에서 그는 말했다. 자신이 마치 파렴치한 기업가로 낙인찍히고 있는 현실이 받아들이기 어렵다면서 할복하고 싶은 심정이라고.

대우그룹 해체는 IMF 구제금융 하에서 정치적 희생양이었다. 무엇보다도 세계를 향한 모험과 도전의 기업가정신의 후퇴이자 한국경제의 역동성을 상실케 한 가슴 아픈 사건이었다. 김우중 회장에게 덧씌워졌던 재산 해외 도피니 은닉이니 하는 항간의 소문은 모두 근거 없는 것임을 나는 확신한다. 나는 당시 대우그룹 해체 관련 사건 재판기록을 면밀히 검토하고 적잖이 놀랐다. 시간에 쫓긴듯한 짜맞추기식 사실인정과 증거채택으로 인한 졸속재판의 흔적이 곳곳에 있었다. 더욱이 재판 확정 후의 사실관계의 변동으로 인하여 원판결을 뒤집을만한 증거 등이 드러나고 있어 재심을 청구하기로 하고 당시 대우 관련 임원들과 상의하여 동의를 얻었다. 도대체 당시 관련 임원들에게 회사재산을 도피, 은닉했다는 이유로 18조 원 내지 23조 원의 금원을 추징하는 것이 말이 되는가! 그들 임원은 회사로부터 퇴직금 등 어떠한 혜택도 받지 못한 채 현재에 이르기까지 생계조차 어려운 질곡의 삶을 이어가고 있는데도 말이다.

나는 오랜 법리검토 끝에 대법원과 서울고등법원에 재심을 청구하였다(특히 추징금 부분). 그러나 사법부의 치부를 다시 드러내지 않으려 했는지 법원은 이를 모두 기각하였다. 이로써 법적 차원에서 대우그룹 해체사건에 대한 실체적 진실을 밝힐 수 있는 기회는 사라졌다. 김우중 회장 역시 그 한을 풀지 못하고 타계하였다. 나는 법률가의 양심으로 대우해체사건에 대한 형사재판이야말로 사법부의 부끄러운 단면을 보여주는 전형적인 졸속재판이라고 본다.

이제 후일의 기록을 위해서 대법원과 고등법원에 제출했던 재심청구서(2015. 1. 29.)를 요약해서 싣고자 한다.

재심청구 이유(요지)

1. 재심청구인들의 지위 및 추징금 선고 내역

1) 청구인들은 모두 1998년 외환위기 당시 주식회사 대우(이하(주) 대우라 함)의 대표이사 등 임원으로 근무하던 자들입니다. 이들은 당시 대우그룹 김우중 회장과 공모하여 재정경제원장관의 허가를 받지 않고 수입대금 결제 명목으로 (주)대우의 해외계좌에 송금하였고, 국내에 반입하여야 할 자동차 수출대금을 국외에서 은익 또는 처분하여 도피시켰으며, 해외 현지법인을 통하여 해외금융기관으로부터 자금을 차입하였다는 혐의로 특정경제범죄가중처벌등에관한법률(이하 특경가법 이라 함) 상의 재산국외도피 및 외국환관리법 위반으로 기소되어 부가형으로서 합계 1조4천억여 원(청구인 김영구)에서 23조여 원(청구인 이상훈)에 이르는 추징금을 선고받았습니다. (주형(主刑)으로는 청구인 강병호를 제외하고 징역 3년 또는 징역 2년 6월에 모두 집행유예를 선고받았음)

2) 한편 김우중 전 대우 회장은 나중에 별개의 사건으로 따로 기소되어 18조여 원의 추징금을 선고받았으나 이번 재심청구는 하지 않았습니다.

2. 재심청구에 이르게 된 경위

1) 재심대상판결이 국외에 도피시켰거나 또는 국외에서 은익, 처분하였다고 본 재산(금원)은 모두 (주)대우에 귀속되었고 재심청구인들은 그로부터 한 푼의 이득도 취한 바 없습니다. 재심청구인들에 대한 판결에서 해외에 은닉되거나 처분되어 재산도피라고 보았던 (주)대우 자금은 (주)대우 계열사들에 대한 위 확정판결 후 회생절차 등을 거치면서 대부분 회수되었습니다. 뿐만 아니라 (주)대우가 금융기관으로부터 차입한 금원은 모두 상환되었고, 대우그룹 회생을 위해 투입된 공적 자금도 회수되었습니다. 그리하여 대우그룹 계열사들은 비록 경영진은 바뀌었지만 모두 회생되어 현재 국가 경제의 중심축으로 자리매김되었습니다.

그럼에도 불구하고 재심청구인들은 1조4천억여 원에서 23조여 원에 이르는 천문학적인 추징판결에 따라 회사로부터 퇴직금 등 어떠한 혜택도 받지 못한 채 추징금은커녕 생계조차 제대로 이어가지 못하는 질곡 속에서 노후의 삶을 이어가고 있는 실정입니다.

2) 이처럼 재심 청구인들은 위 확정판결상 국외에 도피된 재산이라고 보았던 자금들이 확정판결 후 (주)대우나 그 계열사들에게 모두 회수되고, 해외법인의 차입금도 모두 상환된 사실과 무엇보다도 위 확정판결에서 추징금 선고의 논거로 작용하였던 '징벌적 추징'의 해석이 헌법에 위반된다는 사실을 새로이 알게 되어 그 모순점들을 바로 잡고자 재심청구를 하게 되었습니다.

3) 한편 이 사건을 맡은 본 대리인들 역시 당시 대우그룹 해체의 국민경제적 타당성 여부나 정책적 과오 여부에 대한 논의와는 별개로 최종적으로 마무리되는 사법처리 과정에서 검찰의 기소 및 법원의 판단이 어떻게 졸속으로 이루어졌고 그 문제점은 무엇이었는지를 밝혀야 한다는 사명감에서 공익소송 차원에서 이 사건을 대리하게 되었음을 부연하고자 합니다.

3. 재심청구이유의 요지

1) 재심청구인들은 범죄행위로 전혀 이득을 취한 바 없습니다.

가) 재심청구인들에 대한 추징 관련 범죄사실에 의하면, 수입대금결제 명목으로 자금을 해외에 송금하거나 해외에서 자동차를 판매하고 수금한 자동차 판매대금을 국내로 반입하지 아니하는 방법으로 재산을 국외 도피시켰다는 점과 재정경제원관의 허가를 받지 아니하고 해외 현지법인이 해외금융기관으로부터 자금을 차입하였다는 점 등 크게 나누어 2가지입니다. 전자는 특경가법상의 재산국외도피죄, 후자는 외국환관리법 위반죄로 보아 재심청구인들에게 천문학적인 추징금을 선고하였습니다.

그러나 위와 같은 거래는 모두 당시 국가의 외환위기 발생으로 재정적 위기에 처한 회사의 부도방지를 위한 차원에서 이루어진 것으로서 재심청구인들 누구도 이에 의하여 개인적으로 이득을 취한 바 전혀 없습니다. 재산국외도피 범죄사실의 실체는 (주)대우 회사 차원의 재정지원책이었고, (주)대우 해외법인이 해외금융기관으로부터 차입한 자금은 (주)대우의 채무변제나 계열사(주로 대우자동차) 지원용으로서, 사용인들에 불과한 재심청구인들이 그 자금을 소지하거나 취득할 여지가 전혀 없었습니다. 만약 그 이득이 있다면 모두 (주)대우에 귀속된 것입니다.

나) 대우 워크아웃 당시 실사 회계법인과 금융감독원의 현지 조사를 통하여 재심청구인들은 위 거래를 통하여 개인적으로 횡령이나 착복한 것이 전혀 없는 것으로 확인되었습니다. 뿐만 아니라 예금보험공사에서 당시 9개월에 걸쳐 청구인들을 포함한 대우그룹 임직원들에 대한 개인비리 등을 조사하였으나 전혀 문제가 없는 것으로 밝혀졌습니다. 그러므로 재심청구인들의 재산국외도피 등의 범죄사실은 대우그룹에 근무하면서 대우그룹의 자금난으로 인하여 발생한 것이지 회사재산을 개인적으로 축적하거나 빼돌린 것이 아닙니다.

반면에 정작 이득의 귀속자인 (주)대우는 특경가법상 국외재산도피의 점이나 외국환관리법 위반의 점에서 모두 양벌규정이 있음에도 같은 법 위반으로 기소되지 아니하였고, 경미한 주식회사의 외부감사에 관한 법률만으로 기소되는 데 그쳤습니다. 이는 법리적으로나 상식적으로 이해하기 어려운 정치적 사법처리의 수순이라고밖에 볼 수 없습니다.

다) 회사가 절차상 외국환관리법을 위반하였다고 하더라도 회사는 차입한 금액을 만기가 되는 때에 반복적으로 상환 · 연장하는 것이기 때문에 그 거래로 인하여 재심청구인들인 임원들 개인이 경제적 이익을 취득할 여지가 전혀 없습니다. 그럼에도 불구하고 회사는 제외하고 재심청구인들에게만 각 천문학적 추징금을 부과시킨 것은 명백히 법논리적으로 설득력이 없습니다.

2) 추징액 산정의 문제점

여기서는 추징금의 대부분을 차지하고 있는 무허가 해외 현지법인 차용금 관련 추징액 산정의 문제점만 보겠습니다.

재심대상판결에서 밝힌 해외 현지법인의 범죄사실 해당 기간인 1997년~1999년의 연도별 차입금 잔액은 1997년 말 약 50억 불, 1998년도 말 약 37억 불, 1999년도 워크아웃 당시 약 35억 불로 지속적으로 축소되었습니다. 그럼에도 불구하고 3개월 내지 1년 단위로 만기연장(Revolving)되는 수많은 차입거래 개별건의 단순 합계 〈금융권 용어 : 적수누계(積數累計)〉 전체인 약 157억 불(약 19조 원)을 법 위반 금액으로 처리하고 그 금액을 추징금으로 선고한 것입니다. 이는 마치 도박판의 판돈 계산과 비슷한 논리로 계산한 금액입니다.

3) 몰수, 추징의 법적성격과 징벌적 추징의 위헌성

가) 형법상 몰수는 형의 종류의 하나입니다(형법 제41조). 몰수는

범죄행위에 제공한 물건이나 범죄로 인하여 취득한 물건을 환수하기 위한 것입니다(형법 제48조). 몰수하기 불능한 경우에 그 가액을 추징합니다. 이처럼 형벌(부가형)의 일종으로서의 추징은 범죄행위로 인하여 생겼거나 그 대가로 취득한 물건 등을 몰수하기 불가능할 때 그 가액을 범인으로부터 추징함으로써 범죄로 인한 이득을 박탈하려는데 그 목적이 있습니다. 이는 당해 법률에 특별한 규정이 없는 한 형사특별법상의 추징에 있어서도 마찬가지입니다. 그리고 청구인들에게 적용된 특경가법상의 추징과 외국환관리법상의 몰수 · 추징은 형법상의 몰수 · 추징과 마찬가지로 범죄로 인한 이득을 취득한 범인으로부터 몰수 · 추징하는 취지로 규정하고 있습니다.

나) 그런데 대법원은 위 외국환관리법과 특경가법상의 추징을 징벌적 성격의 추징으로 보고 범죄로 인한 이득의 귀속 여부를 불문하고 범죄자 전원에 대하여 공동연대하여 추징을 명하여야 한다고 판시하고 있습니다(대법원 1998. 5. 21.선고 95도2002 전원합의체 판결의 다수의견).

형벌 법규는 헌법 제 12조 제1항, 제 13조 제1항, 제2항 등에 의하여 보장되는 죄형법정주의 원칙상 유추해석이나 확장해석 특히 피고인에게 불리한 유추해석이나 확장해석은 엄격히 금지됩니다(헌법재판소의 확립된 판례). 또한 형벌 법규의 해석은 엄격하여야 하며 명문 규정의 의미를 피고인에게 불리한 방향으로 지나치게 확장해석하거나 유추해석하는 것은 죄형법정주의에 어긋나는 것으로서 허용되지 않습니다(대법원 1997. 7. 9. 선고 98도1719판결, 1993. 2. 23. 선고, 92도3126판결 등).

다) 이와같이 법률의 명확한 규정이 없는데도 재심대상판결이 특경가법 및 외국환관리법상의 위 몰수·추징 규정을 형법상의 몰수·추징과는 달리 재산 국외도피사범에 대한 징벌의 정도를 강화한다는 징벌적 성격의 처분으로 보면서 피고인들이 국외로 이동시킨 재산이나 해외 현지법인의 차입금으로부터 어떤 이득을 취한 바 없음에도 도피시킨 실제 금액이 아닌 적수누계(積數累計) 방식으로 계산하여 징벌적 성격의 천문학적 가액을 추징금으로 부과한 것은 형벌 법규의 유추해석과 확장해석을 금하는 죄형법정주의 헌법 원칙에 위배될 뿐 아니라 헌법상 과잉금지의 원칙에서 파생되는 형벌개별화의 원칙에도 위배됩니다. 앞서 본 대법원 95도2002 전원합의체 판결의 반대의견에서도, 외국환관리법상의 추징을 징벌적 성격의 추징으로 보고 법리를 전개하고 있는 다수의견을 헌법상 죄형법정주의와 형벌개별화의 원칙에 반하는 것으로 강하게 비판하고 있습니다.

라) 더욱이 징벌적 손해배상 제도는 아직 우리나라에서는 도입되지 않아 민사소송에서도 징벌적 성격의 배상을 명할 수 없는

실정입니다. 재심대상판결이 형사피고인들에게 징벌적 손해배상금과 비슷한 성격의 징벌적 추징을 선고한 것은 이런 점에 비추어 보아도 설득력이 없습니다.

4) 증거의 신규성 및 명백성에 관하여

가) 재심청구인들에 대한 판결이 확정된 후에도 해외에 수입대금결제 명목으로 송금한 돈이나 해외에서 판매한 자동차 판매대금 중 (주)대우의 해외계좌인 런던의 BFC 계좌에 송금한 돈이 많은 부분 국내에 재반입되거나 회수되었습니다. 또한 추징선고 근거인 허위수입대금 송금액 및 해외에서의 자동차 판매대금 중 국내 미반입 부분은 BFC 계좌로 보내져 대우 현지법인이 해외금융기관으로부터 차입한 대출금을 상환하는 데 사용되거나 현지법인 사업자금 지원 등 (주)대우의 사업을 위하여 사용되었습니다.

한편, BFC 계좌에 입금된 위 허위수입대금이나 자동차 판매대금 중 국내 반입분을 제외한 금액 중 대우자동차(주)의 사업을 위하여 지출한 부분은 대우자동차(주)와의 정산을 통하여 (주)대우가 대우자동차(주)에 가지는 채권으로서 상계하였습니다. 위와 같이 국내 회수분, 대우자동차와의 상계에 의한 회수분, 그리고 나머지 미 회수분은 (주)대우 현지법인의 해외금융기관 등에 대한 채무에 포함되어 남아 있다가 한국자산관리공사(KAMCO)에 인수되었습니다. 한국자산관리공사는 이 사건 무허가 해외금융기관으로부터의 차입금을 포함한 (주)대우에 대한 해외금융기관 채권을 34%에(할인) 인수하여 그중 44%를 회수하였으나 국내채권을 포함한 인수채권 전체적으로는 112.28%를 회수하여 오히려 총 채권액을 넘어 회수하였습니다(KAMCO 부실채권정리기금 백서 237쪽).

그러므로 이 사건은 국외재산도피라고 볼 수 없고 거래에 따른 허가나 신고 절차 없이 거래하였다는 점에서 단순 외국환관리법 위반죄의 적용에 그쳐야 할 사건이었습니다. 따라서 이는 원판결(재심대상판결)이 인정한 죄(특경가법상의 재산국외도피)보다 경한 죄를 인정할 명백한 증거가 새로 발견된 때에 해당한다 하겠습니다.

나) 위헌심판제청 사유의 존재(조건부 위헌심판제청)

앞서 본 바와 같이 특경가법 제10조 제3항, 제1항의 재산국외도피사범 및 외국환관리법상의 무허가 자본거래행위에 대한 추징을 명한 재심대상판결의 '징벌적 추징'이라는 해석은 헌법상 죄형법정주의의 핵심 내용인 유추해석금지원칙 내지 명확성의 원칙에 반할 뿐 아니라 헌법상 과잉금지원칙에서 파생되는 형벌개별화의 원칙에도 반합니다. 그리고 특경가법 제10조 제3항, 제1항이나 구 외국환관리법 제33조 후단(구 외국환거래법 제30조 후단)을 위와 같이 해석하면 동 조항은 그 범위내에서 위헌 · 무효라고 할 것입니다. 따라서 재심청구인들에게 선고된 추징은 이와 같은 위헌적 해석 하에 내려진 판결로서 이는 '유죄의 선고를 받은 자에 대하여 명백한 증거가 새로 발견된 때'에 해당한다고 보아야 할 것입니다.

이 사건 재심청구의 전제가 되는 위 특경가법 및 구 외국환관리법(구 외국환거래법)의 각 법률조항을 위와 같이 해석하는 것을 전제로 재심청구인들은 위 법률조항의 헌법적 해석을 구하는 위헌제청신청을 할 예정입니다.

4. 결어

결과적으로 상고를 기각함으로써 재심대상판결을 확정시킨 위 대법원 판결의 '징벌적 추징'이라는 해석은 명문의 규정이 없음에도 그 해석만으로 재산국외도피사범에 대한 형을 정함에 있어 범죄행위로 인한 이득을 점유하거나 소유한 적이 없는 공범자들에 대하여서도 공동연대추징을 선고하도록 하급심 법관들을 기속하고 있어 마치 해석에 의한 입법과도 같은 강력한 효력을 가지고 있습니다. 그러므로 이제는 위 추징규정의 해석에 있어서 위와 같이 위헌적인 낡은 해석을 벗어버리고 전향적인 해석을 할 때가 된 것입니다.

이에 재심청구인들은 재심대상판결이 인정한 죄보다 경한 죄를 인정할 명백한 증거가 발견되었으므로 실제로 범죄행위로 인하여 취득한 금원이 있다면 그 범위내에서, 그리고 재심대상판결 확정을 전후하여 특경가법 위반혐의나 무허가 자본거래로 판시한 금원이 국내에 재반입되거나 회수된 증거 등을 고려하여 경한죄(무죄포함)나 추징금을 재산정함이 마땅하다고 보아 추징부분에 대하여 재심 개시신청을 하게 되었습니다.

"수조원 추징금 과하다" 대우그룹 해체사건 前임원 추징금 재심 청구

조선비즈 최순웅 기자

입력 2015.01.29 14:03

대우그룹 분식회계 사건으로 징역형과 함께 거액의 추징금을 선고 받은 대우그룹 전 임원들이 추징금 부분에 대해 법원에 재심을 청구했다.

장모 전 대우 사장 등 임원 6명은 29일 서울고법과 대법원에 재심을 청구했다. 김우중 전 대우그룹 회장은 참가하지 않았다.

이들은 당시 김 전 회장과 공모해 재정경제원장관 허가 없이 수입대금 결제 명목으로 대우 해외계좌에 송금한 혐의(특정경제가중처벌법상 재산국외도피 및 외국환 관리법 위반)로 기소됐다. 이들은 징역형과 함께 1조4000억원에서 23조원에 이르는 추징금을 선고받았다. 이들이 재심을 신청한 부분은 징역형이 아닌 추징금에 대한 것이다.

재심 청구를 맡은 법무법인 서울 이석연 변호사는 "대법원은 법률에 명확한 규정이 없는데도 특경가법 및 외국환관리법상 몰수·추징 규정을 형법상 몰수·추징과는 달리 재산 국외도피사범에 대한 징벌을 강화한다는 징벌적 성격 처분을 내렸다"고 지적했다.

이 변호사는 "청구인들에게 적용된 몰수·추징은 범죄로 인한 이득을 박탈하기 위한 것"이라며 "개인적인 이득이 없는데 천문학적인 추징금을 추징한 것은 형벌법규 유추해석과 확장해석을 금하는 죄형법정주의 헌법원칙에 위배된다"고 설명했다. 이 변호사는 법원이 해외 도피시켰다고 본 재산들은 대우 계열사에 대한 회생 절차 등을 거치면서 대부분 회수됐다는 점도 강조했다.

이 변호사는 "이는 헌법에 반하는 해석"이라며 "문제가 된 법조항을 대법원과 같은 취지로 해석할 경우 위헌이라는 조건부 위헌심판제청 신청도 함께 진행할 예정"이라고 덧붙였다. <2014년8월27일 [단독] 김우중 회장, 헌법소원 추진..."18조 추징금은 경영 잘못에 비해 너무 큰 형벌" 참조>

이들은 '유죄 선고를 받은 자에 대해 원판결이 인정한 죄보다 가벼운 죄로 인정할 명백한 증거가 새로 발견될 때 재심이 가능하다'는 형사소송법 제420조 제 5호를 근거로 들었다.

마이애미에서 아내에게 띄우는 편지

사랑하는 아내에게!

집을 떠난 지가 17일째, 아마 결혼 후 당신 곁을 가장 오래 떠나있는 시간으로 접어드는 것 같소. 한 달간에 걸친 이번 미국방문은 국제문제에 대한 인식의 폭을 넓히는 외에도 나 자신에 대하여 그리고 당신과 우리 가족의 소중함에 대하여 되돌아볼 수 있는 기회가 되지 않았나 하오.

이국에서의 형식적이고 판에 박힌 인간관계를 느낄 때마다, 이름 모를 미국 가족들의 단란한 모습을 볼 때마다, 홀로 짐을 꾸려 이 도시 저 도시를 옮길 때마다, 호텔 방에서 일과를 정리하면서 상념에 잠길 때마다, 당신과 아이들 특히 당신 생각이 항상 내 마음을 점하고 있소. 당신과 함께하는 여행이었으면 일시적인 의견 충돌로 언성을 높이는 일이 있더라도 더 이상 무엇을 바라리오.

금년 5월이면 우리 결혼 18주년이 되는군요. 그동안 때로는 성취의 뿌듯함으로 점철된 나날이 있었는가 하면, 때로는 아쉬움과 서운함으로 가슴 조이던 시간도 있었던 것 같소. 하지만 나는 지금까지 달려온 길을 접어두고 다시 새로이 시작하는 마음으로 하루하루를 살고 싶소. 지난날의 성취감에 집착하는 것은 그만큼 부족한 현실을 합리화함과 동시에 미래에 대한 도전정신을 스스로 꺾는 것이 되기 때문이오.

그간 당신은 근평, 근우, 근경 세 아들을 올바르게 키웠으며 이에 내가 크게 기여를 못 한 것이 죄송할 따름이오. 이 세 아이들이 무엇이 되느냐보다 이들이 현재 이만큼 성장하여 제 몫을 하고 있다는 그 자체가 중요한 것이고 그에 쏟은 당신의 숨은 노력을 높이 사고 싶은 것이오. 아마 우리 아이들은 당신이 바라듯 자신이 처한 위치에서 최선을 다하는 성실한 사람으로 커갈 것을 굳게 믿고 있소, 그리고 나 자신 이제 좀 더 아이들과 함께 思考하고 고민하는 시간을 많이 가지려고 하오.

그간 당신에게 사랑이 담긴 다정한 말을 표출하지 못한 데 대하여, 그리고 쉽게 성질을 내고 투정(?)을 부린 데 대하여 항상 미안하게 생각하고 사과하고 싶소. 당신에게 성질을 내고 제풀에 못 이겨 금방 후회하는 못된 성격이 있는 것 같소. 내 마음은 항상 그렇지 않을 것이라는 것, 누구보다도 당신이 알고 있으리라 믿소, 그렇지만 내가 쉽게 낸 성질의 여파가 당신의 마음에 상처를 주고, 우리 부부공동체에 대한 신뢰의 훼손을 가져다줄 수 있을지 모른다는 것을 항상 염두에 두고, 앞으로 나 자신 좀 더 성숙한 인격의 소유자가 되기 위하여 노력하겠소.

이제 우리 앞으로 더 멋지고 품격 있는 생활을 영위하고자 하오. 미래를 위해 열심히 부와 명예를 쌓는 것도 중요하지만 오늘 바로 현실에서의 생활의 질이 더욱 중요한 것이라고 생각하오. 우리의 그런 생활을 떠받쳐주는 돈이야 까짓 우리의 수요에 응해서 따라 주겠지 하는 그런 운명론적인 생각을 나는 항상 가지고 있다오.

내 의식의 밑바닥에서 우러나오는 진한 사랑의 마음을 전하면서 이 글을 맺고자 하오.

2001. 2. 26 미국 국무부초청 여행 중 플로리다의 마이애미에서

당신이 사랑하는 남편 석연 씀.

형에게 보내는 편지*(Ⅰ)

영일이 형, 오늘 이렇게 형의 그림 전시회를 축하하는 글을 쓰게 되니 감회가 새롭군요. 우리들이 중앙공무원 교육원에서 처음 만났을 때가 1980년이니까, 벌써 37년 세월이 지났군요.

그동안 우리는 공무원 생활을 함께했고, 한방에서 하숙생활을 함께 한 적도 있었으며, 형의 어린 아들들과 나의 아들들이 어린이날에 만나 함께 한강 놀이공원에 갔던 기억도 떠오르는군요. 그 후 형은 공직을 떠나 학계로, 나는 법조계로, 시민운동가로 활동하면서도 우리는 때때로 만나 교분을 나누곤 했지요. 평소에 나는 형이 주변의 일로 내면적인 갈등을 겪고 있는지는 알았지만 이를 극복하면서 나름 편안하고 보람찬 생활을 하고 있다고 믿었고, 큰 어려움에 처해 있다고는 생각하지 않았지요.

그런데 몇 년간 소식이 뜸하다가 최근 나의 처와 함께 만났을 때, 나는 형으로부터 놀랍고 가슴 아픈 말을 들었소.

* 이 편지의 수신자인 소영일은 저자의 행정고시 동기다. 연세대 경영학과 교수로 재직 중 신체적인 이상이 생겨 정년을 몇 년 앞두고 교수직을 사직했다. 그 후 불굴의 의지로 역경을 극복하면서 그림에 전념하고 있다.

"석연이, 이제 나는 더 이상 살고 싶은 의지도 없고, 그럴 힘도 없다네, 나는 더 이상 아무것도 할 수 있는 게 없고, 내가 이 세상에 존재해야 할 이유가 없네. 그래서 떠나기 전 마지막 작별인사를 하기 위해서 자네 부부를 만나고 싶었네."

우리 부부는 형의 많은 사연 특히 녹내장으로 시력을 잃을지도 모른다는 말을 듣고 처음에는 어안이 벙벙했지요. 한참 동안 침묵 속에 고민하다가 이렇게 말했소.

"결국, 형은 앞으로 시력을 잃을 것을 예상하고 두려워해서 현재 아무것도 못 하겠다는 생각이군요. 하지만 생각을 바꿔 보세요. 시력을 잃을 공포심에서 벗어나요. 어차피 사람은 조만간 죽을 거니까 시력을 잃는 그 순간까지, 그리고 죽는 그 순간까지 하고 싶은 일을 하는 거에요. 지금까지 형이 많은 것을 성취해 왔듯이 또다시 새로운 삶이 기다리고 있을 거요."

형은 우리들의 이 말에 몹시 놀라는 것 같았소. 그리고 형은 과거 하나하나를 돌이켜 보더니 "그림을 그리면 어떨까?"하고 대답했소. 그 말에 우리는 적극적으로 동감했고 격려했지요. 한때 형이 그림에 심취하려 한 적이 있다는 말을 일찍이 들은 적이 있었기도 하였기 때문이지요.

얼마 전 우리 부부는 형의 아틀리에가 있는 원주로 가서 짧은 시간에 형이 그린 그림을 대하고 나는 전율했지요. 그림에 전문가는 아니지만 그림 속으로 빠져들어 가는 나 자신을 발견하고 한동안 발을 떼지 못했죠. 동시에 영혼과 생명을 바쳐 그림을 그린 화가「빈센트 반 고흐」의 말이 뇌리에 오버랩되고 있었소.

"나는 정말 격렬하게 고뇌하고 있다고 말할 정도의 경지에 이르고 싶다. 나의 모든 것을 바쳐서 그런 경지에 이르고 싶다. 이것이 야망이다. 환희가 광기로 치솟아 오르는 순간들이 있었다."(동생 테오에게 보내는 고흐의 편지)

고흐의 불후의 명작들은 바로 그 순간에 태어났던 것이죠.

그런 후 오늘이 왔군요. 그렇게 좌절감과 우울증에 빠져있던 형이 미술 전시회를 연다니 이 기쁨을 뭐라고 표현할 수 있겠소?

부디 앞으로 형의 건강이 오랫동안 유지되면서 그리고 싶은 그림을 많이 그릴 수 있기를 우리 부부는 간절히 기원하겠소.

(2017. 7. 5)

형에게 보내는 편지(Ⅱ)

영일이 형, 새해를 맞은 지가 엊그제인데 벌써 봄이 손짓하고 있습니다. 작년 8월 첫 개인전을 가진지 꼭 6개월 만에 다시 개인전을 갖게 됩니다.(원래 형은 1년 주기로 했으면 했는데 내가 반년 주기를 제의했지요)

첫 개인전을 앞두고 우리는 기대감과 더불어 제대로 될지 많이 걱정도 했었죠. 준비과정에서 우여곡절이 있기도 했죠. 솔직히 나는 그때 개인전이 잘못되어 형이 다시 실의에 빠지지는 않을지 내심 염려가 되기도 했습니다. 다행히 걱정했던 것 보다 일이 순조롭게 진행되어 나름 성공을 거두었다고 생각합니다.

전시회 개막을 앞두고 고민 끝에 나는 동아일보에 형의 사연을 알렸고 동아일보의 협조로 전시회를 하게 된 형의 집념과 눈물겨운 극복과정이 널리 소개되었지요. 결과 많은 사람들의 관심과 격려가 쏟아졌으며 그림에 대한 전문가들의 분에 넘치는 호평이 있었습니다.

최근에는 형을 응원하는 사람들이 펜클럽(?) 비슷하게 만들어 형과 주기적인 대화를 갖고 있고 그중에는 멀리 타이베이에서 오로지 형을 만나려고 온 사람도 있다고 들었습니다. 이러한 성원과 격려에 답하여 형도 의욕적으로 그림에 매달리고 있죠. 이 어찌 기쁜 일이 아니겠소.

일 년 전 이맘때 형이 세상을 하직하기로 마음먹고 우리 부부를 만났을 때가 생각납니다. “나는 더 이상 살고 싶은 의지도 없고, 이 세상에 존재해야 할 이유도 없다.” 형의 이 진지한, 예측 못 한 선언에 할 말을 잃었던 그때를…. 이제 아득한 추억 속의 한 장면으로 느껴질 따름입니다.

그림에 몰두할수록 그림에 대한 안목이 새록새록 돋아나면서 삶의 환희가 되살아 난다는 형의 얘기가 종종 귓가를 맴돕니다. 일단 소재가 정해지면 캔버스에 옮길 때는 신들린 상태에서 붓을 놀린다는 형의 말을 그때그때 형이 그린 그림을 볼 때마다 나 역시 그림 속에 빠져들면서 실감하고 있습니다.

스리랑카를 소재로 한 그림의 영감을 얻기 위해 형은 지난달 둘째 아들 내외와 함께 7시간을 날아 스리랑카에 다녀오기도 하였지요. 이미 형의 뇌리에는 컴퓨터에 저장된 것처럼 수많은 소재가 입력되어 있는데도 말이죠. 그 열정과 집념이 형으로 하여금 서서히 시력이 상실되어 간다는 두려움과 무기력감을 아무렇지도 않게 극복할 수 있다는 자신감을 불어넣어 주고 있지 않은가 합니다.

「그리스인 조르바」로 널리 알려진 천재작가 니코스 카잔차키스의 묘비명을 약간 변형하여 형이 하고 싶은 말을 대신하면서 두 번째 편지를 마무리할까 합니다.

“내 인생은 그림과 꿈으로 이루어져 있다. 나는 이제 아무것도 바라지 않는다. 나는 아무것도 두려워하지 않는다. 나는 자유다.”

자, 이제 누에가 죽은 후에야 실 뽑기를 그친다는 심정으로 그린 또 다른 차원의 그림들을 통하여「영혼을 맑게 해주는 아름답고 놀라운 세계여행」을 떠나 봅시다.

(2018. 2. 21)

재판은 상식과 순리에 입각한 단순 명료한 것이어야 한다

변정수 헌법재판관을 추모하며*

지난 4일(2017. 11. 4) 변정수 초대 헌법재판관(재임 기간 1988-1994년)이 타계하셨다. 나는 헌법재판소 연구관으로 5년간 변 재판관을 보좌했다. 변 재판관과의 만남은 법조인으로서 오늘의 내 삶의 자세를 견지하도록 하는 데 깊은 영향을 준 소중한 인연이었다. 사건의 배후에 있는 인간에 대한 깊은 성찰, 소수자와 사회적 약자에 대한 배려, 공권력 남용에 맞선 투쟁 정신 등이다. 더 나아가 재판은 건전한 상식과 순리에 입각한 단순 명료하고 간단 명쾌한 것이어야 당사자와 국민을 설득할 수 있다는 것, 논리적이고 현학적 법리에 입각한 재판만이 정의를 실현하는 것은 아니라는 것도 역시 그의 지론이었다.

변 재판관은 한국의 올리버 웬델 홈즈다. 홈즈는 '법은 논리가

* 이글은 2017. 11. 타계하신 변정수 헌법재판관을 추모하며 경향신문에 기고한 것이다.

아니라 경험'이라고 주창한 미국연방대법원의 위대한 소수의견자다. 많은 학자들은 변 재판관이 재임 중 낸 60여 건의 소수의견과 20여 건의 위헌결정이 오늘의 헌재 위상 정립에 지대한 공헌을 했다고 평가하고 있다. 검사의 불기소처분에 대한 첫 위헌결정으로 검찰권에 대한 헌법적 통제를 가능하게 했으며, 대법원 규칙인 법무사법시행규칙에 대한 위헌결정으로 헌재와 대법원의 관계 정립뿐만 아니라 법률의 하위 법령에 대한 헌법심사를 가능하게 했다. 특히 위 대법원 규칙에 대한 위헌결정이 나오기까지 주심인 변 재판관이 겪었던 고초는 재판 사상 전무후무한 일로서, 그의 불굴의 소신이 아니었다면 불가능했을 것이다. 변호인이 구속 피의자를 만날 때 교도관이 입회하여 대화 내용을 적고 사진 찍는 관행을 없앤 것도 그의 공로였다.

'나는 이런 사람이다. 허약한 체질에다 잔병이 많고 하루도 편할 날이 없이 평생 병에 시달려 왔다. 마음도 몹시 약하고 눈물이 헤프다. 마음은 너그럽지 못하고 소심하다. 사교는 즐기지 않고 혼자 있기를 좋아한다. 많은 사람들 앞에서는 가슴이 두근거리고 얼굴이 붉어지기 때문에 말도 잘하지 못한다. 머리의 회전도 느리다.'(변정수 회고록, <법조여정> 중에서)

참으로 겸허한 자기 성찰이다. 그러나 곁에서 지켜본 그는 다정다감하고 인정이 넘쳤다. 약자를 편들고 강자를 싫어했다. 고

집은 세지만 옹고집은 아니었다. 합리적인 논거와 이유를 제시하면 자신의 주장을 시정하였다. 책임감이 강하고 돈보다 명예를 중히 여기고, 항상 검소한 생활 태도를 잃지 않았다. 농촌 풍경, 특히 논두렁, 밭두렁을 너무 좋아한다고도 했다.

그가 낸 소수의견은 대부분 8대 1, 아니면 7대 2의 외로운 길이었다. "나와 뜻을 같이하는 재판관이 한 사람이라도 있다면 연구관한테 이런 얘기는 안 해도 되는데…." 평의를 끝내고 종종 나를 불러 한 말씀들이 지금도 생생하다. 그는 재임기간 내내 인간적인 외로움을 감내했다. 퇴임 후에는 장관급 공직자에게 의례적으로 주어지는 청와대의 훈장 제의를 끝내 거절했다.

그가 개척했던 길은 이제 아름다운 동행이 넘치는 길로 헌법재판史(사)에 우뚝 섰다. 법조인으로서 초입에 그를 만나 엄격한 단련을 거쳤던 것은 나에게는 큰 행운이었다. 반면 그 후 나로 하여금 때로 남들이 가지 않는 고난과 투쟁의 길로 가도록 책무감을 고취시켜 준 가시밭길이기도 했다. 관용과 진실에 기초한 공동체 정신을 헌법적 가치로 회복해야 할 이 시기에 우리는 헌법의 거목을 잃었다. 부디 평안히 영면하시기를…

나의 경찰대학 강의

- 추억과 현실이 어우러진 회상의 장(場)

내가 경찰대학에서 강연을 하기 시작한 것은 지난 2000년부터로 기억된다. 당시 나는 한국의 대표적 시민단체인 경제정의실천시민연합(경실련) 사무총장으로서 시민운동을 주도하고 있었다. 시민참여에 의한 정치, 경제, 사회개혁운동이 전 세계적으로 일고 있었으며 여론조사에서 한국을 움직이는 가장 영향력 있는 세력으로서 시민단체가 수년째 압도적 1위를 차지하고 있던 때였다. 2001년 8월경이었을 것이다. 나는 경실련 사무총장으로서 '한국 시민운동의 역할과 바람직한 방향'이라는 주제로 치안정책과정에서 강의를 하였다. 그런데 강의 전날 문화일보(석간) 기자가 어떻게 알고 내 사무실로 찾아와 강연 내용을 알고 싶다면서 강연원고를 좀 얻었으면 했다. 이에 강연원고 없이 비공개로 진행하는 강연이라고 하면서 평소 내 시민운동관에 대해서 말하면서 대충 그런 내용이 될 것이라고 했다. 즉 '시민운동도 법의 테두리 내에서 해야 한다', '비록 법과 제도가 잘못되었다 하더라도 적법절차에 의해서 개폐될 수 있도록 해야지 악법이라고 선언하면서 불복종 운동을 해서는 안 된다', '시민단체의 권력화, 관료화를 경계해야 한다', '시민단체의 정치참여는 바람직하지 않다'는 등 주로 시민운동의 순수성과 정치적 중립성을 강조하는 내용이었다. 나 역시 그러한 시민운동관에 바탕을 두고 경실련을 이끌고 있었음은 물론이다.

강의가 있은 날 문화일보는 나의 이러한 견해를 1면 머리기사로 보도하면서 경찰대학에서의 강연내용이었음을 강조하였다. 그 무렵 나는 시민운동의 방법론을 놓고 박원순 참여연대 사무처장, 최열 환경운동연합 사무총장 등과 견해를 달리하고 있었다. 이에 모든 언론이 이 기사를 받아 대서특필함으로써 우리 사회를 뜨겁게 달군 바 있다. 그리고 마치 경찰대학 강연에서 내 강연내용이 공개된 것처럼 비쳐 당시 실무진이 곤혹스러워했다는 후일담을 듣고 미안한 마음을 전 하기도 하였다. 내 견해에 비판적인 측에서는 내가 경찰대학에서 강연한 것 자체를 문제 삼기도 하였다. 그때는 바로 그런 분위기였으니까.

그 후 2003년 경찰대학발전위원회가 만들어지면서 그 위원으로 참여하여 매달 한 번씩 경찰대학 혁신방안에 대해 논의하던 기억이 새롭다. 위원으로 당시 방송인이던 유인촌 전 장관, 이상기 한국기자협회장 등이 참석한 기억이 난다. 법제처장 재직시에도 두 차례 경찰대학에서 특강을 한 적이 있으며 지금까지도 1년에 두세 차례의 강연을 지속하고 있다.

나는 시민운동가, 공직자, 법조인 등 어느 직위에 있든 경찰대학에서의 강의요청만은 거절한 적이 없다. 아무리 업무적으로 경황이 없고 시간에 쫓기더라도 경찰대학으로 가는 마음의 짬은 낼 수 있었다. 용인가는 차창 밖으로 펼쳐지는 전원풍경에서 잠시 고향의 향수에 취하면서 어느덧 야산의 구릉지에 오롯이 자리한 경찰대학 캠퍼스의 해맑은 공기를 접하면 오히려 내 스스로가 어느 곳에서보다도 더 많은 마음의 안정과 평온을 느낄 수 있었다. 경찰대학 강의 과정에서 그려지는 마음속의 정경은 이제 나에게 추억과 현실이 어우러진 회상의 장(場)이 되었다. 그러다 보니 자연히 경찰공무원의 열악한 처우의 개선과 불합리한 경찰제도의 개혁에도 관심을 갖게 되고 때론 참여를 하다보니 어느새 나는 친(親) 경찰인사가 되어버린 것 같다. 그래 이제 명예경찰까지 되지 않았는가!

요즘 내 강의의 주된 관심사는 "책과 더불어 남이 가지 않는 길을 간다"는 내 좌우명을 낳게 한 책 이야기다. 특히 내 인생을 사로잡은 책과 그 키워드를 통하여 삶의 지혜와 인간의 길을 모색하고 더 나아가 우리 사회가 나갈 방향 내지 바람직한 지식인(공직자)의 길을 성찰하는 체험적 강연이다. 직설적이고 딱딱한 내용보다 훨씬 관심과 호응이 컸음을 강의장 곳곳에서 느낄 수 있었다.

주지하다시피 책을 많이 읽고 생각하는 힘을 기른 사람들은 사고가 자유롭고 하는 일에 자신감을 갖는다. 아울러 무언가 새로운 것에 도전하는 모험심과 용기가 충일하다. 비록 시행착오를 겪을지라도 종국에는 제대로 된 길을 찾는다. 바로 이런 사람들이 우리 사회에서 요구되어지는 것이다. 나 역시 공직자, 시민운동가, 법조인으로서 항상 '남이 가지 않는 길을 간다'는 모험과 도전정신으로 임하였지만 늘 책 속의 지혜와 함께했기 때문에 큰 틀에서 벗어난 적이 없었다. 그리고 나름대로 소신의 일관성을 지켜왔다고 자부해 본다. 그런 의미에서 젊은 시절부터 나에게 많은 영향을 주었고 지금도 내 곁을 떠나지 않는 몇 권의 책을 추천하면서 글을 마치고자 한다.

(2015. 2)

① 사마천의 「사기」

② 괴테의 「파우스트」

③ 플루타르코스의 「영웅전」

④ 조지훈의 「지조론」

⑤ C.W.체람의 「낭만적인 고고학 산책」

⑥ 마르코폴로의 「동방견문록」과 연암 박지원의 「열하일기」

⑦ 서애 류성룡의 「징비록」

⑧ 칼릴 지브란의 「예언자」와 「진리의 말씀」(법구경, 법정 스님 번역)

⑨ 「손자병법」과 「노자 도덕경」 등

연기영 교수님과의 인연을 소중히 하면서

나는 헌법재판소 연구관 시절인 1991년부터 동국대학교 법학과에 출강하며 형법과 형사소송법을 강의하였습니다. 그리고 2000년대 중반에는 겸임교수로서 동국대와 인연을 계속 맺어 왔습니다. 출강 초기부터 연기영 교수님과는 각별한 우정과 교분을 나눠왔으며 특히 겸임교수는 그의 법대학장 시절에 위촉받은 것으로 기억됩니다.

우리는 여러 학술행사는 물론 개인적인 모임에서도 종종 함께했으며 그중에서도 연교수님이 이끌었던 한국스포츠법학회 창립식에서의 축사와 세미나에서의 발표가 기억에 남습니다. 2000년 초반 내가 일본 게이오대학에 Visiting Scholar로 있을 때 마침 연교수님은 와세다대학에 와 계셨습니다. 그때 부부동반으로 도쿄 어느 고층빌딩의 스카이라운지에서 동경 시내의 야경을 감상하면서 정겨운 대화를 곁들여 저녁 식사를 한 기억이 새롭습니다.

연기영 교수님은 뼛속 깊이 동국대학교의 이념과 얼을 간직한 진정한 동국인입니다. 나는 그런 그가 동국대학교 총장이 되었으면 하고 바랐고 내심 응원도 하였습니다. 연교수님의 정년을 맞으면서 나로서는 이점이 못내 아쉽습니다. 그러나 정년이 오히려 기회와 가능성의 새로운 출발점이 될 수 있을 것입니다.

이제 연교수님은 더 원숙하고 폭넓은 학문적, 사회적 활동을 하리라고 기대합니다. 그리고 우리도 더 때때로 만나 정담을 나눌 때가 된 것 같습니다. 그런 의미에서 내가 즐겨 암송하는 중국의 한시(漢詩) 두 수를 연교수님의 정년에 드리는 마음의 증표로서 갈음합니다.

하나는 먼저 중국 당나라의 때 시인 왕유(王維)가 당시 중국의 최전방인 서역으로 부임하는 친구를 전송하면서 쓴 시로 고래로 이별을 노래하는 천고의 절창으로 알려진 시입니다. 일명 위성곡(渭城曲)이라고도 합니다. 다른 하나는 중국 남송(南宋) 때의 대표적 시인인 육유(陸游)의 유산서촌(游山西村) 중에서 인구에 널리 회자되고 있는 구절입니다. 특히 이 구절은 내가 법제처장 이임사에서 인용한 적이 있습니다.

王維의「송원이사안서(送元二使安西, 일명 渭城曲)」

渭城朝雨浥輕塵　위성의 아침비 내려 먼지 적시니
(위성조우읍경진)

客舍青青柳色新　객사의 푸른 버들잎 더욱더 프르도다
(객사청청류색신)

勸君更盡一盃酒 그대여 다시 술 한잔 권하노라
(권군갱진일배주)

西出陽關無故人 서쪽 양관을 나가면 친구도 없으려니
(서출양관무고인)

陸游의 「유산서촌(游山西村)」 중에서

山重水複疑無路 산이 첩첩하고 물이 겹겹하여 길 없는 듯
(산중수복의무로) 하더니

柳暗花明又一村 버드나무 짙푸르고 꽃잎 화사한 곳에 또
(유암화명우일촌) 마을 하나가 있네

내가 추천하는 책, 「천년영웅 칭기스칸」
- 이재운 대하장편소설(전8권)

1995년 「워싱턴 포스트」지는 20세기 종말을 앞두고 지난 1천년간 세계사에 가장 큰 영향을 미친 기념비적인 인물로 칭기즈칸을 선정한 바 있다. 나는 초등학생 시절부터 몽골부의 한 작은 족장에서 출발하여 폭풍처럼 몽골고원을 휘몰아치고 무적의 기마군단으로 중원대륙과 중앙아시아, 동유럽을 질풍노도처럼 짓밟은 철의 사나이 칭기즈칸에 한없이 매료되었으며 그이 역정은 나에게 끊임없는 상상력과 이상을 키워 주곤 했다.

작가 이재운의 「천년영웅 칭기즈칸」은 칭기즈칸의 아버지 예수게이가 몽골부의 족장이 된 1160년경부터 시작하여 칭기즈칸의 대몽골제국창업과 그의 손자 쿠빌라이의 원제국건설 및 수성에 이르기까지 칭기즈칸과 그 후예들의 150년간의 숨 막히는 역사를 사실(史實)에 입각한 드라마틱한 필체로 그려내고 있다. 특히 작가는 소설의 도입부를 고려 무신의난 초기에 두고 몽골과 우리가 한 뿌리임을 역사적 고증을 통하여 강조하고 있다.

1241년 동유럽 점령에 이어 서유럽 침공을 앞두고 칭기즈칸의 아들들인 바투와 크유크의 내분으로 철군을 한 것은 두고두고 아쉽거니와 어떻든 그 후 아시아를 보는 서구의 시각에는 늘 몽골 콤플렉스가 자리 잡은 것이 사실이다. 동서양 대륙을 통치한 몽골군단은 글로벌리즘과 세계경영의 원조였다고 볼 수 있으며 몽골제국 자체가 일종의 거대한 벤처기업이었다고 할 수 있다.

우리는 이 책을 통하여 칭기즈칸과 그 후예들의 역동적 삶과 모험과 도전의 정신을 읽을 수 있다. 아울러 서구적인 시각에서 벗어나 정보화, 세계화의 효시로서 아시아적 가치와 그 힘을 재발견하게 되는 뿌듯함을 느낄 수 있으리라고 본다.

(2001. KBS)

범우 윤형두 출판역정 54년, 그 이문회우(以文會友)의 삶

以文會友 以友輔仁(글로써 벗을 모으고, 벗 함으로써 서로의 인덕을 돕고 높인다. 논어 안연편)

윤형두, 그는 자유인이다. 그의 수필의 백미라 할 수 있는 〈연(鳶)처럼〉에서 소년시절부터 자유인으로서의 그의 기질을 엿볼 수 있다. 소년시절 그가 날리곤 했던 초라한 가오리연이 왕연(王鳶)의 횡포와 위세에 맥없이 실이 끊어지면서 허공으로 날려간다. 하지만 그는 희미하게 자취를 남기며 사라져 간 연을 동경하고 꿈꾼다. 당시 강박관념처럼 그를 짓눌리곤 했던 가난과 고독, 수모를 겪지 않을 자유로운 세계를 꿈꾼 것처럼.

40대 초반에 쓴 그 글에서 고백한다.

「마음이 만들어 버린 속박, 눈으로 느낄 수 없는 질시와 모멸, 예기치 못했던 이별이 나를 엄습할 때면 나는 줄 끊어진 연이 되어 훨훨 하늘 여행이 하고파 진다.」

그가 쌓아 온 출판인, 문필가, 생활인으로서 숱한 업적의 기저에는 이와 같은 자유인으로서의 신념과 소신이 뒷받침되었기에 가능하였다고 나는 확신한다.

30여 년 전인 1991년 10월 나는 스페인 바르셀로나에서 열린 세계법률가 대회에 참석하고 일행과 함께 그리스 크레타섬을 찾았다. 크노소스궁전 유적지를 답사하기에 앞서 불후의 명작 〈그리스인 조르바〉를 쓴 니코스 카잔차키스의 묘비를 찾은 적이 있다.

> 나는 아무것도 바라지 않는다
> 나는 아무것도 두려워하지 않는다
> 나는 자유다

그가 생전에 직접 쓴 묘비명, 그 당시 별 감흥 없이 메모한 것을 최근 다시 보면서 이제야 절절히 자유인으로서의 삶이 어떤 것인지 가슴에 다가온다. 카잔차키스 그는 일생을 여행과 꿈으로 점철시킨 진정한 자유인이었다. 나 역시 지금부터라도 자유인으로서 살고자 귀거래사를 읊조리던 차에 이 글을 쓰면서 윤형두 회장의 인생역정에서 또 하나의 자유인의 참모습을 보는 것 같아 흡족해 마지 않았음을 고백한다. 만약 윤형두 회장이 생전에 묘비명을 미리 쓴다면 자유인의 취지를 담은 한 문장 정도는 들어가야 하지 않을까?

윤형두, 그는 한국 출판문화를 이끌어온 원로(元老)다.

나는 중국 남송 때의 시인 육유(陸游)의 〈유산서촌(遊山西村)〉이라는 한시를 즐겨 암송한다. 특히 끝부분의 두 구절을 좋아한다.

山重水複疑無路
柳暗花明又一村

산 첩첩 물 겹겹 길 없는 듯 싶더니
버드나무 우거지고 꽃잎 화사한 곳에 또 마을 하나가 있네

이 구절을 읊을 때마다 가야 할 길을 알고 돌아가는 자의 앞길에 꽃잎 화사한 또 하나의 마을이 있다는 것을 몸소 보여주는 강직하고 아름다운 원로들의 뒷모습을 그려보곤 한다.

우리 사회에는 존경할만한, 젊은이들의 귀감이 될 만한 원로가 거의 없다. 원로가 없다는 것은 그만둘 때가 되었는데도 물러나지 않고 권력욕, 명예욕, 물욕에 집착하는 노욕 때문이다. 그런가 하면 어느 분야에서 이룩한 업적을 발판으로 권력과 명예를 찾아 기웃거리다가 그동안 쌓아온 명성마저 와르르 무너뜨리게 된 데 있다. 노욕에 사로잡혀 추한 모습을 보이고 비참하게 퇴장한 원로들을 그간 수없이 보아왔다.

나는 이상득 의원이 구속되어 재판을 받고 있을 때 구치소로 접견을 간 적이 있다. 사건을 수임한 변호사가 아니라 도의상 찾아

간 것이다. 그때 이상득 의원은 동생인 이명박이 대통령에 당선된 직후 큰아들이 자신에게 "이제 모든 공직에서 물러나 편히 쉬시라고 했다."고 말하면서 고개를 떨구던 모습을 기억한다. 만일 그때 장남의 요청대로 모든 직위에서 물러나 초야에서 유유자적했더라면 존경받는 원로로서 남지 않았을까 하는 아쉬움이 있다.

물론 사람의 욕심은 끝이 없다. 하나를 얻으면 또 하나를 얻고 싶어 하는 게 인지상정이다. "말 타면 경마 잡히고 싶다"는 속담도 그런 보편의 심정을 대변하고 있다. 문제는 정도를 벗어난 탐욕이다. 멈춰야 할 때 멈추지 못하는 것이 바로 탐욕의 속성이다. 추(醜)하다는 것은 바로 멈추지 못함에서 오는 욕망의 과잉이다. 시인 이형기는 〈낙화〉라는 시에서

가야 할 때가 언제인가를
분명히 알고 가는 자의 뒷모습은
얼마나 아름다운가

라고 읊었다. 아름다움은 바로 가야 할 때를 아는 자족(自足)에서 출발한다.

법정 스님은 말한다 "나이 70이 넘어서도 어떤 지위에 집착하는 것은 통행 금지 시간이 지났는데도 길을 가는 것과 같아서 위태롭다"고. 로마의 정치가이자 철학자인 키케로는 폐부를 찌르는

얘기를 한다. "노욕은 나그넷길은 얼마 남지 않았는데 노자(路資)를 더 마련하겠다고 하는 것과 같이 어리석은 일이다."

원로가 없는 사회는 삶의 풍경이 경박해질 수밖에 없다.

윤형두 회장은 1970년대 초 이른바 〈다리〉지 필화 사건에서 보듯이 군사독재 암울했던 시절 민주화 투쟁에 참여했다. 그 후로도 출판을 통한 민주화운동을 꾸준히 전개해 왔다. 그로 인해 물질적, 정신적으로 불이익을 받기도 했다. 민주화 운동을 주도하던 인사들과 깊은 교분을 맺으면서 고락을 함께해왔음은 잘 알려진 사실이다. 그 후 민주화 세력이 집권하고 힘든 시절을 함께해 왔던 분들이 권력의 전면에 나서게 되었다. 윤형두 회장도 마음만 먹으면 정계에 진출하거나 관련 공직 한자리쯤은 충분히 꿰찰 수 있었을 것이다. 그러나 그는 그렇게 하지 않았다. 그는 권력의 세계와 일정한 거리를 두면서 출판인으로서의 자세를 지금까지 견지하고 있다. 그가 쓴 글을 보면 종종 정치인 관련 행사나 정부 행사에 다녀와서 행사 분위기 등과 관련하여 불편한 심기를 드러내면서 자신은 흔들리지 않고 갈 길을 가겠다는 결의의 장면이 나온다. 나는 읽던 글을 멈추고 안도하면서 출판인 윤형두를 다시 생각하곤 했다. 그렇기에 누가 뭐래도 그는 오늘의 한국 사회에서 출판문화와 독서문화를 이끌어온 존경할 만한 원로로서 자리매김하였다고 본다.

내가 즐겨 읽는 사마천의 〈사기(史記)〉「이장군 열전」에 도리불언하자성혜(桃李不言 下自成蹊)라는 명구가 나온다. 복숭아나무와 오얏나무는 말이 없지만 그 아래 저절로 길이 생긴다. 즉 덕이 있는 사람 밑에는 따르는 사람들이 모여든다는 뜻이다. 참으로 멋진 말이다. 내가 가장 좋아하는 말이기도 하다. 진정한 원로의 역할이 무엇인지를 알려주는 사자성어가 아닐 수 없다. 윤형두 회장이야말로 그 분야에서 바로 도리(桃李)의 역할을 했던 분이라고 말하고 싶다. 단순히 덕담 치레에 한 몫 끼려는 게 아니다. 그가 걸어온 86년 삶의 궤적이 그렇지 아니한가!

그는 어느 글에서「나는 내가 직접 글을 쓰거나 다른 분들의 글을 모아서 책을 만들고 책을 파는 일로… 남들이 만들어 놓은 좋은 책을 모으는 일로 평생을 살아왔다.」고 고백한 적이 있다.

그는 한마디로 논어(안연편)의「이문회우 이우보인(以文會友 以友輔仁)」정신을 실천한 삶을 살아왔다. 글로 벗을 모으고 벗과 사귐으로써 서로의 인덕을 쌓아 삶의 질을 가꾸고 높여온 것이다.

나 역시 범우문고를 비롯, 범우사상신서, 범우세계문학, 범우고전선 등을 통하여 지금까지도 지식과 지혜의 자양분을 흡수하고 있다. 그런 점에서 사사로운 인연을 떠나 그가 깔아준 글(文)을 통하여 나도 그의 벗이 되어 내 삶을 풍요롭고 돈독히 하고 있다고 하겠다.

윤형두, 그는 문필가(수필가)다. 그의 뛰어난 필력과 다양한 문력

(文歷)이 출판인으로서의 비중에 가려진 감이 없지 않다. 나는 그의 수필의 정수를 모아놓은 수필집 〈바다가 보이는 창〉을 늘 가까이 두고 본다. 그런가 하면 그의 여행기와 일기체의 글 등도 흥미롭게 읽곤 한다.

문여기인(文如其人), 글은 곧 그 사람이다 란 말이 있다. 글 속에는 그 사람의 성정과 인품이 묻어난다. 문자향(文字香)이다. 그의 글에는 섬세함과 외로움, 서글픔이 묻어나면서도 끝맺음의 울림이 묵직하다. 때로는 에둘러 표현하는 현실비판과 접촉 인물에 대한 솔직한 호오(好惡)의 감정이 절제된 문장으로 녹아있다. 나는 〈책과 인생〉에 연재중인 「한 출판인의 사초(私草)」를 빠뜨리지 않고 읽는다. 일기체의 다소 산만한 구성이라서 가볍게 읽다 보면 어느덧 깊이 빨려든다. 그 행간에서 그 시절 그 시대의 체취를 느낄 수 있고 인간관계에서 오는 심적 갈등을 표출한 장면에서는 인간 윤형두의 진면목을 엿보기도 한다.

산악인이기도 한 윤형두 회장은 2000년 60대 후반의 나이에 아프리카 킬리만자로 등반 중 맹장이 파열된 상태로 열흘을 버텨 일정대로 귀국한 적이 있다. 당시 그는 극도의 고통을 참으면서 초인적 의지를 발휘하고 있다(<책과 인생> 2019년 5, 6월호「한 출판인의 사초」). 극한의 과정에서도 그는 여정을 기록하고 있다. 그러면서 다짐한다.

“헤밍웨이는 〈킬리만자로의 눈〉이란 작품에서 다가올 죽음을 예감하면서 지나온 생애를 회상하는데, 나는 살아서 정들었던 사람과 나를 괴롭혔던 사람들의 삶을 보기 위해서도 살아야 한다”고.

헤밍웨이의 명작 〈킬리만자로의 눈〉, 나는 이 소설과 동명의 영화를 두어 차례 번갈아 가면서 읽고 본 적이 있다. 책의 여운과 영화의 잔영이 지금도 눈에 선하다.

상류사회로 진입하여 돈 많은 여자와 결혼한 주인공(작가)이 아내와 사파리 여행을 하던 중 킬리만자로의 산 아래에서 괴저병에 걸린다. 그는 서서히 죽어가면서 작가로서 자신의 재능을 사용하지 않은 채 수년 동안 안락과 편안함만을 추구하다가 결국은 그의 열정과 욕망이 천천히 고갈된 자신의 과거를 회상한다. 그는 비록 육체적인 고통 없이 죽어가고 있지만 정작 그를 고통으로 몰고 간 것은 쾌락과 안락에 안주하여 자신의 재능을 꽃피울 기회를 잃어버린 그의 과거에 대한 후회였다.

그 배경과 상황이 우연히도 일치하는 킬리만자로에서 〈킬리만자로의 눈〉의 주인공이 죽음을 향해갈 때 윤형두 회장은 극도의 고통을 극복하고 무사히 귀국, 수술을 받고 쾌유할 수 있었다. 극한의 고통을 수반한 한계상황을 극복 가능한 희망의 무지개로 반

전시킨 것이다. 그 후 20년이 지난 지금까지도 그는 일관된 소신과 열정으로 그의 길을 묵묵히 가고 있다.

범우사와 함께 한 그의 54년 삶의 역정에 축하의 말씀과 존경의 마음을 전한다. 범우사 창립 60주년, 70주년 때에도 한결같은 그의 모습을 기대하며 아울러 범우사의 앞길에도 깊은 신뢰와 응원의 박수를 보내고자 한다.

(범우 68집, 2020)

[Kim Seong-kon]
Korea in the eyes of a lawyer/historian*

Recently, I came across a book by Lee Seog-yeon, a famous Korean lawyer and civil rights activist, entitled "Sima Qian's Korea Travelogue." Sima Qian was a legendary Chinese historian of the Han Dynasty(206 BC to AD 220) who wrote the celebrated book "Records of the Grand Historian," compiling Chinese history covering approximately 2,000 years. In his intriguing book, Lee, the Korean lawyer, perceives and interprets modern Korea through the eyes of Sima Qian, who enlightens us with his extraordinarily clairvoyant vision and the remarkably insightful sense of history.

Since Sima Qian is my favorite historian and Lee Seog-yeon one of my favored lawyers, I read Lee's book with great enthusiasm. Using Sima's profound perceptions

* 이 글은 김성곤 서울대 영문과 명예교수가 졸저 「사마천 한국견문록」을 읽고 KOREA HERALD (2019. 9. 11자)에 기고한 것임.

and insights, Lee powerfully criticizes contemporary Korean society and politics in his book. Lee's critique of Korea, backed up by Sima's brilliant theories and colorful examples, is so persuasive and penetrating that the reader cannot but help nodding constantly while reading it.

First, Lee agrees with Sima that anybody can turn evil if he is egotistical, dogmatic and self-righteous. We tend to think that evil men are born evil, different from us. Contrary to our popular belief, however, Lee and Sima point out that even a plain, ordinary man can easily turn into an evil terrorist if he is ignorant, obstinate and selfish. Ideologically-oriented political leaders, too, can legally terrorize their political opponents and the people in the name of ideology and social justice. That is exactly what has been happening in Korea since the liberation in 1945.

That is why Lee argues that the leader of a nation should govern his country and people not with strict rules and regulations but with generosity and magnanimity. Indeed, Confucius and Sima Qian alike maintained that a king should rule his kingdom with morality and flexibility rather than with punishment and retribution. According to them, law should exist to make people comfortable, not to intimidate them. Besides, when and if the leader becomes exemplary by being virtuous and morally impeccable, the people will respect and follow him. If he severely punishes people, however, they will turn against him.

Lee persuasively contends that Korean politicians have a bad habit of denouncing everything accomplished in the previous administration and incriminating high-ranking government officials who were involved in them. Oftentimes they arrest even former presidents and lock them in prison. But that is something we expect to happen only in an underdeveloped country, not in an advanced country such as South Korea. Lee writes that regrettably, in Korea, not a single ex-president has stepped down with applause.

Borrowing from Sima Qian, Lee also maintains in his book that it is extremely important for the leader of a country to appoint highly competent professionals as his secretaries and cabinet members. Unfortunately, however, no Korean president has succeeded in doing so. Instead, all our presidents have been surrounded by those belonging to their faction. Since most of them were amateurs and incompetent, they could not lead the nation in the right or prosperous path.

The result has always been disastrous.

If the leader favors only sweet talkers and flattering disciples, he will ruin his country. Lee writes that the leader will be doomed to fail if he cannot recognize a talented man, does not invite him to his cabinet and fails to make the most of him.

Meanwhile, Lee laments that we seriously lack true intellectuals in our society, who have the courage to say "No!" when everybody chants "Yes!" Intellectuals should not be silent in times of national crisis or in front of injustice, oppression or tyranny. When politicians lead the nation in the wrong direction, it is the intellectual who must play the role of a warning prophet.

Borrowing from Sima Qian, Lee also asserts that the government should not interfere with people's wealth and personal property. Both the historian and lawyer point out that taking from the rich to give to the poor does not help the economy at all. They agree that government should leave everything to the market economy. Indeed, it is true that when the rich open their purses, the economy will prosper. Then the benefits will go to the poor. If the government treats the rich as thieves, then the rich will zip up their purses. If so, it is the poor who will suffer the consequences.

Inspired by Sima, Lee advises that the leader of a nation not wage war according to his own personal belief or political ideology. If so, he will eventually destroy his nation and put his people in misery. Moreover, Lee warns that the leader not be obsessed by the past or his own personal vendetta. In addition, he should not be obsessed with the notion that he must do something during his tenure, either.

Our political leaders should listen to the wisdom and warnings of the great historian and the insightful lawyer, for the sake of the future of Korea.

Kim Seong-kon

Kim Seong-kon is a professor emeritus of English at Seoul National University and a visiting professor at the University of California, Irvine. -- Ed.

도리불언 하자성혜(桃李不言 下自成蹊)를 꿈꾸며

-복숭아나무와 오얏나무는 말이 없지만 그 아래 절로 길이 생긴다.

[김지은의 '삶도' 인터뷰] 헌법주의자 이석연 전 법제처장*

"전직 대통령 구속, 국가 품격 생각하면 창피…내란죄도 아닌데, MB · 박근혜 사면해야"

'헌법적 자유주의자'를 자처하는 이석연 전 법제처장. 지난달(2019. 2) 27일 서울 서초구 법무법인 서울에서 그를 만났다. (배우한 기자)

---

* 2019. 3. 5 한국일보 인터뷰. 3,022개의 댓글.

이석연(65)은 논쟁적인 법률가다. 1999년 '군 가산점' 위헌 결정을 이끌어낸 게 그다. 그런데 10년 뒤엔 부활을 검토해야 한다고 주장했다. 10년 전 여성단체의 환호가 반발로 바뀌었다.

그런가 하면 신행정수도의 건설을 위한 특별조치법(신행정수도특별법) 역시 그가 낸 헌법소원으로 2004년 폐지됐다. 당시 서울시장으로 용꿈을 품고 있던 이명박(MB) 전 대통령에게는 천군만마 같은 사건이었다. MB가 고맙다고 밥을 샀다.

그러나 4년 뒤 'MB 청와대'는 법제처장인 그를 '요주의 인물'로 분류했다. 국무총리에게 그의 '입'을 단속하라고 지시하는 내용이 담긴 청와대 문건이 발견됐다. '한미 쇠고기 협상'의 후속 조치인 '쇠고기 장관 고시'를 두고 "내가 재야(在野)에 있었다면 헌법소원을 냈을 것"이라고 한 인터뷰 때문이다. 쇠고기 협상 논란으로 MB 청와대는 국민의 신뢰를 잃었고 내리막길을 걸었다. MB 정부의 만기친람도 박근혜 정부 못지 않았다. 당시 법제처가 홍보대사로 배우 이준기씨를 위촉하자, 청와대는 그의 정치 성향을 운운하며 취소를 압박하기도 했다.

그는 "판단의 잣대가 늘 헌법이었을 뿐"이라고 항변한다. 누구의 편을 들려는 것도, 생각을 바꾼 것도 아니라는 얘기다. 군 가산점도 그렇다. 경쟁이 치열한 공무원 시험에서 제대군인에게

3~5%의 가산점을 주는 것은 사실상 당락을 결정 짓는 요인이 된다. 군 복무 의무가 없는 여성이나 면제 대상인 장애인의 헌법상 평등권, 직업선택의 자유를 침해한다는 게 그의 생각이다. 그러나 제도 폐지 역시 병역의무 이행으로 인한 불이익을 받지 않도록 한 헌법(39소 2항)에 위배되기에 국가가 보완 조치를 해야 한다는 취지에서 부활론을 폈다.

MB의 정치생명을 휘청거리게 한 행보도 헌법에 따른 것이지, MB를 보고 한 것이 아니었다. 그런 그가 이명박 · 박근혜 두 전직 대통령은 불편했나 보다. 두 정부 때 청와대 참모들은 그를 총리 후보로 추천했지만, 대통령들은 지명하지 않았다.

변호사로 돌아간 이석연은 다시 '뜨거운 감자'를 손에 쥐었다. 지난달 27일 만난 그는 두 전직 대통령의 사면을 주장했다. "재판에서 형이 확정되면 두 대통령 모두 문재인 대통령이 사면해야 해요. 반대를 무릅쓰고라도 결단해야 해요. 내란 · 외환죄로 구속된 대통령들(전두환 · 노태우)도 사면했지 않나요? 전직 대통령을 죽을 때까지 가두는 게 촛불혁명의 완성은 아닙니다."

열 여섯 살 때부터 보통 사람은 아니었다. 고교 진학 대신 대입 검정고시를 택해 합격했다. 그것도 중학교를 졸업한 지 반년 만에. 그렇게 번 2년 반 동안 절에 들어갔다. 그 때 읽은 책 500권은 인생의 든든한 밑천이다.

인터뷰에서도 동서양을 넘나들며 고전의 문구를 시시때때로 인용했다. 그가 대표변호사로 있는 서울 서초구 '법무법인 서울'의 사무실 곳곳엔 '책탑'이 즐비했다.

고교 진학 대신 절에 들어앉은 청소년기

이석연은 수재가 걷는 범상한 길을 가지 않았다. 중학교를 졸업하고 반년 만에 대입 검정고시에 합격했지만, 대학이 아닌 절에 들어가 책을 스승으로 삼았다. (배우한 기자)

이력을 보고 새삼 놀랐어요. 중학교 졸업 6개월 만에 대입 검정고시에 합격했다고요?

“중학교도 수석 입학해서 수석으로 졸업했죠. 초등학교 때부터 1등을 놓친 적이 없어요. 그런데 중학교 졸업하기 3개월 전에 검정고시라는 제도가 있는 걸 알았어요. 집에다가 고등학교에 가지 않고 검정고시를 보겠다고 했더니 난리가 났죠. 가정형편이 어려운 것도 아니었으니. 그래도 내 고집대로 했죠. 6개월 만에 전라북도에서 수석으로 합격했어요. 중학교 졸업한 해 8월에 고졸 학력을 얻었으니 신문에도 크게 기사가 났었어요.”

그럼 그때 바로 대학에 입학한 건가요?

“아니요. 김제에 있는 금산사에 들어갔어요. 30개월 동안 책만 읽었죠. 400, 500권쯤 될 거예요. 금산사에 딸린 심원암이라는 암자에서 1년 반, 본절로 내려와서 1년 정도 있었죠. 그때 금산사 주지 스님이 조계종 총무원장을 지낸 월주 스님이었어요. 그때 인연으로 경실련(경제정의실천시민연합) 사무총장 할 때 스님을 공동대표로 모시기도 했죠. 지금도 정기적으로 뵙고요.”

검정고시는 왜 봤나요?

“내 생활의 모토가 남이 가지 않는 길을 간다는 거예요.”

그 어릴 때부터요?

“네, 그 때부터 내 힘으로 남이 안 하는 걸 해보고 싶다는 생각이 있었죠. 검정고시를 보지 않았다면, 그때 전북에서 공부 잘 하는 학생들이 다 모였던 전고(전주고등학교)에 갔겠죠."

그런데 대학 입학 자격을 얻고도 왜 절에 들어갔어요?

"허기가 진 거죠. 바로 대학에 들어가기보다 간접 경험이라도 해서 지식의 욕구를 채우자고 생각했어요."

부모님은 어떻게 설득하고요?

"아버님은 제가 어릴 때 돌아가셔서, 어머니께 제가 그랬어요. 경기고 시험 봤다가 떨어져서 재수한다고 생각하고 6개월만 시간을 달라고.(웃음)"

그는 그 시절 독서로 얻은 지식과 지혜가 삶의 원동력이자 자양분이라고 말했다. "괴테의 '파우스트'나 사마천의 '사기'는 지금도 손에서 놓지 않는 책"이라며, 책상 한 편에 있는 '사기열전'을 가리켰다.

공익소송으로 헌법을 생활 속에

고교 시절을 학교 안의 교실이 아닌 지성의 바다에서 보낸 뒤, 전북대 법대에 진학했다. 그리고는 행정고시(23회)에 붙어 법제처에 근무하던 중 사법고시(27회)까지 합격했다. 이후 운명처럼 1988

공직을 그만 둔 뒤 그는 경제정의실천시민연합 사무총장으로 정치개혁 운동을 벌이기도 했다. 2000년 총선을 앞두고 총선시민연대와 했던 '낙천운동'이 대표적이다. 공천부적격자 명단에 포함된 의원 등의 고소, 고발로 그 해 2월 검찰 조사를 받기 전 거리 행진을 하는 모습이다(앞줄 가운데). - 한국일보 자료사진

년 설립된 헌법재판소로 발령을 받았다. '1호 헌법연구관'이라는 별명이 그래서 붙었다.

헌재에 근무하면서 헌법의 실체를 느낀 계기가 있나요?

"이제는 고인이 되신 변정수 헌법재판관의 영향을 많이 받았죠. 그 분 밑에서 5년간 상임연구관으로 일했거든요. 전설적인 재판관이죠. 변 재판관은 헌법을 생활규범화해야 한다는 생각이 강했어요. 그 시절만해도 헌법이 명목적인 규범 같았으니까요. 그때 헌법소원으로 헌법을 살아서 움직이는 법으로 만들 수 있겠다는 생각을 했죠. 헌재가 생긴 지 얼마 되지 않았을 때니 헌법소

원이 생소했을 때죠. 변호사로 개업해서 헌법소원을 통한 공익소송을 전문으로 해보기로 했죠."

가장 대표적인 게 제대군인 가산점 제도 위헌 소송이지요?

"맞아요. 지금도 논쟁거리죠. 군 가산점이 헌법상 평등권, 공무담임권, 직업 선택의 자유에 위배된다고 해서 냈고 헌재에서 전원일치로 위헌 결정이 났어요. 그때가 12월이었는데 바로 이듬해 1월 중등교사 임용시험부터 적용되니까 남자들이 난리가 났죠. 내가 현역으로 군 복무를 했기에 망정이지 아니었으면 돌 맞을 뻔 했어요. 거기다 딸도 없고 아들만 셋이고.(웃음)"

그런데 법제처장 할 때는 왜 부활을 주장한 건가요?

"사실 나는 헌재가 헌법불합치 결정을 할 줄 알았어요. 그런데 내가 낸 헌법소원의 취지대로 결정문이 나와서 나도 놀랬죠. 바로 해당 법률이 효력을 잃는 단순 위헌과 달리 헌법불합치는 위헌성은 인정하되, 법의 공백에 따른 혼란을 피하기 위해서 개정 때까지 한시적으로 법률을 존속시키는 결정이거든요. 헌법 39조 2항에 명시된 병역 의무로 인한 불이익을 받지 않을 권리에 비춰보면 군 가산점 제도를 아예 폐지할 것이 아니라 보완 조치를 해야 한다고 생각했어요. 가산점의 정도를 1%쯤으로 낮추자는 거죠."

경실련이라는 진보적인 시민단체에서 활동하기도 했죠.

"변호사로 개업한 이유 중 하나가 시민운동을 하기 위해서였어요. 공직에 있으면서는 할 수가 없으니까. 1994년 참여연대를 만들 때도 참여했다가 나중에 경실련에 합류했죠. 시민운동을 통해서 사회를 바꾸고 싶었어요."

그런데 이후에는 뉴라이트전국연합이라는 보수단체의 상임대표도 맡았잖아요.

"처음에는 정치개혁운동을 하는 단체인 줄 알았어요. 뉴라이트 개념도 잘 몰랐을 때고요. MB와 가까웠던 김진홍 목사가 상임대표를 맡아달라고 부탁해와서 수락했죠. 그러면서 정치권에 개입하지 않아야 한다는 걸 조건으로 걸었거든요. 그런데 2, 3개월 지나면서 보니까 너무 (한나라)당 문제에 관여를 많이 하는 데다 MB 쪽으로 기울어지더라고요. 당시 대선후보 경선을 앞두고 있어서 박근혜 쪽과 치열하게 대립할 때였거든요. 게다가 뉴라이트의 역사관에도 나는 찬성하지 않았고요. 그래서 바로 선을 긋고 일체 관여하지 않았어요. 물론 MB캠프에도 간 적 없고요. 다만, MB가 헌법 문제 관련해서 의견을 구해오면 조언을 해주는 정도였죠."

MB를 처음 만난 건 언제인가요?

"MB가 서울시장을 할 때 어느 행사장에서 인사를 했죠. 그 이후에 만나자고 연락이 왔어요. 당시(2003년 12월) 노무현 대통령이 추진하는 행정수도 신설을 위한 신행정수도특별법이 국회를 통과했을 때예요. MB가 헌법소원 얘기를 꺼내더라고요. 그런데 저는 이미 이 법이 가결되면 헌법소원을 내려고 했거든요. 그래서 MB에게는 알아서 하시라는 식으로 말을 했죠. 나는 이미 나대로 계획이 있었으니까. 헌법소원은 정치권의 관여나, 누구의 요청이 아니라 헌법에 위배된다는 내 사명감으로 밀어붙인 일이에요."

MB의 대선을 도운 것으로 많이들 알고 있는데요.

"그랬다면 대선 직후에 대통령직인수위원회에 참여했겠죠. 결과적으로 헌재가 신행정수도특별법에 위헌 결정을 하면서 MB의 정치행보에 큰 도움이 됐지만. 2007년 대선 때 나는 오히려(세 번째 출마선언을 한) 이회창 당시 무소속 후보와 단일화를 해야 한다고 주장했어요."

그러나 MB는 곧 다시 그를 찾았다. 이명박 정부의 초대 법제처장으로 그를 지목한 것이다.

"2008년 2월 말인지, 3월 초인지 MB가 직접 전화를 했어요. 법제처가 아주 중요한 기관이니 맡아줬으면 좋겠다고. 사실 나는 굳이 법제처장을 하고 싶은 생각이 없었기 때문에 수락 의사를 뚜렷이 밝히지는 않았어요. 그런데 얼마 뒤 청와대가 발표를 하더군요."

청와대 "이준기, 홍보대사 안돼"

이석연 전 법제처장에 따르면, '이명박 청와대'는 법제처의 홍보대사 위촉에도 압력을 행사하려 했다. 2009년 3월 이 전 처장이 홍보대사인 배우 이준기(맨 오른쪽)·김상경(맨 왼쪽)씨와 홍보 영상을 촬영하는 모습. - 연합뉴스

법제처는 행정부의 입법 활동을 조정하고 법령을 심사하는 '조용한' 기관이다. 그러니 법제처장도 그다지 기사를 몰고 다니는 자리는 아니었다. 하지만 '이석연의 법제처'는 달랐다. 그는 법제처장이 되자마자 기자간담회에서 유인촌 문화체육관광부 장관이 주도했던 '과거 정권 인사 퇴진' 요구를 두고 "법치행정에 맞지 않다"며 반대했다. "한나라당 논리로 집권했다고 그 논리를 고집하면 안 된다"며 "대통령에게 직언하는 역할을 하겠다"고도 했다. 그러더니 석 달 뒤엔 큰 논란 거리였던 '쇠고기 고시'의 위헌성을

꼬집어 언론이 대서특필했다.

청와대는 조용했나요?

"공공기관장 임기 발언 때는 저도 비서한테 '각오하고 있으라'고 말했는데, 아무 말이 없더라고요. 그런데 쇠고기 고시 때부터 청와대에서 '안 되겠다'는 생각을 한 것 같아요. 대통령령이나 부령으로 해야 하는데 장관 고시로 하는 건 법치주의에 위배되는 일이었어요. 그러니 내가 재야에 있었으면 헌법소원을 했을 사안이라고 말했죠."

MB의 반응이 있었나요?

"쇠고기 고시 때는 발언이 보도되기 전에 청와대에 가서 직접 대통령에게 말한 적이 있어요. 토요일에 면담을 요청해서 20분 정도 잡혀 있었는데 1시간 반이 넘게 만나고 왔죠. 당시에 쇠고기 협상 때문에 촛불집회가 벌어지면서 상황이 심각하게 돌아갈 때거든요. 그때 MB한테 두 가지를 건의했어요. 쇠고기 고시 철회와(당시 여당 내 야당이었던) 박근혜 의원과의 화해. 그러고 나서 쇠고기 고시 위헌성을 지적한 내 말이 신문에 보도가 됐는데 그 뒤부터 견제가 시작된 듯한 느낌을 받았죠."

예를 들면 이런 일이다. MB가 국무회의 참석자들과 산행을 한 뒤 청와대 뜰에서 반주를 곁들여 식사를 할 때였다. 국무위원들에게 돌아가며 한 마디씩 권하는데, 유독 그에게는 '무슨 얘기가 나올 지 모르겠지만…'이란 뼈 있는 추임새를 넣었다.

"심지어 법제처 홍보대사 가지고도 청와대에서 말이 나왔죠. 배우 이준기, 김상경씨를 홍보대사로 위촉했는데 어느 날 국무회의가 끝난 뒤에 청와대 참모 중 하나가 '이준기는 빼는 게 좋겠다'고 하더군요. 한 마디로 이 정권과 코드가 맞지 않다는 거예요. 정말 황당했어요. 법제처 대변인실에 혹시 청와대에서 그런 연락이 오거든 무시하라고 얘기했죠."

나중에 알려졌지만 이준기씨는 'MB 정부의 문화 · 예술계 블랙리스트'에도 올랐다. 사회관계망서비스(SNS)에서 '쇠고기 촛불집회' 때 경찰의 강경 대응을 비판하고, 고 노무현 대통령 서거 때도 공개적으로 애도했다는 이유인 것으로 알려졌다.

국가인권위 축소, 유일하게 반대

그래도 당시 법제처장 이석연은 소신 행보를 이어갔다. 이명박 정부가 국가인권위원회를 축소하려 할 때 국무회의에서 참석자 중 유일하게 반대했다. 법리적 하자가 있을 뿐 아니라 타 기관과의 형평성에도 어긋나 심한 후폭풍이 따를 것이라고 경고했다.

이석연 전 처장은 헌법을 생활 속의 법으로 만들고자 헌법소원을 통한 공익소송에 매진했다. 2017년엔 헌법을 소재로 책도 냈다. (배우한 기자)

"그의 소신발언에 당황한 한승수 총리가 서둘러 안건을 종결시켰다"고 안경환 당시 국가인권위원장은 회고한 바 있다.

이명박 정부와 여당이 밀어붙였던 이른바 '미디어법'(신문의 방송 겸영을 허용한 관련법) 시행령 개정안도 위헌성을 지적하며 제동을 걸었다. 법제처가 시행령을 심의하지 않으면 모법인 미디어법이 효력을 발휘할 수 없게 되는 셈이어서 파장이 컸다.

"그만 둘 각오를 하고, 석 달 간 개정안을 책상 서랍에 넣고 열쇠로 잠가 뒀죠. 결국 고민하다가 개정안을 국무회의에 상정하긴

했어요. 그런 일들을 겪었으니 MB와는 애증의 관계랄 수 있겠네요. 직언하는 참모를 곁에 두지 않고 성공한 지도자는 없어요. 나는 '직언은 현직에 있을 때 하라'는 게 소신이에요."

청와대가 법제처장의 발언을 단속하려 했다는 문건이 나왔을 때 심경이 어땠나요.

"착잡했죠."

그는 2010년 8월, 자리에서 물러났다. 2년 반 재직한 뒤였다. 법제처장은 정해진 임기가 없다.

"임태희 당시 비서실장에게 '그간 애썼다'며 교체될 것 같다는 연락이 왔죠. 그 전에도 사의를 밝힌 적이 이미 있었고 여러 사건을 겪으면서 어느 정도 예상했었죠. 이임하는 날 저녁 대통령이 당시 교체된 국무위원, 기관장들을 부부동반으로 청와대로 초대했어요. 그 자리에서 제가 그랬죠. 그간 정부에 쓴 소리를 한 이유는 정책을 추진하면서 우리가 이렇게 고민했다는 걸 기록으로 남기기 위해서였다고요. 그러니 대통령이 혹시라도 언짢게 생각했다면, 내 이런 취지를 생각해 달라고요."

그 뒤에도 청와대가 그를 찾은 일이 두 번 있다고 한다. "총리 후보를 물색할 때였는데, 당시 청와대 핵심 참모가 저를 1순위로 올렸다고 하더군요. 그런데 MB는 김태호 전 경남지사를 염두에 뒀죠."

또 한 번은 2011년 10월 서울시장 보궐선거 때다. "내가 출마 뜻을 접고 나서 김효재 청와대 정무수석한테 다급한 문자메시지가 왔어요. 'VIP가 통화를 원한다'고요. 여당 후보로는 나경원 의원이 확정됐을 때죠. 아마 대통령은 나 후보 지지선언을 해달라는 요청을 하려고 했을 거예요. 그런데 그 때 내가 아예 답신도, 연락도 하지 않았죠. 그때 굉장히 서운하게 생각했을 겁니다."

김기춘 "총리 후보로 추천" 연락했지만

그는 아직도 책에 둘러싸여 산다. 가장 행복한 시간 역시 혼자 책을 보며 사색에 잠길 때다. (배우한 기자)

지난 해 지방선거 때도 자유한국당 서울시장 후보로 거명됐었죠.

“온 가족이 모두 출마를 반대했어요. 그때 군대 간 늦둥이 막내 아들까지 휴가를 나와 가족회의를 소집했거든요. 집사람이 가장 강하게 반대했죠. ‘노욕 아니냐’면서. 진보, 보수 진영의 원로들도 두루 만났는데 반반으로 나뉘더군요.”

문재인 정부 초기에 치러지는 선거라서 출마한다면 패배할 각오도 해야 했겠죠. 그러나 그걸 발판으로 한국당에 들어가 입지를 굳히고 정치를 시작할 수도 있고요.

“대한민국 임시정부기념관 건립위원장을 맡고 계신 이종찬 전 의원이 그러더군요. 이를 계기로 정치를 시작할 생각이 있느냐고요. 없다고 했더니 그렇다면 그만 두라고 하시더라고요. 아니라면 지금까지 걸어온 길에 역행하는 결과를 가져올 거라고 조언을 하셨어요. 그게 큰 영향을 미쳤죠. 홍준표 대표에게는 미안했지만, 그래서 고사했어요.”

박근혜 전 대통령과도 인연이 있나요?

“대선과 총선이 함께 있던 2012년, 측근 의원한테 연락이 온 적 있어요. 총선의 공천관리위원장을 맡아달라는 거였죠(당시 새누리당은 박근혜 비상대책위 체제였다). 그런데 그때 제가 고사했어요. 그 뒤로 박근혜 정부 때 김기춘 청와대 비서실장이 총리를 맡아줄 수 있겠느냐고 한 적이 있죠.”

박근혜 정부 때도요?

"2014년 세월호 참사 직후에 정홍원 총리가 사의를 표명했을 때죠. 문창극 총리 후보자가 낙마한 직후였어요. 모르는 번호로 전화가 두 번 걸려왔기에 받았더니 김기춘 실장이었죠. 다급한 목소리였어요. 현 정부에 대한 생각, 병역 문제에 재산까지 이것저것 묻더니, 그러면 됐다고 하면서 개인정보 제공 동의서에 서명해서 보내달라고 하더군요. 총리 후보로 추천하겠다는 거였어요. '호남 출신 총리' 구상을 하고 있는 듯 했죠. 그런데 며칠 뒤 청와대에서 정홍원 총리를 유임하겠다고 발표하는 걸 보고 대통령 뜻이라는 생각을 했죠."

그 때 총리 할 생각이 있었나요?

"만약 한다면 대통령과 담판을 지었겠죠. 총리의 책임과 권한을 보장해달라고. '이도사군 불가즉지(以道事君 不可則止)'라고 했어요. 도로써 군주를 섬기되 받아들여지지 않으면 떠나는 거죠. 성공한 군주 옆에는 직언하는 참모가 있다는 건 만고의 진리예요. '사기열전'에도 '부지기군 시기소사(不知其君 視其所使)'란 말이 있죠. 그 군주가 어떤 사람인지 모르겠거든 그가 쓰는 사람을 보면 된다고요."

이명박 전 대통령과 관계를 그는 '애증'에 빗댔다. 법제처장으로 재직한 2년 6개월 동안 그는 소신발언으로 청와대를 여러 번 흔들었다. 사진은 2008년 3월 27일 이명박 대통령(가운데)이 정부중앙청사(현 정부서울청사)에서 법제처 업무보고를 받기 전 이 전 처장과 차를 마시는 모습. - 연합뉴스

공교롭게도 두 전직 대통령이 모두 구속됐죠.

"창피한 일이죠. 부패를 저질렀든, 국정을 농단했든, 국가의 품격을 생각하면 정말 창피하죠. 두 사람을 옹호하려는 게 아니에요. 군사반란을 일으킨 것도 아니고 내란, 외환죄도 아니고 천문학적인 액수의 부패를 저지른 것도 아니잖아요. 두 사람 모두 형이 확정되면 문재인 대통령이 사면해야 한다고 봐요. 반대가 엄청 심할 테지만, 대통령이 결단해야 해요. 여론에 밀려서 사면을 결정한다면 의미가 없고요."

인터뷰는 MB의 보석(보증금 등 조건을 내건 석방) 결정이 있기 전 이뤄졌지만 그는 조심스레 보석 허가를 예상하기도 했다. 9일로 만료되는 구속기한 안에 선고가 어렵다는 점, 방어권 보장 등을 고려했을 때 그럴 수 있다는 얘기였다. 실제 재판부는 이런 점을 이유로 MB를 조건부 석방했다.

이 정부의 근간인 촛불정신에 반한다는 지적이 나올 텐데요.

"40, 50%에 달하는 중도보수층이 촛불을 들지 않았다면 촛불혁명은 실패했을 거예요. 이들의 공통적인 정서를 고려해야 해요. 나 역시 '박근혜 탄핵' 때 헌법에 비춰 파면이 가능하다고 했던 사람이에요. 하지만 박 전 대통령을 늙어 죽을 때까지 감옥에 가두는 게 촛불혁명의 완성은 아니잖아요? 사면된다고 해도 이미 정치적으로 재기할 수는 없어요. MB가 받는 '다스 소송비 대납' 같은 혐의도 모두 대통령이 되기 전의 일이죠. 문 대통령이 '집권하면 정치보복'이라는 악순환의 고리를 끊어야 해요. 사면은 국민통합으로 가는 최소한의 조치죠."

한국당에서도 사면론이 나왔죠.

"당내 입지를 확보하기 위한 정략적인 주장과는 달라요."

한국당 상황은 어떻게 보나요?

"지금도 친박, 비박에 얽매여있죠. 시대정신을 읽지 못하고 있어요. 그러니 '5 · 18(광주민주화운동)'을 부정하는 소리가 나오죠. 대표로 선출된 황교안 전 총리는 탄핵의 절차가 잘못됐다는 주장이나 하고요. 진짜 그랬다면 대통령 권한대행 할 때이니 잘못을 지적했어야죠. 이제 와서 그런 소리를 하니 소가 웃을 일이에요. 탄핵 과정은 정당했어요. 보수가 궤멸됐다고 하는데, 보수세력은 궤멸되지 않았어요. 합리적인 중도보수 세력이 보수답지 않은 보수 정권, 지도자를 무너뜨린 거죠."

한국당이 중도보수층을 끌어안을 수 있을까요?

"한국당으로는 총선, 대선 모두 안 돼요. 의원들이 개혁에 관심 있나요? 어디로 줄 서야 재선, 삼선될까 하는 데만 몰두해 있겠죠. 한국당은 자연스럽게 소멸되도록 해야 해요."

새로운 보수 세력이 출현해야 한다는 뜻인가요?

"우선 나는 정치할 생각이 전혀 없어요. 그런 전제로 말하자면, 온정적 보수주의를 지향하는 세력이 나와야 한다고 봐요. 자유민주주의와 시장경제 체제를 확고하게 견지하되, 약자를 위하는 진보적인 정책을 채택해야 진짜 보수죠. 정치에 물들지 않은 우리 사회 각 분야의 중도보수 인사들이 참여하는 포럼을 구상하고 있어요. 한국당이 보수 유권자를 대변할 수 없다는 점을 지적하면서 현 정부의 위헌성, 편향성, 독선적 행태도 비판할 거예요."

신당을 추진한다는 건가요?

"새로운 형태의 국민참여 운동이라고 할까요."

창당을 목표로 해야 현실 정치에 영향을 미칠 수 있지 않을까요?

"그렇지 않아도 의미가 있다고 봐요. 국민에게 판단할 수 있는 잣대를 제공하는 거죠. 물론 잘 돼서 미국의 브루킹스 연구소, 헤리티지 재단 같은 싱크탱크나, 정치세력이 될 수도 있겠지만 그걸 바라보고 하는 게 아니에요."

국회의원 하라는 권유를 받은 적도 있나요?

"공천 주겠다는 제안도 여러 번 받았지만 하지 않았어요. 정치할 생각이 없거든요. 개인 성명을 낸 적도 있죠."

정치도 세상을 바꾸는 주요한 기제인데, 왜 할 생각이 없나요?

"시민운동으로 더 큰 메아리를 오게 할 수 있다고 믿었어요. 국회에 들어가면 '원 오브 뎀(one of them)' 아닌가요? 그간 국회 밖에서 의원 몇 십 명 몫만큼 활동을 했다고 생각해요."

정치 성향으로 따지자면 보수겠죠?

"지금도 나를 진보진영에서는 '보수 꼴통'이라고 하고, 극우층에서는 '위장 보수'라고 하죠. 나는 헌법적 자유주의자일 뿐이에요."

이제 어느덧 예순 다섯, 이 전 처장은 함석헌 선생, 법정 스님, 김수환 추기경 같은 사회의 귀감이 되는 원로의 모습을 마음에 품고 산다. (배우한 기자)

문 대통령이 혹시 도와달라고 요청한 적은 없나요?

"집권한 뒤에 연락 온 적은 없어요."

그 전에는 있어요?

"대선 전에 만난 적이 있어요. 메모해둔 걸 보니 2017년 2월 19일이네요. 헌재의 탄핵 결정이 있기 전이라 대선 날짜는 확정되지 않았지만, 더불어민주당 대선후보 경선 국면이었죠. 당시 문재인 후보를 돕던 측근 의원이 후보가 급히 보기를 원한다면서 찾아왔어요. 그래서 만나기로 한 게 그 날이죠. 문 대통령이 간곡히 부탁한다면서 '같이 가봅시다'라고 했죠. 그때 많은 얘기를 나눴어요. 개헌의 방향이나, 헌재의 탄핵 결정 예측, 안보 문제까지. 그런 뒤 캠프에서 공식적으로 합류 사실을 발표하는 날짜까지 정해서 알려줬죠. 그런데 그 이후 서로의 입장 차가 다른점 때문에 발표는 안 했죠. 나도 잘 됐다고 생각하고 대선까지 관여하지 않았어요."

처음 알려진 사실이다.

그때 문재인 후보를 왜 도우려 했나요?

"나 역시 박근혜 정부의 독선, 불통 또 보수 정치인들의 기회주의적인 행태에 염증을 느꼈거든요. 문 대통령을 만났을 때 통합의 리더십으로 가야 한다고 요청했고 진지하게 받아들이는 태도에 일단 공감했었죠."

그 뒤로 대통령에게서 연락은 없었나요?

"전혀요. 그래서 당시 함께 가자고 했던 진의가 의심되기도 했죠."

문재인 정부를 어떻게 보고 있나요?

"집권 세력이 오만에서 벗어나야 해요. 자신들만이 정의를 독점해, 정의를 구현할 수 있다고 생각하는 듯해요. 이렇게 가다가는 현 정권의 정의가 적폐와 동의어가 될 수 있어 걱정스러워요."

큰 그림 얘기를 충분히 듣고 나니, 그가 그리는 작은 그림도 궁금해졌다. 어쩌면 가장 중요한 질문이다.

언제 가장 행복한가요?

"(미소) 글쎄요. 음, 혼자 조용히 읽고 싶은 책을 읽고 단상을 글로 쓸 때요. 그래서 지금도 한 달에 두, 세 번은 일부러 도시락을 싸와서 사무실에서 먹어요. 아무도 들어오지 못하게 하고, 밥을 아주 천천히 씹어먹으면서 책도 읽고 사색도 하죠. 가장 행복한 시간이에요."

지금까지 살면서 지켜온 삶의 도를 꼽는다면 무엇인가요?

"남이 가지 않는 길을, 책과 더불어 간다. 그래서 모험도 했고 도전도 할 수 있었죠. 돌출 행동을 한다거나, 삐딱하다는 비난도 받았어요. 하지만, 책 속의 지혜와 함께 했기 때문에 일시적인 시행착오는 겪었을지 모르지만, 바른 길을 걸었다고 확신해요."

그는 "사마천의 '사기'는 역사서가 아닌 인류의 경전"이라고 말했다. 그러면서 이런 구절을 들었다. '이장군전'의 '도리불언 하자성혜(桃李不言 下自成蹊 · 복숭아 나무와 오얏나무는 말이 없지만 그 아래 저절로 길이 생긴다)'

다. 덕이 있는 사람은 주변에 따르는 사람이 있기 마련이라는 뜻이다.

"살면서 욕심을 비웠다면 거짓말이죠. 하지만 내게 욕심이 있다면, 그건 내가 할 수 있는 분야에서 사회에 봉사하고 싶다는 거예요. 나이 들며 '도리불언 하자성혜' 할 수 있는 원로가 되면 좋겠다고 생각하며 살고 있죠."

그의 욕심이 이뤄진다면, 10여 년쯤 뒤 우리 공동체는 또 한 명의 존경 받는 원로를 가질 수 있을 텐데 말이다.

(김지은 한국일보 기자)

위기의 대한민국, 그 헌법적 해법은 없는가*

헌법 초월적인 헌법해석이 난무하고 있다. '국회 추천 총리에게 내각통할권 주겠다', '거국내각 총리에게 국정을 맡기고 대통령은 국정에서 손을 떼라'고 한다. 그런가 하면 '헌정중단'이니 '헌정 마비 사태'라는 말이 아무렇지도 않게 오르내린다. 대통령은 대통령대로 자신이 초래한 이 엄중한 국정파탄과 민심이반을 모면하기 위하여, 야권은 야권대로 이 기회에 국정 장악과 차기 대선 승리라는 복선을 깔고 자의적인 헌법해석을 하고 있는 것이 아닌가 한다. 진정성이 결여되어 보인다.

먼저 우리 헌법상 내각이라는 용어는 존재하지 않는다. 내각은 내각책임제하에서의 국정의 최고 의결기구이다. 국무총리는 대통령의 명을 받아 행정 각부를 통할하는 지위에 있을 뿐 헌법상 국정에 관한 최종적인 책임자는 어디까지나 대통령이다. 그동안

* 2016. 11. 동아일보 기고

국정파탄의 고비마다 국무총리 이하 내각 총사퇴를 주장하고 대통령은 마치 국정에 초연한 것처럼 치부해 왔다. 이는 잘못된 헌정 관행이다. 따라서 책임내각 또는 거국내각이라는 것은 그 개념부터 헌법과는 거리가 먼 정치적 수사에 지나지 않는다. 국회추천 인사를 총리로 임명하는 것은 헌법상 가능하다. 내각통할권을 총리에게 주겠다는 것은 별 의미가 없다. 내각의 조각추천권과 내각통할권은 헌법에 명문으로 규정된 총리의 실질적 권한이다. 그간 대독(代讀) 총리, 방탄 총리 역할만 하다가 그 권한을 유명무실하게 행사한 것이다. 헌법은 총리는 대통령을 보좌하며 대통령의 명을 받아 내각을 통할하도록 하고 있고, 대통령의 모든 헌법상의 행위는 반드시 문서로서 하되 총리가 부서하도록 하고 있다. 아무리 국회 추천 총리라도 대통령 보좌권과 부서권만 가진 총리가 헌법을 초월하여 대통령의 권한을 대신할 수 없다.

대통령이 총리의 결정을 그대로 따르는 한 가능할 수도 있으나 이는 정치적 문제로 귀착된다. 예컨대 국군통수권은 국가보위의 책무를 지닌 대통령이 갖는 본질적 권한으로 대통령이 사임하지 않는 한 이 권한을 대행시키는 것 자체가 위헌이다. 그런 점에서 대통령의 2선 후퇴나 외치전념 등의 수사는 헌법의 정신과는 거리가 멀다. 대통령제의 현 헌법은 대통령의 권한을 내치, 외치로 명확히 구분하고 있지 않다.

현 대통령제 정부 형태의 본질상 대통령이 직책을 제대로 수행하지 못하여 국가적 혼란을 야기할 경우에는 임기 중이라도 그 진퇴를 명백히 해야 한다는 것이 헌법의 취지이다. 적시에 권력을 이양함으로써 국가의 계속성을 수호하는 것도 대통령의 직무이다. 헌법이 정한 절차에 의하지 않고 국가기관의 권능을 정지시키거나 빼앗는 것이 헌정중단이다. 대통령의 하야(사임)나 탄핵은 헌정중단이나 헌정 마비 사태가 아니다. 헌법은 그러한 경우를 대비하여 자세한 규정을 두고 있다. 대통령이 사임한 때에는 사임 당시의 국무총리가 권한대행으로 국정을 이끌고 60일 내에 대통령선거를 실시해야 한다. 이때 선출된 대통령의 임기는 전임자의 잔여기간이 아닌 5년의 임기이다. 이는 우리 헌법의 확고한 뜻이다. 탄핵의 경우 국회의 탄핵의결(국회의원 200인 이상 찬성) 후, 헌법재판소의 탄핵결정(재판관 9인 중 6인 이상 찬성)을 기다려야 한다. 탄핵으로 대통령이 물러날 경우 역시 60일 이내에 새 대통령을 선출한다.

그렇다면 이 난국을 타개하고 국민의 상처를 치유할 헌법합치적인 대안은 무엇인가? 우선 국회 추천 총리를 임명하여 대통령이 권한 행사를 사실상 자제하는 것이다. 앞서 본 바와 같은 헌법적 문제점은 있으나 대통령과 총리가 국정 전반에서 협치의 정신을 발휘하면 가능할 수도 있다. 이때 대통령 탈당과 국회의 협조가 필수적이다. 이 과정에서 국회와 정부는 개헌에 힘을 모아 내년 상반기까지 헌법을 개정하고 새 헌법에 의해서 내년 대선을 치를 수 있도록 하는 방안도 강구해 볼 수 있다. 헌법의 5년 단임 대통령제는 30년 헌정실험 결과 사실상 실패한 제도이다. 만일 거국내각구성 해법에도 대다수 국민이 반대하고 국정혼란이 계속된다면 대통령의 사임과 사임거부시 탄핵으로 이어질 수밖에 없다. 어느 것 하나 불행한 헌정사의 한 페이지를 장식한다는 점에서 고민이 깊어진다.

박근혜 정권의 실패는 이미 그 출범 때부터 예견됐다. 「사기열전」에 '부지기군 시기소사'(不知其君 視其所使, 그 군주가 어떤 사람인지를 알려거든 그가 기용한 사람을 보라)라는 명언이 나온다. 「자치통감」에는 '군인즉신직'(君仁則臣直, 성군이 되려면 직언하는 신하가 반드시 있어야 한다.)이라고 했다. 만고의 진리이다. 이 나라의 대통령이나 지도자가 되겠다는 사람들은 반드시 새겨두어야 하리라고 본다. 더 나아가 선택과 결단을 스스로 창출하지 않고 그것이 자신에게 던져지기만을 기다리는 사람, 위기 시 몸을 사리다가 중도적인 인물로 평가되어 그 과실을 차지하려는 사람은 나라의 중책을 맡을 자격이 없다고 본다. 이제 우리는 과대 포장된 인물 착시현상에서 벗어나야 한다. 새로운 패러다임, 시대정신을 이끌어갈 인물이 필요할 때이다.

한국의 대통령은 왜 실패를 거듭하는가

박수 받으며 떠난 대통령이 없는 나라*

지난 금요일 박근혜 대통령이 헌법재판소의 파면 결정으로 대통령직을 상실했다. 대한민국 정부 수립 이후 70여 년 가까이 된 현재까지 우리는 열한 분의 대통령이 물러나는 것을 지켜봤다. 불행히도 국민의 박수갈채를 받으면서 청와대를 떠난 대통령은 한 분도 없었다. 박수는 아니더라도 국민의 마음속에 아쉬움을 남기면서 떠난 대통령도 없었다고 나는 보고 있다. 여기서의 국민은 건전한 양식과 사회통념을 지닌 다수 국민을 이름은 물론이다. 임기 말이 가까워질수록 국민들의 손가락질을 받으면서 쫓기듯 황망히 떠나는 대통령의 모습에서 한국 정치의 후진적 자화상을 보는 것 같아 허탈감이 엄습한다. 권좌에서 물러난 후에도 심판론이니 몸통론이니 하는 여론의 압박감에 시달리면서 편안한 일상의 삶을 살지 못하는 것이 현실이다. 과연 우리 국민들의 심

* 2017. 3. 문화일보 기고.

성이 모질어서 그런가 아니면 영웅을 키우지 않는 우리의 고질적인 풍토 때문인가? 나는 그 일차적 책임은 대통령 자신에게 있다고 본다. 그다음으로 총리를 비롯한 측근들에 있다. 한국 대통령 실패의 가장 큰 원인은 대다수 국민들의 뜻을 저버린 대통령의 독선적인 인사정책에서 온 민심이반이었다. 이는 5년 단임의 현행 대통령제에만 해당하는 것이 아니었다. 어떤 형태의 대통령제 정부 형태에서도 일어날 수 있는 사단이다.

중국 춘추시대부터 진(秦)나라 통일까지의 장구한 550년의 역사를 풀어쓴 「열국지」는 이렇게 끝을 맺는다.

"자고로 흥하고 망한 나라를 보라, 모든 원인은 당시에 어진 신하를 등용했느냐 아니면 간신을 등용했느냐에서 판가름 났도다."

통치자가 어떤 인재를 쓰느냐에 그 정권 더 나아가 그 나라의 흥망성쇠가 결정된다는 것이다. 군인즉신직(君仁則臣直) – 임금이 어질면 신하는 곧다. 즉, 바른말 하는 신하가 있어야 성공한 군주가 된다. 「자치통감」에 나오는 명언이다. 대통령에게도 똑같이 적용되는 말이다. 지도자가 어질다는 것은 성품이 완벽하여 흠이 없다는 것을 의미하는 것은 아니다. 세상에 완벽하고 흠이 없는 것은 있을 수 없다. 어질다는 것은 자신의 과오를 인정할 수 있는 넉넉함과 남의 말을 잘 들을 수 있는 아량과 자신의 잘못을 시정하여 바로 행동으로 옮길 수 있음을 의미한다. 직언을 하는 자를 내치고 입에 맞는 말만 하는 자를 곁에 둔 지도자들은 대업을 성취할 수 없음은 물론 나라를 위태로운 지경으로 몰고 갈 수도 있다.

사마천은 「사기」에서 통치자 곁에는 천 사람의 '예, 예' 하는 사람보다 바른말 하는 한사람의 선비가 필요하다고 하면서 "통치자가 어떤 사람인지를 알려거든 그가 기용한 사람을 보라(부지기군, 시기소사 不知其君, 視其所使)"고 했다. 반고의 진리라 아니할 수 없다. 인재는 그 무엇과도 바꿀 수 없는 나라의 소중한 재산이자 보물이다. 링컨은 "유능하고 뛰어난 인재들이 나라에 공헌 할 수 있는 기회를 빼앗을 권한은 대통령인 나에게 없다고 하면서 라이벌을 비롯한 반대당의 인사들을 폭넓게 기용하여 내전의 위기를 극복하고 국가통합을 이룰 수 있었다.

한국 대통령들의 인사정책의 잘못은 주변의 지인들이나 그들이 추천한 인사들을 자질과 적소에 대한 검증 없이 무리하게 기용하거나 기용하려 한 데서 비롯되었다. 이로 인해 대통령과 정권에 대한 신뢰 추락으로 이어졌던 것이다. 널리 인재를 구하지 않고 자신의 구역(나와바리)에서 심기 편하게 할 사람을 골라 쓰려다가 초래된 인사실패를 인사청문회 탓으로 돌리는 것은 소가 웃을 일이다.

국민의 뜻을 제대로 파악해 대통령에게 건의하고 국정에 반영하는, 다시 말해 직언과 실천력을 지닌 인물이 주변에 있어야 성공한 대통령으로 이어진다고 확신한다. 우리 헌법은 정권(권력)이 특정 집단이나 특정 정파에 의해 독점 행사되는 것을 방지하기 위하여 정치적 의사형성과정에 모든 국민이 균등하게 참여할 것을 요구하고 있다. 정권을 잡았다고 마음대로 인사권을 행사한다는 것은 헌법의 기본취지에 반하는 것이다. 참여의 기회균등에 바탕을 둔 국민적 합의만이 헌법이 선언하고 있는 민주개혁과 사회통합을 이루는 길이다. 역대 한국 대통령의 실패는 참여의 기회균등의 헌법 원리를 망각한 데서 그 원인을 찾을 수 있다.

이제 어느 누가 집권하든 진보보수, 좌우를 뛰어넘는 통큰 국정운영을 하지 않으면 안 된다. 더 이상 철지난 이념 조각이나 파벌, 파당 의식에 매몰되어 편 가르기식 국정운영이나 정치행보를 보이면 우리 사회의 공동체적 연대는 급속히 허물어질 것이다. 대권후보들에게 이점 맹성이 있기를 촉구한다.

나라에 원로(元老)가 없다*

이명박 정부 후반기 때다. 나는 당시 이상득 의원이 구속되어 재판을 받고 있을 때 구치소로 접견을 간 적이 있다. 사건을 수임한 변호사가 아니라 도의상 찾아간 것이다. 그때 이상득 의원이 동생인 이명박이 대통령에 당선된 직후 장남이 자신에게 "이제 모든 공직에서 물러나 쉬십시오."라고 말했다면서 고개를 떨구던 모습이 생생하다. 만일 그때 이 의원이 장남의 요청대로 모든 직위에서 물러나 초야에서 유유자적했더라면 우리 사회의 존경받는 원로로서 남지 않았을까 하는 아쉬움이 남는다.

우리에게는 존경할 만한, 특히 젊은이의 귀감이 될 만한 원로가 거의 없다. 국가가 위기에 처하거나 국론이 분열되었을 때 국민이 그 말의 무게감을 피부로 느끼면서 위안을 삼을 만한 원로가 몇이나 될까? 김수환 추기경, 법정 스님, 함석헌 선생 같은 반열의 경륜을 갖춘 분들은 아니더라도. 원로가 거의 없다는 것은

* 2017. 2. 문화일보 기고.

물러날 때가 되었는데도 물러나지 않고 권력욕, 명예욕, 재물욕에 집착하는 노욕(老慾) 때문이다. 노욕에 사로잡혀 그동안 쌓아왔던 명성마저 와르르 무너뜨리고 비참하게 퇴장한 원로들을 우리는 그동안 수없이 보아왔다.

내가 존경했던 약전 김성식 교수, 5공 시대 80이 다 되어서도 돌아가시기 전까지 직필을 휘둘렀던 분이다. 그는 한탄한다. 그동안 큰소리치면서 세상을 놀라게 하던 이른바 명사들이 늙어가면서 자기 의사대로 행동하지 못하고 돈 따라 권력 따라 노구를 이끌고 다니는 것은 민망스러울 정도라고. 그러면서 "노욕을 가진 사람은 자신의 안위를 염려해서 과분한 욕심 때문에 분수에 넘는 일을 하고 사소한 개인감정으로 대의를 저버리기 일쑤다."고 꼬집었다.(김성식 저 「쓴소리 곧은 소리」) 인생을 보려면 다만 그 만년을 보라는 「채근담」의 경구는 종종 곱씹어 볼 만하다. 이제 세상을 달관하면서 젊은이들에게 용기와 교훈을 주어야 할 명사들이 아직도 권력의 한켠을 서성대거나 정권 창출이라는 그럴듯한 명분 등에 휘말려 말년을 소모하는 것은 노욕이 아니면 무엇이겠는가.

나는 몇 년 전에 낸 저서 「사마천 한국견문록」에서 2014년 7.30 재 · 보궐선거에서 패한 당시 새정치 민주연합 손학규 고문이 정계 은퇴를 하면서 던진 말을 원용했다. 그는 "정치인은 들고 날 때가 확실해야 한다는 것이 평소 생각"이라며 "지금은 제가 물러나는 것이 순리"라고 밝혀 사람들의 아쉬움을 샀었다. 나는 자신의 패배를 인정하고 물러나는 그의 뒷모습이 참으로 아름답다고 썼다. 그런 그가 다시 대선에 도전하겠다고 나섰다. 책의 개정판을 써야 할 것 같다.

반기문 전 유엔사무총장. 그는 이미 우리 젊은이들의 우상이고 세계인에게 각인된 인물이다. 나는 그가 퇴임 후에 국가와 국제사회의 원로로서 국내정치에 초연하면서 더 큰 역할을 하기를 기대했다. 그런데 역시나 귀국과 동시에 대권 도전을 선언하고 세를 규합하다가 지지율이 급락하면서 여의치 않자 정치판을 비판하면서 뜻을 접었다. 정치교체를 주장하면서도 정치교체와는 거리가 먼 인사들을 세 과시용으로 접촉하는 것을 보면서 국민들은 실망했을 것이다. 어떻든 본인의 표현대로 자신과 유엔의 명예에 큰 상처를 남겼으며 사회원로로서의 이미지를 반감시켰다. 인명진 목사, 성직자이기도 한, 때로는 시민운동을 함께 한 나로서는 그를 시민운동의 원로로서 존경했다. 그런 그가 국정파탄의 한 축인 집권당의 대표를 기다렸다는 듯이 맡았다. 오죽했으면 그가 관여하고 있는 「경실련」에서는 영구제명이라는 규약에도 없는 처분을 했겠는가! 안타까운 일이다. 이 모두가 나에게는 노욕의 소치라고 밖에 보이지 않는다.

그만둘 때를 알고 물러나는 자의 앞에 꽃잎 화사한 또 하나의 길이 있다는 것을 몸소 보여주는 강직하고 아름다운 정치인과 지도자들의 뒷모습을 보고 싶다. 로마의 정치가이자 철학자인 키케로는 폐부를 찌르는 얘기를 한다. "노욕은 나그넷길은 얼마 남지 않았는데 노자(路資)를 더 마련하려는 것과 같아 어리석은 일이다"고.

사마천의 「사기」 이장군 열전 편에 도리불언 하자성혜(桃李不言 下自成蹊)라는 명구가 나온다. 복숭아나무와 오얏나무는 말이 없지만 그 아래에는 저절로 길이 생긴다는 뜻이다. 덕과 경륜을 쌓으면서 한 길을 가는 원로의 곁에는 그를 존경하고 따르는 사람들이 모여들게 마련이다. 나라에 도리(桃李)의 역할을 할 원로들이 그립다. 원로가 없는 사회는 삶의 풍경이 경박해 질 수 밖에 없다는 것을 사회의 지도자들은 깊이 인식할 필요가 있다.

'정책탕평'도 필요하다*

나름대로 사회현안을 분석하여 국가진로와 정책결정에 기여하겠다는 마음으로 비판과 대안 제시의 글을 쓰면서도 가끔 회의에 빠지곤 한다. 막상 그 결정은 '최순실 류'의 시스템에 의하여 이루어지고 있음이 어제오늘의 일이 아니기 때문이다. 우리 정부의 의사결정 구조가 취약하다는 것 나 역시 직접 경험한 바 있다. 그러나 "잘못된 정치를 아는 자는 초야(草野)에 있다"(왕충의 「논형」)는 말을 위안삼아 다시 붓을 들어본다. 일을 직접 진행하는 자는 갈피를 잡지 못 하지만 방관자는 분명하게 깨어있을 수 있기에.

닉슨에서 클린턴에 이르기까지 4명의 미국 대통령을 보좌했던 데이비드 저겐(D.Gergen)은 대통령의 성공조건으로 크게 5가지를 들고 있다. – ①개인적 일관성 ②국민과 정치인에 대한 설득력 ③소명 의식 ④취임 초기의 순발력 ⑤숙달된 참모진(「권력에의 증언」). 나는 그중에서도 숙달된 참모진과 취임 초기의 순발력이 대통령 성

---

* 2017. 6. 문화일보 기고.

공의 절반을 좌우한다고 본다. 취임 초기에는 국민적 지지를 바탕으로 한 정권의 역동성이 어느 때보다 충만하다. 취임 한 달째를 맞고 있는 문재인 정부 마찬가지다. 예컨대 역대 정권이 시도하려다 되려 당한 검찰개혁만 하더라도 그 대안과 답은 이미 다 나와 있다. 선택과 결단의 문제다. 어느 국가 기관도 자기 목적적인 존재일 수 없다. 국민 개개인의 존엄성과 행복추구권의 확보라는 최고의 헌법적 가치를 구현하는 수단적 존재일 뿐이다. 검찰권을 개혁해야 한다는 국민적 공감대 이미 충분히 형성되어 있다.

말이 나온 김에 문재인 정부의 개혁정책 내지 국정운영에 대해서 몇 가지 고언을 하고자 한다.

무엇보다도 워싱턴 시절에 노예를 해방하고자 하는 조급한 이상주의를 버려 달라는 것이다. 대통령은 이상만을 추구할 수 없다. 현실이 있기 때문이다. 우리 헌법은 정권이 특정 정파나 집단에 의해서 독점 행사되는 것을 방지하기 위해 정치적 의사형성 과정에 모든 국민이 균등하게 참여할 것을 요구하고 있다. 참여의 기회균등에 바탕한 국정운영이야 말로 민주주의의 요체다. 지금 우리 사회는 모든 면에서 변화를 요구하고 있다. 다만 그 변화는 적법절차에 따라 국민적 공감대하에서 점진적으로 이루어져야 한다. 이는 앞서 본 취임 초기의 순발력과 모순되는 주장이 아니다.

둘째, 한국 현대사를 보면 과거 정권으로부터 배우려 하지 않는 것이 우리 정치의 특징 중 하나다. 과거 정권의 모든 것을 부정하는 것이 개혁이고 새 정권의 큰 특권인 것처럼 치부되어왔다. 과거 정권의 잘한 일은 배우고 승계하며 잘못된 일에서는 반면교사(反面敎師) 내지 타산지석의 교훈을 얻어야 한다. 이를 무시하고 새 정권마다 원점에서 출발한다는 것은 그만큼 국익을 손상시키고 국민역량을 낭비하는 것이다. 또한 천하를 얻는 자는 사사로운 원한이나 감정에 사로잡혀서는 안 된다. 지도자가 잘못된 과거에서 배우지 못하면 잘못된 역사가 반복된다. 문재인 대통령은 과거 정권의 공과(功過) 특히 참여정부의 학습효과를 충분히 반영해야 할 것이다.

셋째, 현행 법제상 정부조직과 청와대는 원칙적으로 분권형 시스템이다. 이런 구조하에서 청와대가 일일이 간섭하면서 중앙집권식으로 운영하다 보니 대통령 업무의 과부하 현상이 발생하고 각 부처는 청와대만 바라보고 있다. 시정되어야 한다. 그 일환으로 문 대통령은 이낙연 국무총리에게 책임총리제를 약속했다. 신선하게 다가온다. 아울러 정부의 모든 정책을 이념의 차원이 아닌, 객관적이고 과학적인 분석평가의 관점에서 접근하는 '정책탕평책'이 요구된다. 정책집행과정에서의 저항과 혼란을 최소화하기 위해서다.

끝으로 듣기에 따라 거북 할 수도 있지만 "우리만이 정의를 독점하고, 정의를 구현 할 수 있다는 편협한 우월주의 내지 영웅주의"에서 탈피해야 한다. 나는 일찍이 광화문광장에서 시발된 촛불집회를 헌법의 테두리 내에서 이루어진 정당한 국민저항권 행사로 자리매김한 바 있다. 문재인 정부는 촛불집회로 인한 저항권행사의 산물이다. 그리고 나는 감히 단언한다. – 촛불집회는 전체 국민의 대략 70%를 차지하는 중도보수세력 중 70% 정도가 동조하거나 자발적으로 참여함으로써 성공할 수 있었다고. 따라서 문재인 정부 탄생의 주역은 사실상 합리적인 중도보수세력이었다. 그 점이 바로 혹시라도 "우리가 해냈다."는 우월감에 빠져 독단과 독선적인 국정운영이 되어서는 아니 되는 이유다. 지금 국민들은 문재인 정부의 성공을 바라면서도 그 일거수일투족을 예의 주시하고 있다.

지식인의 속성과 대통령의 안목*

마오쩌둥(毛澤東)은 지식은 존중했지만, 지식인은 무시했다. 이유는, 지식인들이 "거지 근성이 강하고, 고마워할 줄 모르고, 남 핑계대기 좋아하고, 정확히 알지도 못하는 주제에 온갖 잘난 척은 다 하고, 무책임하다."는 것이었다(김명호, 「중국인이야기1」). 물론 지식인에는 정치인도 당연히 포함된다. 마오쩌둥이 지식인을 폄훼하는 다섯 가지 이유를 보면서 나 자신도 그렇지는 않았는지 되돌아보곤 한다. 『사기열전』을 보면 한(漢) 고조 유방도 마오쩌둥이 지적한 것처럼 입만 살아있는 선비들을 무척 싫어했다는 것을 알 수 있다. 유방은 만나는 사람마다 목청을 높여 선비들에 대한 욕을 늘어놓는 것은 물론 자신을 찾아온 선비의 관(冠)을 빼앗아 그 안에 오줌을 누기까지 했다. 유방의 무례한 태도는 그이 오만한 성품 탓도 있었겠지만, 더 중요한 것은 실천이 없이 말만 늘어놓는 선비들의 고약한 습성 때문에 유발된 것이라 여겨진다. 그러나 모든 선비들이 그렇지 않은 것은 물론이다. 마오쩌둥이 말한 지식

---

* 2017. 5. 문화일보 기고.

인의 병폐는 바로 자신만의 안위를 위해 세상의 불의를 외면하는 지식인들의 무관심한 태도에 대한 구체적인 질타라 할 수 있다.

옳은 일에 대해서는 옳다고 말하기 쉽지만 그른 일에 대해 그르다고 말하기란 쉽지 않다. 모두가 '예'라고 할 때 혼자 '아니요'라고 할 수 있는 용기가 바로 지식인이 견지해야 할 자세이다. '아니요'의 정신은 개인의 단순한 부정의식이 아니라 사회 전반의 문제점을 지적하는 총체적 인식이자 결연한 비판정신이다. 창백한 지식인, 무기력한 지식인이라는 말을 우리는 가끔 듣는다. 평소에는 온 세상을 주름잡던 기세로 큰소리 떵떵 치던 지식인이 진작 나서야 할 상황 앞에서는 찍소리 못하고 비슬비슬 주저앉는다. 막상 그 행동이 요구될 때 그는 움츠러들고 만다. 그리하여 법정 스님은 말한다. - 지식이 이런 것이라면 그게 뭐 그리 대단하단 말인가. 용기 있고 바람직한 행동은 이론에서 나오지 않는다. 이러한 작용은 신념에서만 나올 수 있다. 그런 신념은 따지고 쪼개는 분별의 지식에서가 아니라 무분별의 지혜에서 저절로 우러난다고

「사기」의 저자 사마천은 절대 권력자(황제) 앞에서 모두가 '예, 예' 할 때 '아니오'라는 바른말(직언)을 한 죄로 궁형(거세형)이라는 치욕의 형벌을 받은 사람이다. 그는「사기」 곳곳에서 갈파한다. - 최고 통치자(황제) 곁에는 천 사람의 '예, 예' 하는 사람보다 바른말 하

는 한 사람의 선비가 필요하다고. 인사가 만사라는 말이 있다. 인재를 적재적소에 잘 기용하면 나라의 만사가 잘 풀린다는 의미이다. 중국 춘추시대부터 진(秦)의 천하통일까지 장구한 550년 역사를 이야기로 풀어쓴 「열국지」는 이렇게 끝을 맺는다. “자고로 흥하고 망한 나라를 살펴보아라 모든 원인은 당시에 어진 신하를 등용했느냐 아니면 간신을 등용했느냐 에서 판가름 났도다”

한국 역대 대통령의 실패는 인사정책에 있었고 인사정책 실패의 원인은 주변의 지인들 특히 선거 때 도왔다는 사람들이나 자신의 심기를 편안하게 해 줄 사람들을 능력과 도덕성에 대한 제대로 된 검증도 없이 무리하게 기용한 데서 시작되었다. 링컨은 “대통령이 되자 나의 입장은 백팔십도 달라졌다. 나는 이제 적들에 둘러싸이게 되었다. 나를 위하는 체하면서 실제로는 자기의 이익을 추구하는 적들 말이다.”라고 한탄한 적이 있다. 측근을 적으로까지 여겨 철저히 경계하겠다는 링컨의 혜안에 감탄하지 않을 수 없다. 그는 “유능한 인재들이 나라에 공헌할 수 있는 기회를 빼앗을 권리는 대통령인 나에게는 없다.”고 하면서 반대 입장에 있는 인사들을 과감히 기용해 연방을 해체의 위기에서 구하고 진정한 통합을 이룰 수 있었다.

직언하는 신하 없이 성공한 군주는 없다. 만고의 진리이다. 마찬가지로 대통령이 어떤 사람인지를 판단하려면 그가 기용한 사람이 누구인지를 살펴보면 알 수 있다(부지기군 시기소사 : 不知其君 視其所使). 인사 문제의 팔 할은 지도자의 탓에 기인한다 해도 무리가 없다. 인재를 몰라보는 것, 알면서도 쓰지 않는 것, 쓰더라도 위임하지 않는 것이 나라의 불상사라는 말이 있다. 이는 지도자의 안목이 그 정권의 성패를 떠나 그 나라의 흥망을 결정한다는 것과 상통하는 내용이다. 인재를 적재적소에 배치하는 대통령의 안목과 혜안이 오늘의 국가 위기와 혼란을 잠재우고 통합을 이룰 수 있는 바로미터다. 문재인 대통령의 성공의 관건은 인사정책에 달려있다.

제왕적 '대통령제'도 내로남불 인가*

나는 박근혜 전 대통령(이하 박근혜라 약칭)의 퇴진을 요구하는 촛불집회에 박수를 보내고 탄핵에 찬성하는 입장에 섰던 사람이다. 국민의 소리를 장기판의 졸(卒)로 보는 박근혜의 불통과 독선에 진절머리가 났었다. 무엇보다 그런 권력의 횡포를 가능하게 하는 대통령제(제왕적 대통령제)를 끝낼 때가 됐다고 보았기 때문이다. 사실 박근혜에게 낙인찍힌 국정농단의 탄핵 사유는 그렇게 중한 헌법 위반은 아니었다. 그럼에도 국민은 권력을 전횡하는 대통령을 더 이상 원하지 않았고 헌법재판소는 그런 국민의 여망을 받들어 대통령의 파면을 선언하였다. 사실 촛불집회에 동조했던 대다수 국민이 원한 것은 제왕적 대통령의 탄생을 원천 차단하는 현행 헌법의 대통령제 폐지로서 박근혜 퇴진은 그에 따른 부차적인 것이었다.

따라서 문재인 대통령이 당선 직후 먼저 했어야 할 일은 헌법의 권력 구조를 개편하는 개헌을 단행하여 새 헌법에 의한 선거

* 2019. 9. 조선일보 기고.

를 실시하고 새로운 국가수반에게 권력을 이양하는 일이었다. 이것이 촛불혁명의 완성이다. 대통령과 측근들은 이 정부는 촛불혁명으로 탄생했다고 자화자찬하곤 한다. 아전인수격의 촛불혁명 해석이다. 오해마시라. 촛불혁명으로 탄생한 진정한 정부는 제왕적 대통령제에 의하지 않는 헌법에 의하여 탄생할 정부이다. 문재인 정부는 과도기적 성격이라는 태생적 한계를 안고 있는 것이다. 현행 헌법이 정한 임기 종료 때까지 집권하겠다는 것은 제왕적 대통령을 5년 더 연장하겠다는 것이나 다름없다. 그런 의미에서는 아직 촛불혁명은 완성되지 않았다.

문 대통령의 권력 행사과정에서의 독선과 불통은 역대 대통령의 수준을 넘어섰다고 본다. 이번 조국 씨의 법무장관 임명 강행에서 보듯 그간 문 대통령은 인사청문회 결과 부적격 시비에 휘말려 청문보고서가 채택되지 못한 20명이 넘는 고위공직자를 자신의 뜻대로 임명했다. 전무후무할 일이다.

흔히 인사권은 대통령의 고유권한이라고 한다. 잘못된 표현이다. 대통령의 인사권은 헌법과 법률에 따라 국민이 위임한 권한이다. 헌법의 수권에 따라 제정된 국민의 대표기관이 행한 인사청문회를 통과하지 못한 사람을 임명 강행함은 헌법위반이라고 본다.

인사청문회를 통과 할 수 있는 인사를 발탁하라. 그것이 헌법의 정신이자 국민의 가장 큰 심부름꾼인 대통령의 직무다. 내 주변에는 문 대통령의 공직배제 5대 원칙(병역면탈, 부동산투기, 탈세, 위장전입, 논문표절)공약에 공감해서 표를 던졌다는 사람이 상당수 있었다는 것을 상기하고자 한다. 자기들만이 정의를 독점하고 정의를 구현할 수 있다는 편협한 우월의식, 영웅주의에서 벗어나라. 참으로 소가 웃다가 코뚜레가 부러질 일이다. 5공 전두환 정권도 '정의사회 구현'을 국정의 제일 목표로 내세우지 않았던가!

문 대통령의 외교, 안보, 경제정책에서의 헌법과의 부조화를 여기서 거론하고 싶지는 않다. 다만 한가지 – 국민은 국가 안위에 관련된 통일, 외교, 국방정책 등에 관하여 자유로운 의견개진과 토론을 통해 최종적인 결정권을 행사할 수 있는 헌법적 수권을 부여받고 있다는 것, 따라서 국민적 합의나 국회에서의 논의과정을 배제한 정부 또는 정권적 차원의 독단이나 밀실행위에 의한 통일, 외교, 국방정책의 선언, 집행은 위헌적인 행위라는 것을 지적하고자 한다.

문 대통령의 지지율이 탄탄하지 않느냐고 반문할지 모른다. 수년 전 박근혜에 대한 30%대의 지지율이 요지부동처럼 보이자 당시 유시민 씨가 박근혜가 나라를 팔아먹어도 지지할 사람들이라고 발언한 것을 기억한다. 박근혜 지지층에 대한 모독이었다. 그러나 그 지지율이 3~4%대로 무너지는 데는 6개월도 채 걸리지 않았다. 문 대통령은 이를 타산지석 내지 반면교사로 삼아야 한다. 우리 현대 정치사의 특징은 과거 정권으로부터 배우지 않으려는데 있다. 전 정권을 부정하면서 원점에서 다시 시작하려다 보니 국민적 에너지와 소모적 국론분열이 되풀이되고 있다. 지금까지도 적폐청산이라는 초헌법적 개념을 내세워 과거 특정 정권에 대한 부정적 이미지를 적절히 환기시키면서 국민 편 가르기에 나서고 있다. 문 대통령의 국정운영행태는 현행 헌법의 맹점인 제왕적 대통령의 행태를 이미 충분히 답습하고 있다. 그렇다면 묻고 싶다. 제왕적 대통령제도 내로남불(내가 하면 로맨스, 남이 하면 불륜)인가?

공정한 사회, 법치의 길을 묻다*

여러분, 반갑습니다. 윤동주 시인은 "인생은 살기 어렵다는데 시가 이렇게 쉽게 쓰여지는 것은 부끄러운 일이다"고 읊었습니다. 오늘 제가 말씀드릴 내용이 저 나름의 신념과 소신의 일관성을 담아내기 위해서 고민하였습니다만 윤동주 시인이 읊은 것처럼 "시대처럼 올 아침"을 기다리던 많은 분들에게 혹시 쉽게 쓰여진 시가 되지 않을까 걱정됩니다.

저는 과거 15년간 공직(행정부, 사법부)에 있다가 이어 14년간 변호사 생활을 하였습니다. 변호사 때는 시민운동에 주도적으로 참여했습니다. 그러다 재작년 현 정부 출범과 동시에 법제처장을 맡아 2년 6개월간 근무하다가 지난 8월에 퇴임했습니다.

법조인, 시민운동가로서 우리 사회의 현안에 대하여 때로는 온몸으로 부딪히면서 논의의 중심에 서기도 했습니다. 그 과정에서 법의 역할은 무엇이며 법치주의가 어떻게 구현되어야 국민의 공감과 참여를 이끌어 낼 수 있는지 고민했습니다. 특히 법을 운용

---

* 이 글은 2010. 11. 3(11:00~11:55) KBS 1TV에서 방영된 특강 원고임.

하는 사람들, 즉 사회지도층의 역할과 자세가 국민통합과 공정한 사회를 구현하는 데 중요한 역할을 한다는 사실을 절감했습니다.

오늘 이 자리에서는 공정한 사회로 가기 위한 제도적 장치는 무엇이며 그리고 그 토대가 되는 법과 법치주의가 어떻게 기능해야 하는지 사례를 곁들어서 말씀드리겠습니다. 또한 제가 공직자로서, 변호사나 시민운동을 하면서 체험하고 고민했던 것들을 같이 생각해보겠습니다.

Ⅰ.

버트런드 러셀은 영국의 철학자이자 문학가입니다. 노벨상을 받은 분이죠. 평화운동가로서도 활약을 한 분입니다. 이분은 98세까지 장수했습니다. 이분이 88세가 되던 1961년 핵무기 개발에 반대하는 시민불복종운동을 주도하면서 대중에게 불법행동을 선동했다는 이유로 재판에 회부되어 법원에서 징역 1월의 실형을 선고받았습니다. 판결이 내려지자 방청객 한 사람이 외쳤습니다. "부끄러운 줄 아시오. 88세 노인에게 징역형이라니…" 그러자 판사가 맞받아쳤습니다. "나잇값을 하라 하시오."

방청객과 판사의 재치문답을 소개하자는 게 아닙니다. 여기서 주목하고자 하는 것은 영국 법치주의 현실입니다. 노벨상을 수상한 세계적 석학의 평화를 위한 정당한 목적을 지닌 행동이라도 법이 허용하지 않는 불법적 수단에 의한 것이라면 법 위반에 대한 책임을 물어 법치주의를 확립하겠다는 영국 법치주의의 전통입니다. 동시에 법은 공정하고 일관되게 적용되어야 한다는 법치 확립의 의지를 읽을 수 있습니다.

작년(2009년) 4월 미국 워싱턴에서 미 하원의원 5명이 시위를 하다가 폴리스라인을 넘었습니다. 경찰은 즉각 의원들의 손을 등 뒤로 모아 노끈형 수갑을 채웠고 의원들은 순순히 체포에 응하는 장면을 CNN 화면에서 본 적이 있습니다. 이러한 일이 우리나라에서 일어났다면 큰 이슈였겠지만 미국언론은 이를 당연한 것으로 여겨 단신으로 처리하더군요.

우리 사회에서는 언제부터인지 "목적이 정당하다면 수단이나 절차의 불법쯤은 괜찮다", "불법행동이라도 정당한 주장은 들어줘야 한다"는 주장과 분위기가 조성되어 있는 것 같습니다. 그러나 이런 생각은 민주주의와 법치주의의 본질을 잘못 이해한 것입니다. 물론 불법행동으로 나올 수밖에 없었던 법치주의의 또 다른 맹점에 대해서는 다시 말씀을 드리지요.

인간 의지의 산물인 민주주의는 절차 내지 수단을 존중하는 것이지 목적만을 제일로 삼는 것은 아닙니다. 적법절차(due process of law)가 무시되는 조치라면 추구하는 목적과 관계없이 공권력의 남용이자 자의적(Willkür)인 것으로 위헌적 공권력의 행사입니다. 대통령을 비롯하여 어떠한 공권력도 법의 지배하에 있습니다. 다시 말씀드려 헌법과 법률이 정한 절차에 따라 권한을 행사하고 의무를 다해야 합니다. 이것이 예측가능성과 법적안정성을 생명으로 하는 법치주의의 핵심(요체)입니다.

그리고 다소 추상적이고 원론적인 얘기 같지만 우리 사회의 모든 국정현안 및 사회문제 역시 헌법과 법률이 정한 적법절차에 따라 합리적으로 논의되고 해결되어야 합니다. 또한 원칙(헌법정신)이 분명한데도 편법으로 원칙을 대신하려는 변칙이 허용되어서도 아니 될 것입니다.

그동안 우리는 새 정부가 들어설 때마다 지난 정부에 대한 심판론 내지 청산론이 대두되었습니다. 그 과정에서 지난 정부의 업적은 가려지고 적법절차를 지켰는가, 국민적 합의절차를 거쳤느냐 등의 문제가 부각되면서 측근이나 핵심세력이 처벌을 받고 결국 전직 대통령에게까지 책임을 추궁하는 후진적 정치형태가 되풀이됐습니다. 저는 정부에 있으면서 다시는 이런 일이 되풀이돼서는 안 된다고 실감하면서 국정운영의 헌법 · 법률적합성과 투명성을 강조한 바 있습니다.

Ⅱ.

제가 고시 공부를 할 때부터 지금까지도 선뜻 이해가 안 가고 의아하게 생각하는 법률 규정이 있습니다. 똑같이 기간을 준수하라는 규정인데 법원이나 행정부 등에 대해서 규정한 것은 이를 지키지 않아도 아무런 문제가 없고 국민에게 요구한 것은 하루만 늦어도 가차 없이 권리행사의 기회를 박탈하는 제도입니다.

예컨대 헌법재판소법(38조)이나 민사소송법(199조) 등에 보면 헌법재판소는 헌법소원을 접수한 날로부터 180일 이내에 종국결정의 선고를 하여야 한다, 또 법원은 소송이 제기된 날로부터 5월 이내에 선고를 하여야 한다고 되어 있습니다. 그런데 이 180일, 5개월 등은 법리상 훈시규정으로서 이를 지키지 않더라도 부적법한 것이 아니어서 아무런 문제가 없는 것으로 운용하고 있습니다. 그리고 실제로 소송을 제기한 국민입장에서는 제때 판결이 선고되어 신속한 권리구제를 받는 것이 절실히 요청됨에도 판결 선고 기간을 훨씬 넘어서(심지어 몇 년이 지나서) 선고하는 예가 비일비재합니다.

국회의 경우도 마찬가지지요. 예컨대 헌법(제54조)에는 국회는 회계연도 개시 30일 전까지 예산안을 의결하여야 한다고 되어 있습니다만 이 기간을 지키는 경우는 거의 없지요. 이런 예는 행정부, 법원, 국회 등에 관련 법령이 많이 있습니다.

반면 헌법소원이나 행정소송 등은 공권력에 의한 기본권 침해가 있음을 안 날로부터 또는 행정청의 잘못된 처분이 있음을 안 날로부터 각각 90일 이내에 제기하여야 한다고 규정하고 있습니다. 그런데 이 경우 90일의 기간은 법리상 이른바 효력규정으로서 특별한 사유가 없는 한 하루만 늦어도 소송을 제기하지 못하는 것으로 운용하고 있습니다. 똑같이 일정한 기간 내에 하여야 한다고 되어 있습니다만 어느 경우는 훈시규정이므로 이를 지키지 않아도 되고 어느 경우는 효력규정이기 때문에 지키지 않으면 불이익을 받도록 하고 있습니다. 그리고 그 판단은 공권력의 주체(법원 등)가 하도록 하고 있습니다.

이처럼 권력을 행사하는 측에서는 지키지 않아도 아무런 문제나 책임이 따르지 않고 반면 상대방인 국민에게만 준수를 요구하는 제도나 법의 운용은 고쳐져야 합니다. 법치주의는 일방통행이 되어서는 안 됩니다. 국민에게만, 약자에게만 일방적으로 준법을 강요하는 것은 진정한 의미의 법치주의가 아닙니다. 권력을 행사하는 측에서도 헌법과 법률이 정한 절차에 따라 권한을 행사하고 잘못된 법 집행에 대해서는 책임을 져야 합니다. 법치주의는 국민과 국가기관 모두가 준수하는 쌍방통행이 될 때 비로소 공정한 사회의 토대가 됩니다.

우리 주변에는 사회적 약자, 소수자그룹, 소외계층 등이 많이 있습니다. 우리 헌법은 이분들의 인간다운 생활을 할 권리, 사회

보장 등 국가의 보호를 받을 권리, 행복을 추구할 권리 등을 기본권으로 보장하고 있습니다. 따라서 국가의 이들 사회적 취약계층에 대한 배려는 정부의 시혜적 차원이 아닌 국민의 기본권리이자 국가의 의무이기도 합니다. 이명박 정부가 중점적으로 추진하고 있는 이른바 친서민 중도실용정책은 바로 헌법이 보장한 사회적 약자의 기본권을 실질화, 내실화하는 과정입니다.

저는 사회적 약자나 취약계층의 눈물과 한숨을 담아내지 못하는 법은 제대로 된 법이 아니라고 늘 주장해왔습니다. 같은 맥락에서 실정법을 어기면서까지 불법행동으로 나올 수밖에 없도록 하는 약자에 대한 배려가 부족한 법제는 제쳐 둔 채 그들의 행위에 대해서만 엄격한 법 집행을 요구하는 것 역시 헌법의 정신과 공정사회 원리에 부합하지 않습니다.

피해를 입지 않은 자가 피해를 입은 자와 똑같이 분노할 때 비로소 정의가 실현된다는 것을 강조하고 싶습니다. 따라서 정부의 친서민 정책도 피해를 입은 자의 입장에서 애정을 가지고 접근할 때 더 넓은 국민의 공감과 참여를 이루어 낼 수 있을 것입니다.

Ⅲ.

저는 법치의 핵심을 세 가지로 요약하고 싶습니다. 첫째 법은 공정하고 일관되게 적용되어야 한다(법 적용의 일관성, 형평성). 둘째 법은 투명하고 모두에게 열려있어야 한다(법의 개방성, 투명성). 그리고 마지막으로 법의 적용은 효율적이고 시의적절해야 한다(법 적용의 적시성, 경제성)는 것입니다. 이 중에서 가장 중요한 것은 법 적용의 공정성, 일관성입니다.

한국법제연구원에서 최근 조사한 자료에 따르면 우리 국민의 약 70%는 법이 공정하지 않다고 보고 있으며, 3명 중 1명은 법대로 살면 손해라고 생각하고 있습니다. 72%가 법대로 살면 손해라는 조사결과도 있습니다. 바로 많은 국민들은 법 적용의 형평성, 일관성 결여를 문제 삼고 있는 것입니다. 그런데 한 가지 흥미로운 것은 중 · 고등학생을 대상으로 한 조사에서 감옥에 10년을 살더라도 10억 원을 벌 수 있다면 부패를 저지를 수 있느냐는 질문에 20% 가까이 "그렇다"고 답변했습니다. 참으로 충격적입니다. 한마디로 우리 사회의 기성질서에 대한 불신이자 사회적 신뢰의 위기입니다.

공자는 논어에서 국가의 구성요소를 군사력, 경제력, 사회적 신뢰라고 하면서 그중 사회적 신뢰를 가장 중시했습니다. 법치 열외 내지 예외주의, 적법절차를 거추장스럽게 여기는 법치 불감증 내지 목표지상주의가 일부 사회지도층, 고위공직자 사이에 만연되어 있는 것을 느끼곤 합니다.

사마천은 「사기열전」에서 법이 공정하지 못한 이유는 윗사람부터 준수하지 않기 때문이라고 하면서 "윗사람들의 행실이 바르면

명령하지 않아도 저절로 이행되지만, 윗사람들의 행실이 바르지 못하면 명령을 내려도 복종하지 않는다"고 갈파했습니다.

「선비의 도」와 「지성인의 사명」을 강조한 조지훈 선생은 「지조론」에서 국민이 국정을 맡기기를 갈망하는 인물은 ①언행이 일치하여 솔선궁행하는 사람, ②청렴강직하되 무능하지 않아 말단의 부패까지 불식하려는 능력이 있는 사람, ③앞날의 정치적 계산이나 개인적 영달에 개의치 않고 법치에 기대어 국정의 대의에 임하는 사람이라고 강조한 바 있습니다.

최근 고위공직 후보자 검증과정에서 국민들은 후보자들의 높은 도덕성, 살아온 과정의 투명성, 엄격한 법치준수를 요구하고 있습니다. 어떤 사람들은 너무 가혹하지 않느냐고 합니다만, 저는 이러한 현상을 우리 사회를 투명하고 공정한 사회로 가기 위하여 한 단계 업그레이드시키고 있다는 점에서 긍정적으로 보고 있습니다. 앞으로 고위공직자에 대하여 더 높은 수준의 도덕성과 법 준수가 요구되어야 하고 국민은 이를 요구할 권리가 있다고 봅니다.

고대 로마시대 연전연승하는 한니발을 격파하고 로마를 포에니 전쟁의 수렁에서 구한 로마의 영웅 스키피오 아프리카누스도 사용처가 분명치 않은 500 탤런트의 돈을 추궁당하여 물러난 바 있습니다. 이런 지도층에 대한 엄격한 잣대가 로마를 대제국으로 1000년 이상 지속시킨 원동력이었습니다.

Ⅳ.

조선왕조는 백성들이 초근목피, 즉 풀뿌리와 나무껍질로 연명한다는 말이 있을 정도로 가난한 나라였습니다. 이렇게 가난한 나라가 500여 년이라는 장구한 세월 동안 단일왕조의 기틀을 유지할 수 있었던 요인은 국가 기강이 무너지지 않았다는 것입니다. 국가 기강을 유지시킨 것은 바로 도덕적 용기를 갖춘 선비의 직언과 정승을 비롯한 권력 핵심층의 청렴성이었습니다.

최고통치자, 즉 임금에 대한 직언은 개인의 영달이나 정치적 계산에 매달리면 불가능합니다. 백성이 원하는 바른 말을 하려면 관직은 물론 때로는 목숨까지 걸어야 합니다. 한마디로 참선비로서의 기개와 의리가 살아 있을 때에만 가능합니다. 「조선왕조실록」은 이와 같이 목숨을 건 선비들의 직언을 낱낱이 기록하고 있습니다. 몇 가지 예를 들어보겠습니다.

선조 임금이 이순신 장군을 적과 내통했다는 모함에 휘둘려 투옥시키고 죽이려 하자 중견 관료인 조사관 정경달이 직언합니다. "장수가 기회를 엿보고 정세를 살피는 것을 가지고 전투를 기피한다고 하여 죄를 물을 수는 없습니다. 전하께서 통제사(이순신)를 죽이시면 사직을 잃게 될 것입니다."

세종 때의 황희 정승은 원래 양녕대군의 폐세자에 반대하여 다시 말하면 세종의 즉위에 반대하여 태종 이방원에 의하여 귀양을 갔으나 세종은 그런 황희를 다시 불러들여 영의정까지 시켰습니다. 황희는 국정의 고비마다 세종에게 직언을 하고 세종은 이를 받아들였습니다. 예컨대, "전하, 그것이 비록 왕실과 나라에 큰 도움이 되는 일이라도 백성이 원치 않으면 시행하지 않는 것이 도리인 줄 압니다"라는 직언이 곳곳에 비칩니다.

광해군 때 임숙영은 과거의 마지막 관문인 전시(임금이 친전)에서 "지금 나라가 어려운 원인은 무엇인가"라는 광해군의 질문에 "나라의 병, 즉 나라가 잘못되어가고 있는 원인은 바로 임금 자신에게 있습니다." 이른바 삭과파동으로 목숨마저 부지하기 어려운 상황인데도 결국 급제했습니다.

최익현은 대마도에서 굶어 죽어가면서도 임금의 분발을 촉구하는 직언을 했습니다. 조지훈 선생은 「지조론」에서 "직언하는 선비는 함부로 죽이지 못한다. 역사의 준엄한 감시가 있기 때문이다"라고 했습니다. 「자치통감」을 보면 "임금이 어질면 신하는 곧다(君仁則臣直)"는 말이 나옵니다. 신하의 직언이 살아있어야 성군, 현군이 나온다는 것입니다. 깊이 새겨야 할 말입니다. 직언하는 사람을 꺼리게 되면 그 화는 결국 통지자 자신에게 온다는 것을 역사는 말해주고 있습니다.

한 조사에 따르면 조선왕조 500년 동안 황희, 맹사성 등 218명의 청백리가 배출되었으며 그 중 정승급 34명을 위시하여 이권부서인 호조, 공조, 형조 순으로 청백리가 많았다고 합니다. 비록 하위직이나 지방관서에서는 시대에 따라 부정부패가 심했다 하더라도 권력핵심층의 청빈함과 공직에 대한 헌신적 태도가 정권에 대한 불만을 잠재우고 국가의 기틀을 유지한 것입니다.

한마디로 국가지도층의 참선비로서의 기개와 정신, 즉 사명의식(노블레스 오블리주)이 조선조에 의연히 살아 있었다는 것입니다. 오늘의 우리들, 특히 지도층과 공직자들도 이러한 전통을 의연히 계승해야 합니다. 궁형이라는 치욕의 형벌을 감내하면서 위대한 역사서인 「사기」를 남긴 사마천은 그 열전편에서 힘주어 말하고 있습니다. "최고통치자 곁에는 천 사람의 '예, 예' 하는 사람보다 한 사람의 바른말 하는 선비가 필요하다"는 것을.

V.

저는 시민운동을 했던 법조인으로서 그리고 고위공직을 지냈던 사람으로서 앞으로 재야에 있으면서 두 가지 일을 꼭 해보고 싶습니다. 우리 사회에서 억울하게 당한 사람이 줄어들게 하는 일과 국민이 낸 세금이 공정하게 제때 제 곳에 쓰여지는가를 감시하는 일입니다.

우리 주변에는 정말 억울하게 당한 사람(단체, 조직)이 의외로 많습니다. 때로는 권력, 때로는 사회의 거대한 세력, 때로는 잘못된 제도에 의해서 말입니다. 어디에다 호소할 곳도 없고 호소를 해도 여러 제약에 막혀 결국 구제받지 못하고 국가에 대한 원망과 사회에 대한 한을 품은 채 살고 있는 사람들입니다. 저에게는 전부터 이런 억울함을 호소해오는 사례가 종종 있었습니다만 정치적 사건 등에 얽매여 이를 제대로 들어주지 못한 것이 부끄럽습니다. 이런 억울한 사례들을 방치하고 공정사회, 국민통합의 길을 요원합니다.

한 사회의 문명 수준을 알려면 그 사회가 소수자와 약자, 억울한 사람을 어떻게 대우하느냐를 보란 말이 있습니다. 이제 저는 이런 사례 중 몇 가지를 사례별로 분석 검토하여 무엇이 어디에서 잘못되었는가를 파헤쳐 제도적 허점으로 인한 것은 소송이나 헌법소원 등을 통하여 바로잡고 권력남용이나 횡포로 인한 것은 그 책임을 묻는 일을 하고자 합니다. 이렇게 해서 억울하게 당한 사례가 밝혀지면서 그 원인과 대책이 공론화되면 권력남용이나 강자의 횡포나 법제의 미비 등으로 인한 억울함이 점차 줄어들 것입니다.

두 번째로, 국민이 낸 세금으로 이루어진 예산이 제 곳에 적정하게 분배되고 그 집행이 제때 낭비 없이 이루어지는가, 즉 예산분배 및 집행의 감시운동을 체계적으로 펴는 일입니다.

제가 다시 정부에 들어와 일하다 보니 예산분배의 적정 · 형평성 문제, 예산집행과정에서의 적시성, 낭비성 문제가 크게 가슴에

와 닿더군요. 법제처의 경우 1년 예산이 겨우 220억 원 정도인데 이 중 인건비, 고정사업비 등을 빼면 실제 사업비는 50억 원 정도입니다만 이 돈을 가지고 참으로 많은 일을 했습니다. 몇천억, 몇조 단위의 예산이 제대로 분배되고 쓰여지고 있는지, 특수활동비 등의 명목으로 검증대상에서 제외된 돈이 과연 적정한 것인지 등을 국민의 입장에서 직접 따져 보는 것입니다. 이 문제는 예산심의확정권을 가진 국회에도 상당 부분 책임이 있다고 봅니다.

어느 조사에 의하면 납세자 10중 중 8명이 세금내기를 꺼려하는 이유로 예산이 낭비되고 있다는 점을 지적하고 있습니다. 잘못 분배되거나 낭비성 예산만을 추슬러서 복지예산으로 돌려도 약자와 취약계층에 대한 배려가 실질적으로 이루어질 수 있다고 봅니다. 이 운동은 많은 전문가, 전문가 단체, 실무경험자의 참여와 협조를 받아 전개할 필요가 있습니다. 그리고 이 운동을 성공적으로 이끌기 위해서 가칭 「예산과정에서의 국민참여 및 감시에 관한 법률」의 초안을 만들어 공론화할 필요가 있다고 하겠습니다.

VI.

자, 질문 하나 하겠습니다. 병역을 필한 제대군인에게 공무원, 공기업 등의 채용시험에서 3%, 3%가 너무 많다면 1%의 가산점을 주는 데 대해서 어떻게 생각하십니까? 그 전제로서 헌법은 평등권과 이를 토대로 직업의 자유, 공무담임권 등에서도 평등한 대우를 규정하고 있습니다. 반면 헌법 제39조에서는 모든 국민의 국방의무와 병역의무 이행으로 인한 불이익 대우 금지를 규정하고 있습니다.

(답변 내용 생략)

제대군인 가산점 제도는 10년 전 제가 공익소송으로서 헌법소원을 제기하여 위헌결정을 받았던 사례입니다(당시에는 5%, 3% 가산점). 최근 제대군인에 대한 역차별 논의와 관련하여 이 제도의 부활을 둘러싸고 각 이해관계인, 기관, 단체 사이에 의견이 대립되고 있습니다. 이 문제는 방금 몇 분의 답변 내용에서 볼 수 있듯이 각자의 입장에 따라 차이가 나고, 결국 옳고 그름의 가치 판단의 문제가 아닌 어떻게 하는 것이 공동선을 추구하는데 더 유용한가라는 선택의 문제로 옮아갑니다.

최근 우리나라에서도 많이 읽히고 있는 하버드대학의 마이클 샌델 교수가 쓴「정의란 무엇인가」라는 책의 결론도 이와 유사합니다. 즉 공정한 사회는 정의로운 사회이고 정의로운 사회는 각자의 행복을 극대화하거나 선택을 존중하는 것만으로는 이루어질 수 없다고 합니다. 결국 정의는 좋은 삶의 의미(공동선의 추구)를 함께 고민하고 그 과정에서 생기게 마련인 다름과 차이(異見)를 존중하고 받아들이는 문화를 가꾸어 가는 데서 이루어진다고 하고 있습니다.

같은 맥락에서 우리 사회에 실패를 용인하는 시스템이 구축되어야 한다고 봅니다. 우리 사회는 실패자, 패배자에 대하여 가혹합니다. 한 번의 실수와 잘못으로 공들여 가꾼 기업이나 직업의 발판을 잃었던 사람들이 재기할 수 있는 풍토가 제도적, 법적으로 조성되어야 합니다. '성공의 신화'보다 '실패의 교훈'이 잔잔한 감동과 의욕을 불러일으키는 분위기가 마련되어야 합니다. 모험과 도전, 용기를 강조하는 사회 분위기 속에서는 성공자보다 실패자가 많습니다. 실리콘밸리는 성공의 요람이라기보다 실패의 무덤이라는 말이 있습니다. 그들 중 극히 일부가 재기에 성공하여 신화의 주인공이 되는 것입니다. 공정한 사회는 1등과 성공자만이 대접받고 그들의 독무대가 되어서는 안 됩니다. 승리자로 가득 찬 세상만큼 삭막하고 재미없는 사회는 없습니다. 그나마 우리의 삶을 참을만하게 하는 것은 패배자 내지 실패자들입니다. 공정한 사회는 비주류가 경쟁력인 사회이고, 비주류가 좌절하지 않고 언제든지 주류로 편입할 수 있는 길이 열려 있는 사회여야 합니다.

그런 점에서 국가인적충원제도로서의 고시제도는 비주류가 주류에 편입할 수 있고 패자가 재기할 수 있는 오랜 세월을 걸쳐서 검증된 시스템입니다. 따라서 시험과목과 방법(절차)의 개선을 거쳐 더욱 존치 발전시킬 필요가 있다고 봅니다.

VII.

이제 서서히 결론으로 들어가 봅니다.

시오노 나나미가 쓴「로마인 이야기」에 보면 이런 얘기가 나옵니다. 지성에서는 그리스인보다 못하고, 체력에서는 갈리아(켈트족)인이나 게르마니아인보다 못하고, 기술력에서는 에트루리아인보다 못하며, 경제력에서는 카르타고인보다 뒤떨어졌던 로마인들이 이들을 차례로 정복하고 2000년 넘게 대제국으로 존속할 수 있었던 원인은 바로 로마인들이 가진 패배자도 동화시킨다는 관용성, 포용성에서 찾고 있습니다. 인종과 종교, 피부색이 다른 상대를 포용하여 동화시키는 로마인의 유전자, 오늘 한국사회의 통합논의에서도 큰 시사점이 된다고 봅니다. 패자에게 관용을 베풀고 나와 다른 생각을 가진 상대방을 포용하여 함께 가는 노력이 필요합니다.

최근 우리 사회는 이념편향적이고 파편화된 개인과 집단들의 극단적인 주장으로 공동체적 연대가 급속히 허물어지고 있습니다. 그 결과 국가정체성이 흔들리고 개인사이의 연대의 끈도 점차 사라지고 있습니다. 관용과 진실에 기초한 공동체 정신을 헌법이라는 가치로 시급히 회복해야 할 때입니다. 대한민국 국적을 가진 사람들이 이념과 가치관을 떠나서 합의할 수 있는 기본 텍스트는 바로 헌법입니다. 헌법이 추구하는 자유민주주의 시장경제의 이념과 적법절차(법치주의), 기본권 존중이라는 두 이념이 서로 조화를 이루어야 합니다. 헌법은 국민통합의 나침반이 되어야 한다고 믿습니다. 더 이상 철 지난 이념조각을 붙들고 국민 편 가르기에 열중하거나 지연, 학연 등 패거리 문화에 심취해서는 우리의 미래가 없습니다. 양분법으로 상대방을 매도하는 독선에 빠져서도 안 됩니다.

헌법이 요구하는 국민적 합의는 참여의 기회균등에 바탕을 둔 것일 때에만 그 의미가 있습니다. 참여의 기회균등에 바탕을 둔 국민적 합의야말로 헌법이 추구하는 정의를 실현하는 길이며 사회통합 나아가 국격향상을 위한 길이기도 합니다.

끝으로 맹자의 말을 인용하면서 제 얘기를 마칠까 합니다. 맹자 「진심(盡心)」 편에 "流水不盈科不行(유수불영과불행)"이라는 말이 있습니다. 흐르는 물은 구덩이를 채우지 않고는 앞으로 나가지 않는다는 뜻입니다. 첩경, 효율, 외형에 연연하지 말고 당장은 좀 더디고 불편하더라도 적법절차와 충분한 합의과정을 거쳐 다름과 차이를 인정하면서 함께 가는 것, 이것이 바로 국민과의 소통입니다. 그리고 공정사회로 가는 디딤돌이자 마중물입니다.

이상 제 강의를 마치겠습니다. 감사합니다.

한국 시민운동에 관한 경험론적 성찰*

Ⅰ. 서언

시민참여에 의한 정치, 경제, 사회개혁 운동이 전 세계적으로 일고 있다. 주권자인 국민이 시민의 개념으로 무장하면서 나라의 주인이라는 인식이 확대되고 있는 것이다. 바야흐로 시민운동을 통한 시민주권시대가 열리고 있다. 1989년 경제정의실천시민연합(경실련)** 창립과 더불어 본격화된 한국의 시민운동은 1990년대

*이 글은 지난 2004년 11월 일본 게이오대학교 법학부 주최 국제학술 심포지엄에서 발표한 내용을 수정, 보완하여 신 한일관계론(동아시아 재단 연구논총1 한국 오코노기교수연구회편, 2005년 12월)에 실은 글임. 일본과 대비되는 한국시민운동의 지위, 역할, 향후 방향 등을 중심으로 당시 경실련 사무총장으로서 한국 시민운동의 중심에 섰던 필자의 체험론적 차원에서 쓰여졌음.

** 1989년 7월 경실련의 창립은 당시 체제를 부정하던 민중운동 내지 민민(民民)운동이 주류였던 한국사회에서 체제 내에서 개혁과 변화를 목적으로 시민의 개념을 시민운동에 접목시킴으로써 한국 시민사회의 지형을 바꾼 일대 사건이었다(이기호, "생활정치의 관점에서 본 한, 일간 시민운동의 비교연구," 『시민사회와 NGO』 181–182면. 한양대 제3센터연구소, 2003).
창립 초기부터 경실련은 경제정의의 기치를 내걸고 정경유착과 관치금융청산, 토지공개념 도입, 재벌개혁, 금융실명제, 부동산실명제, 금융소득종합과세 등을 표방하면서 지난 17년 동안 경제, 정치, 행정, 사회 및 도시개혁, 환경정의, 부정부패 추방, 통일 문제 등 다양한 분야에서 대안 있는 시민실천운동을 주도 함으로써 대표적인 한국의 시민단체로 자리매김 되었다

중반 이후 급속히 성장하면서 사회적 영향력의 면에서 선진국을 능가하는 추세이다.*** 이제 한국 시민운동에 대한 겸허한 자기성찰과 점검이 요구되는 시점이기도 한다.

이런 점에서 최근 학계를 비롯한 여러 단체에서 한국 시민운동 내지 시민사회에 대한 활발한 연구와 조명이 이루어지고 있음은 시민운동의 활성화와 바람직한 발전을 위하여 고무적인 일이라 하겠다. 다만 어려운 여건하에서 고군분투하고 있는 시민운동의 한국적 현실에 대한 깊은 천착 없이 시민운동권 밖에서 가해지는 시민운동의 객관성, 정치적 중립성, 균형성 등에 대한 비판과 우려의 목소리에 귀 기울이면서 과연 반성할 점이 없는가 진지하게 성찰, 고민할 필요가 있다고 본다. 아울러 최근 기존 시민단체에 대한 반성 내지 대안으로서 새롭게 등장하고 있는 각종 포럼형태의 전문가 단체와 이른바 뉴라이트(New Right) 운동으로 대표되는 새로운 유형의 시민운동에 대하여도 주목할 필요가 있다.

이 글에서는 한국 시민운동의 현황과 과제, 헌법의 정신에 입각한 시민운동의 바람직한 방향 등을 필자의 경험적 측면에서 살펴보고자 한다.

*** 최근의 한 여론조사 결과를 보면 한국을 움직이는 가장 영향력 있는 집단 내지 세력으로 시민단체(NGO)가 1위(28.9%)로 나타나고 있다(『시사저널』, 2004. 10월 29일자 참조).

Ⅱ. 시민운동과 권력과의 관계

1) 시민운동과 권력과의 관계를 어떻게 정립할 것인가

시민 개개인이 인간으로서의 존엄과 가치를 보장받고 행복추구권이 최대한 확보되는 사회야말로 21세기의 국가가 지향해야 할 근본목표이다. 이는 우리 헌법이 추구하는 최고의 기본권적인 가치이기도 하다. 대통령을 비롯한 모든 국가기관은 이와 같은 기본권적 가치에 봉사하고 이를 구현하기 위하여 존재한다고 하여도 지나치지 않다. 그러나 현실은 시민의 기본권적 가치가 경시되고 국가기관이 국민 위에 군림하는 전도된 현상이 나타나고 있다.

시민단체는 바로 이런 전도된 상황을 바로 잡아 시민의 삶의 질의 구체적 향상을 위하는 데서 그 운동의 방향을 설정하여야 하리라고 본다. 그러기 위해서는 시민의 존엄과 가치를 무시하려는 권력 또는 그에 버금가는 사회세력의 행태에 대한 철저한 감시, 비판과 구체적인 대안의 제시가 요망된다 할 것이다. 따라서 시민단체는 권력 등과 항상 건전한 긴장, 갈등관계를 전제로 하여 그 활동영역을 구축해야 할 것이다.

2. 시민운동의 순수성과 정치적 중립성에 관한 논란

다음으로 시민단체에 관여하는 인사들의 정부요직 진출이나 공직선거의 출마 등 정치참여를 둘러싸고 제기되는 시민운동의 순수성과 정치적 중립성에 관한 논란이다.

시민단체에서 균형적인 마인드를 키워 나중에 정부나 정계에 진출하는 것 자체를 터부시하거나 탓할 생각은 없다. 오히려 선진 외국에서 보듯이 자연스러운 현상이기도 하다. 그러나 시민단체에 종사하면서 특정 정파, 정당, 정권과 연계를 맺어 시민운동의 방향을 왜곡시키면서 그 대가로서 공직에 나가는 것은 비난받아 마땅하다. 이는 시민운동에 대한 배신행위이다.

따라서 시민운동에 종사하는 사람들은 엄격한 자기관리와 사명의식이 요구된다 할 것이다. 권력 역시 시민운동을 정략적으로 활용하려는 발상을 버려야 한다. 행적과 소신에 있어서의 투명성과 일관성, 정치적 중립성의 견지, 도덕성 유지 그리고 전문성 및 실행성의 확보는 시민운동가의 덕목이다.

따라서 시민단체는 초심의 원칙과 입장을 확고히 유지하고 어떠한 정치세력을 불문하고 정권유지적, 당리당략적 차원의 국정운영이나 시민의 구체적 삶의 질의 향상을 기하기 위한 개혁정책의 후퇴, 왜곡, 변질 등에 대해서 엄정한 감시와 비판을 가함과 동시에 합리적이고 구체적인 대안을 제시함으로써 그 활동과 존립의 정당성을 획득해야 할 것이다.

3. 정치개혁과 낙선, 당선운동

1) 한국의 시민운동이 지나치게 정치문제에 관여한다거나 또는 정치단체화하고 있다는 일각의 비판이 있다. 그러나 아직도 개혁되어야 할 사회적 시스템이 많은 부분 상존해 있는 가운데 정치

가 모든 것을 좌우하다시피 하고, 권력의 인격화 현상이 강하게 남아 있는 한국적 풍토에서 정치과정이 공정하고 적법하게 진행되는가의 여부는 경제, 사회개혁 더 나아가 시민의식개혁의 관건이 되고 있다.

고비용, 저효율, 비능률과 지역분할구도로 상징되는 한국정치의 후진성 극복 없이 선진사회로의 진입은 요원하다고 하겠다. 기업 활동을 옥죄고 있던 과거의 대선자금 사태에서 보듯이 아직도 정치가 모든 것을 좌우하다시피하고 있는 한국적 풍토에서 정치과정의 공정성, 적법성 여부는 국가성패의 관건이다. 시민단체가 정치개혁에 그 역량을 집중하지 않을 수 없는 현실적 필요성과 당위성이 바로 여기에 있다.* 이 점에서 일본의 시민운동이 주로 지역단위의 풀뿌리(grassroot)시민단체를 중심으로 생활환경운동, 자치행정의 감시, 개혁운동 등에 치중하고 있는 것과는 차이가 난다. 특히 일본의 중의원, 참의원 선거 등에서 시민단체의 낙선운동이 거의 유권자들의 관심을 끌지 못하고 있는 현상은 한국과 대조를 이루고 있는 바, 이는 양국 시민운동의 생성 및 활동기반

---

* 이 점에서 일본의 시민운동이 주로 지역단위의 풀뿌리(grassroot)시민단체를 중심으로 생활환경운동, 자치행정의 감시, 개혁운동 등에 치중하고있는 것과는 차이가 난다. 특히 일본의 중의원, 참의원 선거 등에서 시민단체의 낙선운동이 거의 유권자들의 관심을 끌지 못하고 있는 현상은 한국과 대조를 이루고있는 바, 이는 양국 시민운동의 생성 및 활동기반과 배경 등을 연구하는데 시사점을 준다 하겠다.

과 배경 등을 연구하는데 시사점을 준다 하겠다.

그러나 한국의 시민단체가 지난 두 차례 총선과정에서 보여주었던 낙천, 낙선, 당선운동과 관련하여 몇 가지 점을 숙고하지 않을 수 없겠다.

2) 먼저 낙천자, 당락자 명단 발표 외에 선거현장에서 하는 낙선 또는 당선운동은 현행 공직선거법상 금지되어 있다는 것이다. 낙천자 발표에 이어 본격적인 당락운동을 하려면 위 금지조항부터 개정해야 한다. 필자는 낙선운동 처벌조항은 삭제되어야 한다는 입장이지만 낙선운동 허용 여부에 대하여는 찬반양론이 팽팽하기 때문에 사회적 합의 과정이 필요하다고 본다.

헌법재판소는 재판관 전원일치로 현행 낙선운동 금지조항을 합헌이라고 판시한 바 있다.* 법을 위배한 선거운동은 아무리 그 목적이 정당하다 하더라도 합리성과 타당성이 인정될 수 없음은 법치주의 원리상 당연하다.(그 후 공직선거법 개정으로 낙선운동 처벌 조항은 폐지되었음)

---

* 헌법재판소는 「시민단체의 낙선운동의 효과는 경쟁하는 다른 후보자의 당선에 크건 작건 영향을 미치게 되고 경우에 따라서는 시민단체의 낙선운동이 그 명분 때문에 후보자 편의 낙선운동보다는 훨씬 더 큰 영향을 미칠 수도 있다. 이러한 점을 생각할 때 시민단체의 낙선운동은 후보자 측이 자기의 당선을 위하여 경쟁후보자에 대하여 벌이는 낙선운동과 조금도 다를 것이 없다. 따라서 특정후보자를 당선시킬 목적의 유무에 관계없이 당선되지 못하게 하기 위한 행위 일체를 선거운동으로 규정하여 이를 규제하는 것은 불가피한 조치로서 그 목적의 정당성과 방법의 적절성이 인정된다」고 판시하여 낙선운동금지규정 위반자를 처벌하는 공직선거법의 합헌성을 인정하였다(2001. 8. 30. 2000헌마 121, 202판례집 13-2,263).

3) 다음 시민단체는 공익성과 비정파성을 바탕으로 권력에 대한 감시, 비판, 대안제시가 그 활동의 본질이다. 따라서 제도개선 등 개혁과 변화를 위한 시민단체의 활동은 균형적인 시각에서 객관성이 유지되어야 한다.

총선운동과정에서 이러한 기준이 지켜지지 않을 경우 자칫 특정 정파 내지 정권지지운동으로 오해받을 수 있다. 정치적 편향성을 지닌 일부단체의 서포터즈운동과 시민단체의 총선운동은 구분되어야 한다. 만일 시민운동이 정치적 지지운동으로 오해를 받거나 변질되는 경우, 정치개혁의 참뜻이 반감되면서 시민단체가 그간 쌓아왔던 성과와 노력마저 빛이 바래게 될 것이다.

권력은 시민운동을 정략적으로 이용하려는 발상을 버려야 한다. 따라서 앞서 본 바와 같이 시민단체에 관여하는 사람들의 엄격한 자기 관리와 사명의식이 요구된다. 정권은 유한하지만, 시민운동은 계속하여 키워나가야 할 영속적 대상이기 때문이다.

4) 더 나아가 정치개혁이 아무리 절실하다고 하여 시민단체가 정치세력화하거나 시민단체의 이름으로 직접 후보를 내는 데에는 신중을 기해야 한다고 본다.

지역갈등구도 등이 엄존하는 한국적 정치풍토에서 시민단체의 조직적인 정치참여는 시민운동의 정체성에 혼란을 일으켜 그 방향감각을 상실하게 할 우려가 있다. 뿐만 아니라 비정파성, 공익성을 그 개념적 요소로 하는 시민운동의 본질과도 거리가 멀다

하겠다.

아무리 개혁적인 정권이나 참신한 인물이라 하더라도 권력은 남용되기 마련이고 시간의 흐름에 따라 감시와 개혁의 대상으로 전락한다는 것은 세계의 역사가 증명하고 우리의 과거 경험이 말해주고 있다. 많은 시민들이 시민단체의 정치개혁운동을 지지한다고 해서 시민단체의 직접적인 정치참여까지도 지지하는 것은 결코 아니라고 본다.

Ⅲ. 시민참여와 재정문제

1) 그간 한국 시민운동의 급성장과 사회적 영향력의 증대는 광범위한 시민들의 조직적 참여에 의한 것이라기보다는 소수의 전문가와 상근 활동가에 의한 정책대안의 제시와 언론매체를 통한 홍보에 주로 힘입었음을 솔직히 인정해야 할 것이다. 그렇다고 해서 한국의 시민운동에 대해서 가해지는 시민과 유리된 「시민 없는 시민운동」이란 타성적 비판에는 선뜻 동의할 수 없다. 경우에 따라서는 시민(회원)들의 적극적인 참여 속에 또는 회원이 주체가 되어 운동의 성과를 거둔 때도 많았음을 상기하고자 한다.

당원 없는 정당, 주민 없는 지방자치 등에서 보듯이 전반적으로 사회참여의 분위기가 저조한 한국적 풍토에서 그래도 시민운동은 시민참여가 상대적으로 돋보이는 분야라 하겠다. 특히 한국에서의 시민운동의 성장 및 전개과정은 외국의 시민운동이 주로 지역사회 단위의 또는 일상생활속의 운동이었던 것과는 달리 정치, 경제, 사회 전반에 걸친 개혁운동과 그 궤를 같이하고 있다는 점에서 시민운동 과정에서의 창조적 소수(creative minority)의 역할이 클 수밖에 없었다고 보아야 할 것이다.

어떻든 회원의 확대 및 참여의 강화 등 시민참여의 활성화를 통하여 시민 없는 시민운동이라는 비판을 극복하는 것은 한국 시민운동의 주요과제의 하나인 것만은 분명하다. 이런 점에서 풀뿌리 시민운동으로서의 지역시민운동은 「시민 있는 시민운동」으로서의 발전을 위해 중요한 역할을 담당하게 되리라고 본다. 지역사회의 다양한 이슈와 시민생활에 밀접한 문제 등을 다루고 회원 및 시민참여를 위한 다양한 활동방식을 개발하는 등 지역운동의 활성화를 위한 노력이 기울여져야 하리라고 본다.

2) 시민운동의 최대과제이자 딜레마는 건전하고 투명한 재정구조와 재정안정을 어떻게 동시에 달성하느냐이다. 회비와 소액다수의 후원금에 의존하는 것이 바람직하지만 여의치 않은 것이 현실이다. 재정자립도에서 회비가 차지하는 비중을 높여나가기 위한 노력이 꾸준히 요구된다. 특히 현재 시민단체 재정의 상당부분을 차지하고 있는 기업으로부터의 후원금에 대해서는 그 기부절차에서의 투명성이 요구된다.

무릇 사회가 발전하면서, 민간부문이 추진하는 것이 비용과 편

익면에서 훨씬 비교우위가 있는 공공서비스를 민간부분에 이양하는 것은 세계적인 추세이다. 뿐만 아니라 사회적 공공선을 위해 공익적 활동을 수행하고 있는 시민단체들의 활동은 정부가 해야 하지만 하지 못하고 있는 일을 하고 있는 만큼 국민의 세금으로서 지원해야 한다는 데 대해 이미 선진 시민사회는 일치된 의견을 갖고 있다. 그런 점에서 시민단체가 공모와 심사라는 투명한 절차를 거쳐, '공익프로그램에 대한 추진비용'으로 받은 비용을 정부의 보조금을 받았다고 문제 삼으면서 시민운동의 정당성까지 뿌리째 흔들려는 것은 지나치다고 본다. 어떻든 이 부분은 한국사회의 민주적 역량과 합리적 사고의 미숙함이 그대로 나타나는 민감한 문제이다.

그러나 비록 「비영리민간단체지원법」이 제정, 시행(2000. 4. 13)되어 정부 사업에 시민단체가 참여할 법적 근거가 마련되었다 하더라도 정부 주도하에 자금지원이 이루어지도록 하고 있어 한국적 풍토에서 볼 때 오해의 소지가 여전하다. 공익재단을 설립하여(동 재단의 기금은 예산지원과 기업의 기부금 등으로 구성) 동 재단이 자율적으로 시민단체 공익활동에 비례하여 사업비를 지원하고 아울러 사업비 진행에 대한 투명한 감시장치를 마련하는 방향으로 위 비영리민간단체지원법을 개정할 필요성이 있다 하겠다. 시민사회가 충분히 공감할 수 있는 투명하고 객관적인 시민단체에 대한 사회적 지원장치의 마련이야말로 선진국 가늠의 척도가 아닌가 한다.

Ⅳ. 한국 시민운동의 바람직한 방향과 관련하여

헌법의 정신에 입각한 시민운동의 방향 정립의 필요성

필자는 경실련 사무총장(1999~2002)으로 재직하면서 자유민주주의 원리, 자유시장경제 원리, 적법절차를 중핵으로 하는 법치주의, 시민 개개인의 인간으로서의 존엄성과 행복추구의 최대한 보장이라는 헌법의 기본이념을 시민운동에 접목시키려고 노력해왔고 이를 수차례에 걸쳐 표명한 바 있다. 그리고 경실련 사무총장 임기를 마치면서 다음과 같은 시민운동관을 피력하였다.*

> 시민운동이 목표로 하고 있는 개혁은 어디까지나 시민 개개인의 구체적 삶의 질을 향상시킴으로서 시민 개개인의 존엄과 가치를 고양시키는 데 두어져야 한다는 점에서 개혁이 진보세력의 독점물이 될 수는 없습니다. 이제 우리 사회의 다수를 점하고 있는 온건하고 합리적인 보수성향의 시민들과 그들이 갖고있는 개혁의지를 대변할 새로운 시민운동이 필요하고 이러한 시민운동은 과거 재야투쟁식 내지 운동권식 방식으로는 더 이상 통하지 않는다 하겠습니다. 통일을 추구하면서도 자유민주주의를 우위에 두고, 경제적 정의를 주장하면서도 자유시장경제질서라는 헌법의

* 필자의 이러한 시민운동관은 당시 언론에 자세히 보도된 바 있음.

> 기본이념을 소중히 여기고, 삶의 질을 향상시키기 위한 개혁을 요구하면서도 그 개혁이 헌법과 법률의 테두리 내에서 적법절차를 준수하면서 이루어져야 한다는 온건하고 합리적인 다수의 시민들을 대변할 새로운 패러다임의 시민운동이 시민운동의 중심으로 자리 잡아야 한다고 봅니다.

지금도 이러한 생각에는 변함이 없다. 즉 변화와 개혁을 위한 시민단체의 활동은 헌법의 기본정신 내지 기본이념에 입각하여 시민 개개인의 구체적인 삶의 질을 향상시키기 위한 실용주의적인 것이 되어야 한다는 것이다.

먼저 한국 헌법의 기본이념을 간략히 살펴보고 헌법의 정신에 기초한 바람직한 시민단체의 지위 내지 시민운동의 방향에 대해서 생각해본다.

1. 인류 보편적 가치로서의 한국 헌법의 기본이념(정신)

1) 한국 헌법은 다른 선진국의 헌법과 마찬가지로 정치사회적으로는 자유민주주의, 경제적으로는 자유시장 경제질서의 두 축을 기본이념으로 하고 법치주의 내지 적법절차를 그 수단으로 채택하고 있다. 헌법이 이러한 이념과 수단에 의해서 추구하는 최고의 가치질서는 국민 개개인의 인간으로서의 존엄과 가치의 구현 및 행복추구권의 보장이다. 헌법이 기본으로 하고 있는 이들 제도는 지금까지 인류가 모색해 온 정치, 경제, 사회체제에 관한

최선의 제도로서 우리뿐만 아니라 지구촌 대부분의 국가 헌법에서 보편적으로 채택하고 있는 체제의 지향점이자 헌법개정의 한계이다.

이 점은 헌법이 국가 목표로서 평화통일을 추구하되 그것은 어디까지나 자유민주적 기본질서 즉 자유민주주의 체제에 입각한 것이어야 함을 천명(헌법 第4조)하고 있는 데에도 나타나고 있다.

2) 이처럼 통일 후의 한국의 정치, 경제, 사회체제는 법치주의에 입각한 자유민주주의와 자유시장 경제질서가 되어야 함이 헌법의 정신이라는 점에서 이에 반하는 통일정책이나 주장은 그 자체 위헌적일 뿐만 아니라 인류의 보편적 가치를 거스르는 시대역행적인 것이라 하겠다. 우리가 〈어떤 통일〉인가를 묻지 않는 몰체제적 통일지상주의를 수용할 수 없는 이유가 바로 여기에 있다.

통일이 자유민주주의를 성취하기 위한 수단이어야지 자유민주주의가 통일의 희생물이 될 수는 없다. 이는 우리 헌법의 확고한 의지이다. 같은 맥락에서 북한주민의 인권상황을 도외시한 대북, 대외정책 역시 헌법적 정당성은 물론 국민적 설득력을 갖지 못한다.

더 나아가 헌법은 통일정책에 관해서 그 중요성을 감안하여 대통령에게 국민투표를 통한 민주적 정당성의 확보를 요구하고 있다(헌법 第72조). 이 점에서 국민은 통일정책에 관하여 자유로운 의견개진과 토론을 통해 최종적인 결정권을 행사할 수 있는 헌법적 수권을 부여받고 있다.

따라서 국민적 합의나 국회에서의 논의과정을 배제한 정부 또는 정권적 차원의 독단이나 밀실행위에 의한 통일, 대북정책의 수립, 집행은 위헌적인 행위로서 헌법적 정당성을 인정받을 수 없다 하겠다.

3) 헌법의 이념에 비추어 볼 때 국가의 개혁정책의 방향은 어느 정권을 불문하고 국민의 구체적 삶을 보다 자유롭고 풍요롭게 하는 실용주의적 개혁이어야 한다. 그리고 그 개혁은 이념과잉이나 거시담론의 장이 아니라 우리 사회의 기본적 가치(자유민주주의, 자유시장경제, 법치주의)를 바탕으로 폭넓은 참여(참여의 기회균등)와 사회적 연대를 통하여 점진적으로 추구하는 것이어야 한다.

2. 이른바 개혁과정에서의 시민단체의 지위와 역할

1) 현금 한국의 시민운동을 둘러싸고 시민단체 내지 시민운동의 관료화, 권력기관화 경향, 활동과정에서의 정파성과 객관성 시비, 그리고 대표성에 대한 논란이 일고 있다.

주지하다시피 시민단체 내지 시민운동은 비영리서, 비정파성, 공익성, 다양성 및 자율성(자생성)을 그 이념적, 개념적 요소로 내포하고 있다. 따라서 각 시민단체를 하나로 묶는 상설적 연대기구를 만들어 개혁과 청산이라는 이름하에 센세이셔널하게 밀어붙이는 시민운동은 위와 같이 다양성과 자율성을 생명으로 하는 시민단체의 속성에 비추어 볼 때 바람직하지 않다고 본다. 다만 그때그때 사회적 현안에 대하여 뜻을 같이하는 시민단체가 연대하여 활동하는 것은 요망된다 하겠다.

2) 시민단체는 개혁의 주체라기보다는 개혁의 방향(구체적 대안)을 제시하고 그 개혁이 시민의 삶의 질의 향상을 위한 방향으로 가고 있는지를 국민과 함께 감시 독려하는 역할에 머물러야 한다고 본다. 그렇지 않고 개혁의 주체로서 전면에 나서는 경우 특히 권력 내지 특정 정파와 합세하는 경우 오히려 사회 혼란을 초래하고 자칫 잘못하면 권력 유지 내지 권력의 정당성 확보의 파수병으로 전락할 우려가 있다고 하겠다. 그것은 이미 시민운동의 한계를 넘어선 정치행위(투쟁)인 것이다.

3) 일부에서는 시민운동과 법치주의가 마치 양립할 수 없는 것처럼 주장하고 개혁을 위해서라면 시민운동이 법치주의를 뛰어넘을 수 있다는 주장을 펴고 있다. 시민운동뿐 아니라 모든 국가행위는 헌법의 테두리 즉 헌법합치적 법치주의 내에서 이루어져야 하고 아무리 악법이나 부당한 제도(악법 그 자체가 상대적 개념임)라 하더라도 위헌선언이나 법률의 개폐 등 적법절차에 의해서 개정, 폐지되어야 하는 것이 자유민주주의의 기본원리이다.

개혁을 명분으로 또는 법철학적 불확정 개념인 '악법에 대한 저항권이론'을 내세워 법의 테두리를 뛰어넘을 때 시민운동은 이미 그 한계를 벗어나 그 행위에 대한 헌법적 정당성과 국민적 신뢰성을 상실하게 될 것이다.

3. 결론에 대신하여

1) 정치 · 사회개혁, 기업경영의 투명성 확보와 분배의 형평성 등을 위한 경제개혁, 통일과 국제연대 등을 위한 시민, 사회단체의 활동은 어디까지나 자유민주주의, 자유시장 경제질서, 적법절차, 시장경제적 법치주의 및 시민 개개인의 존엄과 가치에 바탕을 둔 기본권 존중주의 등 헌법의 기본이념을 구현하는 균형적인 시각에서 이루어질 때에만 국민적 설득력과 정책으로서의 현실성이 있다는 것을 강조하고자 한다.

2) 모든 국민의 생활수준을 「평준화」하고 생활관계의 변화에 따른 위험부담을 「일원화」시키려는 잘못된 평등권과 분배의 개념은 공산주의, 사회주의 국가에서도 포기한 지 오래된 것이다. 그럼에도 불구하고 현금 한국 사회에서 평준화, 일원화 과열현상이 일고 있음은 시대역행적인 것으로 우려된다. 이러한 경향은 일부 정치권의 주장뿐 아니라 정부정책에서도 상당수 나타나고 있다. 평등은 언제나 자유를 전제로 할 때에만 그 의미가 있다.

즉 「자유 속의 평등」이어야지 「자유 대신에 평등」은 아무런 의미가 없다. 헌법상 평등의 개념은 절대적, 산술적 개념의 평등이 아닌 '같은 것은 같게, 같지 아니한 것은 같지 아니하게' 취급함으로써 달성되는 배분적 정의에 입각한 상대적 평등이라는 것이 통설, 판례의 입장이다.

3) 그런 점에서 「자유 속의 평등」이 아닌 「자유 대신에 평등」으로 치닫는 지나친 평준화, 일원화 경향은 한국 헌법의 정신에 부합되지 않는다는 점을 거듭 강조하고 싶다. 더 나아가 기업의 투명경영과 기업의 사회적 책임을 강조하는 것은 바람직지만 지나치게 반(反)기업적 시각에서 접근하는 정책적 기조나 시민운동의 기업관은 헌법에 의해서 개인과 더불어 경제활동의 두 축으로서 기본권이 보장된 기업에 대한 균형적인 시각이 아닐 뿐만 아니라 국민경제나 국가경쟁력 확보에도 도움이 되지 않는다고 생각한다.*

건강보험, 공적연금 등의 사회복지정책, 노동, 교육관련정책 등에서도 일부 시민단체의 주장이 지나치게 평등과 분배 등의 이념을 강조함으로써 헌법상 균형 감각이 결여된 것이 아닌가 한다. 더 나아가 한국사회에 만연해 있는 반(反)기업 정서와 기업에 대한 부정적 시각을 키워주는 학교 교육도 이제 바로 잡혀져야 하리라고 본다.

4) 끝으로 현행 한국 헌법은 수정자본주의의 경제정책인 사회

* 최근 어느 학자는 일부 시민단체의 기업개혁 요구가 적정 수준을 넘어 반(反)시장적 차원에서 이루어지고 있다고 하면서 「시민단체가 기업에 대한 선의의 충고자라기보다 재벌총수 공격에 치우친 원한 깊은 적대자의 모습으로 비춰지고 있다」고 비판하였다(박효종, 서울대 교수, 2004. 10. 7. 전국광고주대회 세미나 발표문, 『동아일보』 2004. 10.11).

적 시장경제원리를 가미함과 동시에 인간다운 생활을 위한 기본권을 강조하는 사회국가원리를 채택하고 환경권, 소비자기본권 등을 명시하는 등 상대적으로 진보적 성향의 헌법이다. 따라서 현행 헌법의 테두리 내에서도 얼마든지 사회정의와 경제민주화를 위한 개혁정책을 추진할 수 있다.

그럼에도 헌법의 기본 이념을 뛰어넘는 주장 또는 정책대안을 제시하거나 이를 제도화하여 시행하는 것은 결국 국민의 정치적 결단이자 인류 보편의 가치인 헌법의 자유민주주의와 자유시장 경제질서, 시장경제적 법치주의를 훼손하거나 포기하는 것에 다름 아니라고 생각한다.

나의 귀거래사(歸去来辭)

봄의 꽃자리에 연두색 신록이 탐스럽게 펼쳐지고 있습니다. 비가 한 순씩 내릴 때마다 잎새의 푸르름은 눈에 보이게 짙어만 갑니다. 불어오는 바람결은 싱그럽고 휘날리는 여인의 머리칼은 인간에의 향수를 자아내게 합니다. 陽春佳節, 그동안 미혹에 홀려 이제야 느낍니다.

"세속이 나와는 어긋나는데 다시 나가 무엇을 더 얻으리오." 도연명은 이렇게 읊으면서 나이 40에 귀거래하였습니다. 나는 무엇을 더 구하겠다고 허송 대다가 60 중반이 넘어서야 귀거래사를 읊조리게 되었는가!

이제 철저히 내 삶을 살 때가 온 것 같습니다, 아니 나만의 삶을 찾으려고 합니다. 좀 늦은 감이 있습니다만 "지금이 바로 그때이다. 그때가 따로 있는 것이 아니다"(即時現今 更無時節).

30여 년 전인 1991년 10월, 나는 바르셀로나에서 열린 세계법률가대회에 참석하고 일행과 함께 그리스의 크레타 섬을 찾았습니다. 크노소스 궁전 유적지를 답사하기에 앞서 불후의 명작 " 그리스인 조르바"를 쓴 니코스 카잔차키스 묘비를 찾은 적이 있습니다.

나는 아무것도 두려워하지 않는다
나는 아무것도 바라지 않는다
나는 자유다

그가 생전에 직접 쓴 묘비명, 그 당시 별 감흥 없이 메모한 것이 이제야 절절히 다가옵니다. 그는 일생을 여행과 꿈으로 보낸 진정한 자유인이었습니다. 나 역시 지금부터라도 *以文會友*(논어 안연 편) 하면서 자유인으로 살고자 합니다.

벗이여, 와인잔을 기울이는 조촐한 자리 마련하고 기다리겠네!

2020. 4. 19. **이석연** 드림

귀거래사(歸去来辭)에 대한 소회(所懷)*

이석연 변호사는 책으로 둘러싸인 자신의 사무실에서 "그동안 세상을 바꾸려 애썼으나 허장성세였다고 느낀다"며 "이제 역사, 문학책 속에 더 침잠하며 공부 모임을 통해 나 자신을 추스르고 익어 가는 시간을 보내려 한다"고 말했다. 곽성호 기자

이석연(66) 변호사가 최근 지인들에게 SNS로 보낸 「나의 귀거래사」라는 글이 화제가 됐다. '봄의 꽃자리에 연두색 신록이 탐스럽게 펼쳐지고 있습니다'라는 문장으로 시작한 글은 도연명의 귀거래사(歸去來辭)와 니코스 카잔차키스의 묘비명을 빌려 '나만의 삶을

---

* 2020. 4. 28. 문화일보 인터뷰.

찾으려고 합니다'라는 뜻을 전하는 내용이었다. '나는 무엇을 더 구하겠다고 허송하다 60 중반이 넘어서야 귀거래사를 읊조리게 되었는가!…지금부터라도 이문회우(以文會友·논어에 나오는 문구로 글로써 벗을 모은다는 뜻) 하면서 자유인으로 살고자 합니다.'

소위 유명 문학인들도 직설적 구호로 정치 메시지를 던지는 시대에 은유와 상징의 문장으로 자신의 뜻을 유장하게 전하는 것이 인상적이었다. 이 변호사에게 만남을 청해 그가 대표로 있는 서울 서초동 법무법인 서울 사무실에서 대화를 나눴다. 그의 사무실은 법률 서적뿐만 아니라 역사, 문학, 철학 책들과 고졸한 서화로 둘러싸여 있었다. 모양으로만 보면, 문 · 사 · 철(文·史·哲)을 공부하는 학자의 방이었다.

"사기창성(史奇創成), 이 글씨는 성파(城坡·황우연) 선생이 써 준 것인데요, 제 평소 소신을 사자성어로 압축한 것이에요. 역사와 기적은 창조되어진다."

이런 의기를 지닌 이가 어찌 60대 중반에 귀거래사를 읊게 됐을까. "제가 그동안 우리 사회 현안에 대해 발언도 하고, 법제를 고치기 위해 마음을 던지기도 했지요. 정치인이 아니면서 정치인 행보를 한 셈이에요. 그 마지막 종착점으로(미래통합당) 공천관리위원장 직무대행까지 한 것인데, 이번 총선 결과를 보고 나서 제가 헌법 정신에 입각해 세상을 바꾸자고 했던 것이 허망하게 느껴졌어요. 그동안 기고만장, 허장성세로 살아온 것 아닌가 하는 느낌이 들었어요. 나를 추스르고 침잠할 시기가 필요하다는 자각이 왔지요. 그 생각을 정치적 용어가 아닌 책과 문학의 세계를 통해 표현하고 싶었어요."

그는 이번 선거에서 예기치 않게 신종 코로나바이러스 감염증 사태가 영향을 끼치는 것을 보며 시운(時運)을 새삼 생각했다. 아무리 노력해도 시운이 따르지 않으면 안 되는구나. 그런 생각을 하며 자유인 선언을 했다는 것이다. 그는 이 대목에서 '그만둘 줄 알면 위태롭지 않다(知止不殆)'는 노자의 말을 인용했다. 또 노욕(老慾)을 경계한 법정 스님과 로마 철학자 툴리우스 키케로의 말도 암송했다. "정치권의 누구를 지칭할 것도 없이 제때 물러나지 않음으로써 자신과 친족을 욕되게 하는 이가 얼마나 많습니까."

그는 물러난다고 해서 현실에 담을 쌓는다는 게 아니라고 했다. 현실 벽을 직시하고, 역사와 문학 공부에 더 몰두하며 여행을 통해 세상을 새롭게 성찰함으로써 그 지혜를 집약해서 책을 펴낼 계획이라고 했다. 남송(南宋) 시인 육유(陸游)가 유산서촌(遊山西村)에서 읊은 것처럼 길 없는 듯싶은 자리에서 또 다른 마을이 나타날 것을 믿기 때문이다.

“공부 모임을 운영하고 있는데 더 활성화하고 싶어요. 국가 난제를 다루기도 하지만, 광개토왕비를 연구하는 모임도 있어요. 아시다시피, 문학 소모임도….”

독서, 역사, 여행에 관한 책을 예닐곱 권 저술한 이 변호사는 국제PEN 한국본부 회원이다. 세계한글작가대회 집행위원으로 활동할 만큼 문학인들과의 교우를 즐긴다. 그는 평생을 책 속의 지혜와 함께하려고 애써왔다고 자부한다.

“제가 고향(전북 정읍)에서 중학교를 졸업한 후 6개월 만에 고졸 검정고시 14개 전 과목에 합격했어요. 그런데 대학 진학을 미루고 김제 금산사에 들어가 24개월을 머물면서 책 500여 권을 정독했어요. 그때 읽었던 사마천 ‘사기’와 괴테의 ‘파우스트’는 저에게 평생 영향을 미치고 있어요.”

청소년기부터 ‘남이 가지 않은 길’을 갔던 그는 법조인이 된 후 시민운동을 했고, 돈 안 되는 공익 소송을 통해 수도 이전법, 군 가산점 위헌 판결 등을 이끌었다. 그는 법제처장을 할 때도 정권에 고개 숙이지 않고 직언을 서슴지 않았던 것으로 유명하다.

그는 정치 주변에 있었으나 막상 정치인이 안 된 것은 정말 잘한 일이라고 했다. 서울시장 선거 후보 등으로 추대됐을 때 가족이 정치 참여를 완강하게 반대해 준 것이 참으로 고맙다는 것이다. "정치는 비정하고, 거짓말 잘하고, 끈질기고, 시운이 닿는 사람들이 성공하거든요. 우리 정치인들 보면, 속된 말로 무식해요. 공부하지 않고 고민하지 않아요. 보좌관이 써 준 것만 읽습니다."

이 변호사는 중국 마오쩌둥(毛澤東)이 비판한 지식인의 5대 특징을 우리 정치인들이 갖고 있다고 했다. 거지 근성 강하고, 고마워할 줄 모르고, 남 핑계 대기 좋아하고, 정확하게 알지 못하면서도 잘난 체하고, 무책임하다는 것.

그는 이번에 통합당 공관위원장 대행을 할 때 위원들에게 "매일 도살장에 가는 심정이겠으나 끝까지 최선을 다함으로써 책임을 다하자. 더 난장판이 되게 하지는 말자"고 설득했다고 소개했다. 그는 이번 선거 결과를 겸허히 받아들이지만, 절대 권력의 탄생으로 그 폐해가 국민에게 돌아갈 수 있다고 우려했다. "자유와 창의의 헌법 정신이 퇴보하고 결과의 평등에 따라 철저히 나눠 먹는 남미식 사회주의로 갈 수 있습니다. 완장 찬 이들이 세상이 바뀐 것을 보여주겠다며 설치는 것을 보면 섬뜩합니다. 절대 권력은 내부로부터 붕괴할 수 있습니다. 앞으로 오거돈 같은 경우가 한두 건이 아닐 것입니다. 절대 권력은 견제 세력이 없으니 무한 책임을 져야 합니다. 국가가 몇 십 년 퇴보할 수 있으니 잘해 줬으면 합니다."

이 변호사는 그동안 공익 소송을 숱하게 했지만, 그 혜택이 엉뚱한 사람들에게 가는 것을 보며 그 방향을 바꾸기로 했다고 전했다.

"어디 하소연할 데도 없는 어려운 분들의 말씀에 귀를 기울이고 한 사람이라도 그 억울함을 풀어드리는 데 애쓰고 싶습니다. 사무실 운영 경비를 벌어야 하지만(웃음), 그런 일이 저에게 맞으니까요. 그런 분들 있으면 저를 찾아오라고 하셔요."

(장재선 선임기자)